섬 공동체의 고고학

- 제주도 선사취락 연구 -

섬 공동체의 고고학
- 제주도 선사취락 연구 -

2021년 9월 13일 초판 1쇄 발행

글쓴이   박경민
펴낸이   권혁재
편 집   조혜진
표 지   이정아

제 작   성광인쇄
펴낸곳   학연문화사
등 록   1988년 2월 26일 제2-501호
주 소   서울시 금천구 가산디지털1로 168 우림라이온스밸리 B동 712호

전 화   02-2026-0541
팩 스   02-2026-0547
E-mail   hak7891@chol.com

ISBN 978-89-5508-442-9 93910

섬 공동체의 고고학
- 제주도 선사취락 연구 -

박경민 지음

학연문화사

서 문

'당연하다고 생각해 왔던 것들에 끊임없이 의문을 제기해야 한다'는 학부시절 은사님의 말씀이 이제야 조금은 이해가 되는 것 같다. 공부를 한다는 것은 선입견을 깨 나가는 과정인 듯하다. 하지만 아이러니하게도 깨어진 선입견의 조각들은 한편에 켜켜이 쌓여 또 다른 선입견의 벽을 만들기도 한다. 선입견에서 벗어나고자 했던 작업들이 또 다른 선입견을 만드는 작업이 될 수도 있다.

이 책은 박사학위논문인 「섬 공동체 변동의 고고학적 연구-제주도 선사취락을 중심으로-」(박경민, 2020, 경북대학교 대학원 고고인류학과)를 단행본으로 발간한 것이다. 이 책의 내용은 기존의 선입견에서 벗어나고자 하는 저자의 노력이 담겨 있다. 하지만 한편으로 또 다른 선입견에 기여한 것은 아닌지 하는 걱정스러운 마음도 남아 있다. 공부를 하다보면 어느 순간 무언가에 확신이 들기도 하지만 이 또한 오래지 않아 자신의 얄팍한 지식에 기인한 것이었음을 깨닫는 경우가 허다하다. 이 작은 결과물도 훗날 치기 어린 객기로 느껴질 수도 있을 것이다.

십년을 넘게 고고학을 공부하며 박사학위라는 나름의 학문적 성과를 이루었지만 여전히 아는 것 보다 모르는 것이 더 많은 것 같다. 오히려 공부를 하면 할수록 나 자신의 무지함만 드러나는 것 같아 앞으로의 학문 활동이 때로는 너무 막막하기만 하다. 앞으로 십년을 더, 이십년을 더 공부하면 나는 무언가를 안다고 확신할 수 있을까.

이 책에서 저자는 확신에 찬 어투로 비판을 늘어놓았지만 저자의 비판은 또 누군가에게 비판의 대상이 됨을 잘 알고 있다. 완전하지도 완전할 수도 없는 설익은 비판이었다. 그저 백수가 된 제자가 안타까워 논문을 통과시켜주신 교수님들께 감사할 따름이다.

어쨌든 박사논문이라는 결과물이 나오게 되었고 이렇게 책으로까지 출판하게 되었다. 처음 의지와는 다르게 별다른 수정이나 보완작업 없이 박사 논문을 거의 그대로 옮겼다. 이는 보완할 것이 없어서가 아니라 너무 많아 시간이 꽤나 지체될 것 같아서이다. 부족한 것은 부족한대로 일단 결과를 산출하고 다음 작업을 이어가는 것이 더 생산적일 수 있다는 생각으로 스스로의 부족함에 위안을 삼는다.

이 책의 작업은 '단편적인 고고자료들을 통해 어떻게 과거를 알 수 있을까'라는 저자의 오래된 의문에서 시작되었다. 고고자료의 해석과정에서 부지불식간에 벌어지고 있는 '근거'가 불충분한 해석들의 '근거'는 무엇인지 알고 싶었다. 계보학적으로 거슬러 올라가다보면 생각보다 명확한 '근거'를 갖고 등장한 전제는 그다지 많지 않음을 깨달을 수 있다. 본문에서도 언급했듯이 몸과 마음, 자연과 문화, 동물과 인간이라는 이원론적 구분은 생각만큼 보편·타당한 구분법이 아님을 다양한 인류의 족적을 통해 우리는 이해할 수 있다.

사회가 진화한다는 아이디어도 생각보다 짧은 역사를 가지고 있다. 어쩌면 사회는 진화하지도 퇴보하지도 순환하지도 않는다는 것이 올바른 표현일 수 있다. 사회는 변화할뿐 그 변화를 어떻게 바라보느냐는 각 시대, 지역, 개인의 가치관이나 세계관과 밀접한 관계를 맺는다. 즉, 우리가 '사회 발전'이라는 프레임으로 과거 사회를 바라보는 것은 우리시대의 가치관이나 세계관과 관련이 깊다는 것이다. 물론 인간이라는 동물이 특정한 프레임 없이 가치중립적으로 사물과 현상을 바라보기란 쉬운 일이 아니다. 그렇기 때문에 저자는 고고자료와 현재 우리의 세계관이 어떻게 상호작용하고 있는지를 이해할 필요가 있다고 본문을 통해 주장하고 있는 것이다.

과거는 미래만큼이나 알 수 없는 것이라 생각한다. 우리는 과거 사람들이 남겨놓은 물질 자료 덕분에 그들을 안다고 쉽게 믿어버린다. 하지만 그 자료들이 얼마나 왜곡되어 우리 앞에 놓여 있는지, 그리고 우리가 그 자료들을 얼마나 왜곡해서 바라보고 있는지 알기 어렵다.

인간은 분명 감각적 한계를 지닌다. 때로는 그 한계 때문에 대상을 심각하게 왜곡한다. 인간은 지구의 움직임을 느끼지 못했기에 천동설을 믿었다. 실제 우리가 느끼기에는 해와 달이 움직이지 지구가 움직이지 않는다. 마찬가지로 우리가 지금 과거에 대해 느끼고 있는 많은 것들은 보편적인 것이 아닌 우리의 불완전한 감각에 의해 왜곡된 현상일 뿐일지도 모른다. 예를 들어 시간이 과거에서 현재로 흘러왔다는 생각은 우주적 차원에서는 통용되지 않는다. 이론 물리학에 의하면 시공은 중력에 의해 왜곡되기 때문에 보편적 흐름을 가질 수 없다. 어쩌면 시간이 흐른다는 생각 자체가 인간중심주의적 발상일 수 있다.

너무 어려운 얘기다. 고고학자가 철학이나 물리학적인 이야기를 온전히 이해하기란 쉽지 않다. 하지만 우리가 과거를 올바로 이해하고자 한다면 시간과 공간에 대한 다른 학문들의 논쟁도 관심을 갖고 바라볼 필요가 있다.

개인적인 관심사 때문에 얘기가 다소 길어졌다. 어쨌든 저자는 과거를 선입견 없이 바라보기 위해 다른 세계의 이야기에도 관심을 기울일 필요가 있다는 것을 말하고 싶었다.

지금까지 고고학을 공부하면서 도움을 받았던 분들이 너무 많다.

석사 지도교수이신 이청규 교수님은 석사논문뿐만 아니라 저자가 학교를 옮긴 뒤 박사논문을 작성할 때도 매우 열정적으로 검토해주셨다. 또한 대구 수성구의 서재도 이용할 수 있도록 허락해 주셨는데 그 서재는 저자가 고고학에 처음 입문해서 힘겹게 공부하던 추억이 깃들어 있는 곳이다.

정인성 교수님도 저자에게는 배려의 아이콘이시다. 제주도에서 통학하던 저자의 사정을 항상 헤아려 주셨다. 또 이청규 교수님께 질책(?)을 받을 때 뒤에서 다독여 주시고 잘하고 있다며 격려해 주시던 모습도 잊을 수 없다.

　제주도 연구자인 저자에게 탐라의 가치를 항상 강조하셨고, 인류사에서 농경 사회뿐만 아니라 유목 사회의 중요성도 주목할 필요가 있다며 새로운 관점을 깨우쳐 주신 박천수 교수님의 가르침도 잊을 수 없다. 또한 발굴현장에 있는 제자들의 사정을 항상 먼저 배려해 주셨다.

　논문심사를 위해 먼 거리를 마다하지 않고 달려와 주신 김종일 교수님과 항상 좋은 말로 저자의 기를 살려주었던 곽승기 교수님도 너무 고마운 분들이다.

　무엇보다 저자의 박사논문심사에 가장 고생이 많으셨을 이성주 교수님께 정말 감사하다는 말씀을 전하고 싶다. 뜬금없이 제주도에서 찾아와 제자가 되겠다던 저자를 흔쾌히 받아 주시고 최근 이론적 논의들을 이해하는데 큰 도움을 주셨다. 정신없이 바쁘신 와중에도 꼼꼼하게 논문을 다듬어주셨기에 그나마 출판 가능한 글이 완성된 게 아닌가 싶다.

　석사과정 때 섬에서 찾아온 이방인을 따뜻하게 맞아주었던 김동일, 박영성, 박장호, 김새봄, 임영희, 정현승 선생님께도 감사의 말씀을 전한다. 덕분에 저자의 석사 시절이 즐거웠던 것 같다.

　박형열, 김준식, 김도영 선생님은 항상 저자의 술벗이 되어 주었고 때로는 용감하게도 잠자리까지 제공해 주었다. 김준식 선생님의 아내분께는 따로 미안하고 감사했다는 말씀을 꼭 전하고 싶다. 가정에 평화가 있기를 진심으로 바란다. 또한 함께 수업을 받았던 경북대학교 고고인류학과 석·박사 과정 선생님들과 조교선생님께도 감사의 말씀을 전한다.

　십년이라는 세월을 함께 하며 저자의 고고학적 기반을 다져주었던 고재원 원장님, 김경주 부원장님을 비롯한 제주문화유산연구원 식구들에게도 큰 빚을 진 것 같다. 이분들이 아니었으면 저자의 박사논문은 상상조차 할 수 없었을 것이다.

　박사과정 졸업 후 오갈 데 없던 저자에게 먼저 손을 내밀어주신 박근태 원장님을 비롯한 일영문화유산연구원 식구들에게도 감사의 말씀을 전한다. 특히 박근태 원장님은 항상 저자의 고민을 진지하게 들어주시고 조언해 주셨다.

또한 항상 열심히 한다며 격려해 주셨던 강창화 소장님과 김종찬 선생님께도 감사하다는 말씀을 전하고 싶다. 강창화 소장님이 다시 예전처럼 건강해지시기를 진심으로 기원한다.

방사성탄소연대측정법에 무지했던 저자에게 조언을 아끼지 않으셨던 김명진 선생님도 고마운 분이시다. 전공은 다르지만 연구자로서의 열정도 저자에게는 큰 귀감이 되었다.

함께 고민하며 공부했던 김진환, 전영원, 오원홍, 송현수, 윤상연 선생님께, 그리고 미국에 계신 김하범 선생님께도 감사의 마음을 전한다. 항상 저자에게 필요한 중요한 자료들을 흔쾌히 구해주었다.

책의 출판을 허락해 주시고 친절하게 대해주셨던 권혁재 사장님과 학연문화사 직원 분들께도 감사의 말씀을 전하고 싶다.

언제나 저자의 든든한 후원자이신 아버지, 어머니, 그리고 일본에 홀로계신 할머니께 죄송하고 사랑하고 감사하다는 말씀을 드리고 싶다. 항상 응원해주는 누나 가족에게도 고맙다는 말을 전한다.

장인어른, 장모님께서는 항상 사위를 위해 기도해 주시고 물심양면으로 지원을 아끼지 않으셨다. 소중한 인연이 되어준 처가식구들에게 언제나 고마운 마음뿐이다.

마지막으로 아빠의 논문 작업을 끊임없이 방해했던 사랑스러운 지연·신욱 남매에게, 그리고 세상에서 나를 제일 잘 아는 나의 가장 친한 친구이자 훌륭한 스승인 아내 한지선에게 이 책을 바친다.

2021년 8월
박경민

목 차

Ⅰ. 머리말

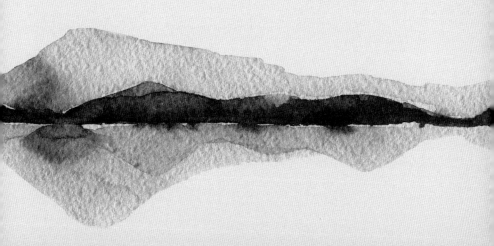

1. 연구배경 및 목적

본서의 목적은 제주도 선사취락을 대상으로 섬 공동체의 변화를 탐구하는 데 있다. 이를 위해서 '우리가 지금까지 고고자료를 어떻게 해석해 왔는가', '그러한 해석이 과거를 이해하는 보편적인 방식이 될 수 있는가'라는 문제를 우선 고민해 볼 필요가 있다.

우리가 확인할 수 있는 고고자료는 과거 사람들이 남겨놓은 것들 중 일부에 불과하다. 그마저도 오랜 세월을 거치면서 변형되어 온전한 상태를 기대하기 어렵다. 설령 온전하게 남아 있다 하더라도 그것은 과거에 대한 무언가를 직접적으로 말해주지 않는다. 연구자들은 그 남겨진 것을 통해 과거의 사실이나 사건을 추론해야 한다. 문헌기록이 남아 있지 않은 선사시대의 연구에서는 이러한 추론이 더욱 어려운 작업이 될 수 있다.

그럼에도 불구하고 우리는 과거에 대한 다양한 이미지를 생산해 내고 있다. 이렇게 생산된 이미지들은 과거의 모습을 얼마나 정확하게 반영하고 있을까. 그리고 그 이미지들은 다양한 시·공간을 살아가는 사람들이 모두 공감할 수 있는 과거의 사실이 될 수 있을까.

우리보다 훨씬 앞서 시작된 서구의 고고학사를 살펴보면 그들이 구성해왔던 과거에 대한 이미지는 시간의 흐름에 따라 지속적으로 달라져 왔음을 이해할 수 있다. 한때는 고고학적 문화를 통해 이미지화된 종족이나 집단이 주요 관심사였고 계층적 복합 사회와 같은 사회성격을 규정하는 주요한 담론들이 유행하기도 했었다. 인간 사회의 다양한 정체성(젠더, 연령, 지위, 민족, 종교 등)과 에이전시에 대한 논의가 주류를 이루기도 했으며 최근에는 사물과 같은 비-인간적 객체를 인간 행위의 부차적인 반영물이 아닌 인간과 대등한 위치에서 서로 관계를 맺는 동시에 세계를 구성하는 활동자(actant)로 인식하기도 한다(트리거, 성춘택 역 2010; 해리스 · 시폴라, 이성주 역 2019).

한국고고학이 서구고고학으로부터 많은 영향을 받고 있는 것은 사실이지만 우리의 관심사들은 그들과 조금 다른 맥락에서 접근할 수 있다. 과거의 민족 집단을 추적하는 '그들은 누구인가'에 대한 관심과 사회성격을 파악하는 '그들은 어떻게 살았을까'에 대한 관심은 서구고고학의 대립적인 두 사조(문화사 고고학과 과정주의 고고학)를 각각 반영하는 경우가 많았다. 하지만 한국고고학에서는 양쪽 모두 우리의 선조를 추적하고 그들의 사회상을 그려내고자 하는 민족사적 관심과 맞물려 조화를 이루고 있다. 서구에서 '사회발전단계'가 인류역사의 보편적인 발전법칙을 찾고자하는 노력에서 만들어진 이론이라면 한국고고학에서는 이 땅에 살았던 우리 선조들의 사회수준을 평가하고 보편적인 인류사적 흐름에 합류시키고자하는 노력의 일환으로 그 단계적 이미지들이 사용되기도 했던 것 같다.

이와 같이 과거에 대한 이미지 생산은 시간과 공간에 따라 변화하는 모습을 보이는데 이를 통해 과거를 향한 우리의 인식이 고정되어 있지 않음을 이해할 수 있다. 그렇다면 우리는 이러한 상황 속에서 과거에 대한 어떠한 이미지를 명확히 구현할 수 있을까.

지금까지 한국고고학이 구성한 선사시대의 이미지는 다양하다. 그 중 대표적인 것으로 수렵 · 채집민 또는 수렵 · 채집 사회, 농경민 또는 농경 사회, 평등 사회, 계층 사회, 선주민과 이주민, 수장 또는 족장, 민족이나 종족 그리고 집단 등이 있다. 이러한 개념들은 어떤 고고학적 현상과 그것을 바탕으로 우리가 설정해 놓은 시기나 시대 또는 특정 지역을 설명하는데 적극적으로 사용되고 있다.

앞서 나열한 이미지들은 선사인들이나 선사 사회의 모습을 제대로 표현해주고 있는 것일까. 여러 가지 농경의 증거를 바탕으로 농경 사회라고 규정하고 무덤의 규모와 부장품의 양상, 그리고 각 취락의 규모 등을 통해 계층 사회라고 규정하면 무문토기시대를 적절하게 묘사한 것일까. 각목돌대문토기의 시 · 공간적 분포를 통해 농경민의 이주라는 사건을 설정하고 사회변화의 원인이라 판단하면 과거 물질문화의 변동을 제대로 이해하고 있는 것일까.

본서는 섬 공동체에 대한 고고학적 탐구와 함께 이러한 의구심들을 고찰해보고자 작성되었다. 우리는 매우 빈약한 고고자료를 통해 비교적 구체적인 과거의 이미지를 구성해낸다. 하지만 이 과정에서 우리가 발견한 고고자료들이 어떻게 농경 사회나 계층 사회와 연결되고 실체적인 집단으로 구성될 수 있는지에 대해서는 많은 고민이 없었던 것 같다. 그리고 고고학의 주요 연구 대상이 되는 과거의 물질, 더 나아가 인간과 그 물질을 둘러싸고 있는 이 세계가 서로 어떻게 얽혀 있는지와 같은 좀 더 근원적인 문제들은 거의 다뤄지지 않았다. 이러한 근원적인 문제들은 우리가 과거를 이해하는데 매우 커다란 영향을 미치고 있음에도 그다지 중요하지 않은 것처럼 여겨지기도 했었다.

'수렵·채집 사회에서 농경 사회로 전환되고 그 농경의 발달로 인해 사회구조가 복잡해진다. 이러한 구조 속에서 불평등한 사회관계가 성립되며 이를 기반으로 수장과 같은 우두머리가 등장한다. 그리고 이러한 사회변화는 이후 등장하는 국가 사회의 발판이 된다. 한국고고학에서 이 과정들은 단계적인 사회의 성장과정으로 인식되고 각 단계마다 북에서 온 이주민이 성장의 주체가 된다. 그 이주민들은 물질문화의 기원이나 계통을 좇는 작업으로 실체를 밝힐 수 있으며 그들은 곧 한반도에 거주하는 민족 형성에 중요한 역할을 한다.'

다소 비약적이고 과장된 부분이 있기는 하지만 무문토기시대 연구, 특히 사회변동을 다루는 다수의 연구들을 종합해보면 위와 같은 내러티브의 구성으로 요약할 수 있을 것 같다. 하지만 과거에 대한 이러한 내러티브는 과거 사회나 사회변화과정을 획일적이고 단선적인 모습으로 표현한 것이며 이는 서구의 근대적 이원론이나 사회진화담론, 그리고 때로는 민족주의 등 특정한 패러다임이나 세계관에 기대어 과거를 바라보는 하나의 방식일 뿐이다.

최근까지 드러난 고고학과 인류학 그리고 민족지 연구사례들을 참고하면 과거의 세계는 앞서 묘사한 내러티브와 같이 획일적이고 단선적인 모습이 아니라 좀 더 이질적이고 복잡한 사람과 사물의 관계 속에서 다양한 양상으로 존재했을 가능성이 높다. 이러한 가능성들은 지금까지 한국 선사시대를 이해했던 방식들에 재고가 필요함을 보여준다.

이를 위해 본서에서는 물질문화에 대한 기존의 해석들과 과거 사회에 대한 편향된 이미지를 비판하고 우리가 과거를 어떻게 이해해야 할 것인가에 대해 제주도 선사취락의 변화과정을 통해 고민해 보고자 한다.

2. 연구범위 및 용어해설

본 연구의 주요 검토 대상은 제주도 선사취락과 관련된 고고자료이다. '선사'나 '취락'의 개념을 어떻게 정의할 것인가에 따라 검토 범위가 달라지겠지만 본서에서는 제주도에서 수혈 주거지의 군집현상이 본격적으로 나타나는 무문토기시대부터 이러한 현상이 지속적으로 이어지는 기원후 5세기 무렵까지를 검토대상으로 하였다. 물론 한국고고학에서 기원후 5세기 무렵을 선사시대로 논의하지는 않는다. 하지만 제주도에서는 이 시기와 관련된 문헌기록이 부족하고 무문토기시대로부터 연속선상에 있는 물질문화가 여전히 잔존하기 때문에 수혈 주거지 취락의 통시적인 변화를 관찰한다는 명목으로 선사취락의 개념을 이 시기까지 포괄하고자 한다.

제주도 선사취락과 관련된 논의들은 대체로 문화 및 인간 집단의 이동이나 사회의 계층화 과정을 다룬다. 이러한 연구는 한국고고학에서 주로 무문토기시대에 집중적으로 다뤄지고 있다. 그리고 실제 제주도 선사취락과 관련된 연구의 방법론이나 해석방식 등은 한국무문토기시대의 그것과 매우 밀접한 연관성을 보인다. 따라서 섬 공동체에 대한 새로운 접근 방식을 모색하기에 앞서 무문토기시대의 고고자료에 대한 접근 방식들을 검토할 필요가 있다. 이 작업은 Ⅱ장을 통해 진행할 것인데 특히 유형론 및 사회성격과 관련된 논의를 집중적으로 살펴본다.

한편 한국고고학에서는 '청동기시대'와 '무문토기시대'라는 명칭을 혼용해서 사용하고 있다. 어떤 시대명이 더 적합한지는 각 연구자들이 자신의 연구가 무엇을 중요하게 다루고 어떤 목적을 가지고 있느냐에 따라 달라질 수 있다고 생각한다. 현 시점에서 어떤 시대명을 사용하더라도 그것 때문에 관련 연구자들에게 혼란을 주지는 않을 것이다. 다만 본서에서는 토기를 중심으로 하는 유구 · 유물복합체가 중점적으로 다뤄지기 때문에 무문토기시대라는 명칭으로 통일해 사용하는 것이 유용할 듯하다.

토기와 관련된 용어는 다소 복잡하다. 무문토기시대 내의 토기는 무문토기라 부르면 되겠지만 그 이후의 무문토기들을 어떻게 불러야 할지 모호하다. 연구자마다 그 개념을 조금씩 달리하긴 하지만 무문토기시대 이후의 무문토기들은 넓은 의미에서 경질무문토기 또는 중도식 토기 등으로 부르고 있다. 또한 제주도에서는 적갈색경질토기라고 불리기도 한다. 이와 관련하여 무엇이 올바른 용어냐의 문제가 중요할 수도 있겠지만 사실 제주도에서 더 큰 문제는 무문토기와 이 적갈색경질 토기의 경계가 모호하다는 점이다.

제주 삼양동이나 용담동 유적의 경우 이른 시기의 적갈색경질토기 (김경주 2001)가 다량 출토하는데 이 토기들은 심발형의 무문토기나 원형점토대토기와 동반한다. 삼양동식토기로 불리는 이 이른 시기의 적갈색경질토기는 구연부가 축약되거나 외반된다는 사실 외에는 시기적으로도 소성방법이나 소성도의 측면에서도 무문토기와 크게 다르지 않다. 문제는 이 토기가 지속적으로 변화하며 기원 후 최소 3~5세기까지도 이어진다는 점이다. 물론 늦은 시기의 적갈색경질토기는 그 이전 것들에 비해 기벽이 두꺼워져 경도가 강해졌다는 느낌이 들기는 한다.

또한 늦은 시기의 적갈색경질토기인 외도동식토기는 저부 접합부에 판목압흔에 의한 새로운 성형수법이 관찰되는데 이것이 타날문토기의 영향이라는 의견이 제시된 바 있다(김경주 2012: 410). 타날 기법은 기벽의 두께를 얇고 일정하게 하며 말각평저나 원저의 기형을 조성하기에 유리한 장점이 있다. 하지만 외도동식토기의 특징을 보면 기벽의 두께가 얇지도 일정하지도 않으며 저부 접합부위도 완만하지 않고 꺾여 있어 타날 기법이 반영되었다고 볼만한 근거는 없다. 따라서 외도동식토기의 판목압흔이 새로운 성형기법인지에 대한 문제는 차치하더라도 실제 그것이 타날문토기의 영향인 것인지는 명확하지 않다고 할 수 있다.

어쨌든 이와 같은 이유로 무문토기와 적갈색경질토기는 시기적 측면에서든 제작기술의 측면에서든 뚜렷하게 구분하기 힘들다. 따라서 본서에서는 무문토기나 경질무문토기 및 적갈색경질토기라는 용어를 최대한 사용하지 않고 특정 토기가 주로 출토되는 지역명을 사용하거나 심발형토기, 외반구연토기 등 기종이나 기형상의 특징을 기준으로 한 용어를 사용하도록 하겠다.

주거지 명칭은 평면형태를 기준으로 (장)방형주거지, (타)원형주거지로 구분하여 사용하도록 하겠다. (장)방형주거지는 제주도에서 역삼동계 주거지로 불리기도 하며 (타)원형주거지는 일반적으로 송국리형주거지로 인식된다. 이러한 인식이 크게 문제 있다고 볼 수는 없지만 자칫 유형론과 결부되어 본질론적으로 해석될 여지가 있다. 따라서 최대한 유형명이 들어간 용어는 꼭 필요한 경우를 제외하고는 자제하도록 하겠다.

이 외에도 다양한 용어 문제가 있겠지만 세부적인 내용들은 본문에서 부연설명하면서 사용하도록 하겠다.

3. 연구 내용

본서는 과거를 이해하는 방식에 대한 논의를 담고 있다. 지금까지 과거에 대한 해석 또는 설명이 적절했는지를 우선 검토하고 고고자료를 통해 과거에 대한 이해의 폭을 확장시켜 보고자 한다. 전자는 II장과 III장을 통해 검토하고 후자는 IV장과 V장을 통해 다룰 것이다. 그리고 VI장에서는 앞선 내용들을 종합하면서 마무리할 예정이다.

세부적으로 II장에서는 한국고고학의 선사시대에 대한 논의들을 비판적으로 검토한다. 특히 무문토기시대와 관련된 논의들을 중심으로 진행하는데 1절에서는 유형론과 관련된 논쟁을 다룬다. 이 문제는 과연 유형들을 고정된 실체로 파악할 수 있는가에 대한 것으로 유형 설정 그 자체와 유형과 대응관계를 갖고 있는 집단, 그리고 그들의 이주를 통해 설명되는 사회변화의 해석을 중점적으로 검토한다. 그리고 2절에서는 '농경 사회와 계층 사회라는 개념을 통해 과거를 이해하는 방식이 적절한가'라는 문제를 다룬다. 수렵 · 채집 사회에서 농경 사회로 평등 사회에서 계층 사회로의 전환이 서구의 근대적 이원론과 사회진화담론 속에서 진행되어 왔음을 밝히고 그 문제점을 논의한다.

Ⅲ장에서는 제주도 선사취락과 관련된 연구현황을 검토하고 섬 공동체 연구를 위한 방향성을 제시한다. 기존의 제주도와 관련된 연구는 한국고고학의 연구 경향을 그대로 답습해 유형론에 입각한 이주론이나 사회진화담론을 통한 사회수준평가에 집중해 왔다. 따라서 1절을 통해서는 이러한 연구경향의 문제점을 비판적으로 검토한다. 그리고 2절에서는 섬 공동체 연구의 기반을 마련하기 위해 도서성(島嶼性, insularity)과 물질문화의 관계, 공동체에 대한 최근 접근방식들, 그리고 제주도 섬 환경과 생계방식 등을 검토한다.

Ⅳ장은 제주도 선사취락을 중심으로 물질문화양상의 변화를 살펴본다. 우선 편년작업의 기초가 되는 유구 · 유물의 형태적 특징을 검토하고 형식 분류를 진행한다. 그리고 현재까지 제주도 취락유적에서 확인된 방사성탄소연대를 시간순서로 배열하고 각 측정치와 관련된 유구 · 유물을 검토한다. 이를 통해 각 물질문화요소들의 시간적 서열관

계를 파악하고 이것을 유구·유물의 동반관계 분석과 종합하여 물질문화양상을 6가지로 구분한다. 그리고 추가적으로 무덤자료의 특징과 다른 물질문화와의 관계, 시간적 위치 등을 검토한다.

V장에서는 II장과 III장에서 검토한 기존 연구의 문제점들과 섬 공동체 연구를 위한 새로운 방향성, IV장에서 분석한 제주도 선사취락의 물질문화양상을 바탕으로 과거를 어떻게 이해할 수 있을지에 대한 고찰을 진행한다. 특히 섬 경관과의 상호작용 속에서 다양한 수준으로 중첩될 수 있는 정체성과 수직적이고 수평적인 관계가 복잡하게 얽혀 있는 헤테라키적 권력관계에 대해 살펴본다.

VI장에서는 앞서 검토한 내용들을 종합하여 섬 공동체의 변화에 대한 새로운 이해방식을 제시한다. 그리고 한편으로 이러한 이해방식이 향후 한국 선사시대 연구에 어떻게 기여할 수 있을까에 대한 고민과 함께 논문을 마무리할 것이다.

Ⅱ. 무문토기시대의 연구경향

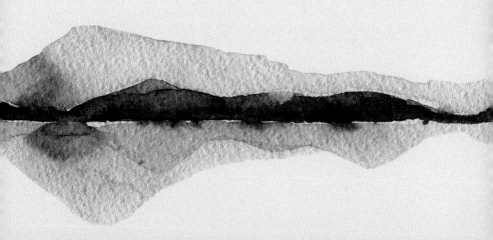

섬 공동체 연구를 위한 제주도 선사취락의 검토에 앞서 지금까지 한국고고학에서 논의되었던 무문토기시대의 연구 경향을 깊이 있게 살펴보는 작업은 매우 의미가 있다. 왜냐하면 그것은 기원후까지 이어지는 제주도 선사취락의 물질문화 양상이 무문토기시대의 양상과 유사한 측면이 많기 때문이다.

　우선 수혈 주거지, 특히 원형의 송국리형 주거지의 군집화가 지속된다는 점을 들 수 있다. 남한지역에서는 무문토기시대가 끝나면서 주거지의 군집화가 약화되는 양상을 보이지만 오히려 제주도에서는 이러한 현상이 강화된다. 두 번째는 무문토기의 제작전통이 지속된다는 사실이다. 물론 제주도에서도 타날문토기가 확인되기는 하지만 이것은 어디까지나 수입품이며 기본적인 토기제작기술은 무문토기 제작수법에서 크게 벗어나지 않는다. 그리고 세 번째는 이러한 물질문화의 연속성을 바탕으로 유형론에 입각한 문화해석과 계층화의 논의가 기존 연구의 중심을 이룬다는 점이다. 즉, 무문토기시대의 연구 방법론이나 해석경향들이 제주도에서는 지속적으로 이어진다고 볼 수 있다.

　이 중 세 번째는 제주도 선사취락을 검토하는데 있어 무문토기시대의 연구 경향들을 심도 있게 분석해 봐야할 가장 중요한 이유이다. 실제 제주도와 관련된 연구들은 남한지역의 연구경향을 무비판적으로 답습하는 경향이 강했다. 따라서 무문토기시대의 해석방식들을 검토하는 작업은 섬 공동체에 대한 논의를 진행하기에 앞서 기존 방식들이 갖고 있는 장단점을 이해하는데 도움을 줄 수 있다. 또한 이러한 비판적 검토 작업은 한국 무문토기시대 연구에 있어서도 새로운 방향성에 대한 토론의 장을 마련해 줄 수 있을 거라 생각한다.

한국고고학에는 다수의 연구자들이 보편적인 것으로 받아들이는 몇 가지 기본 전제가 있다. 이러한 기본 전제 중 일부는 고고자료를 편향된 해석으로 이끌고 있는 것 같다. 필자는 이러한 편향된 사고방식을 크게 두 가지로 구분하여 살펴볼 수 있다고 생각한다. 첫 번째는 물질문화의 특정한 패턴을 고정된 실체로 파악하면서 특정 집단과 대응관계로 바라보는 사고방식이고, 두 번째는 수렵채집 사회/농경 사회, 평등 사회/계층 사회와 같은 이원론적 사고를 전제로 해석을 진행하는 방식이다. 전자의 관점에 대한 비판은 꾸준히 제기되고 있지만(金玟澈 2008; 김장석 2014, 2018; 김종일 2004b, 2017; 박경민 2018a, 2018b; 성춘택 2017; 성춘택 외 2018; 이성주 2007, 2017a; 황재훈 2014) 여전히 많은 연구들이 그러한 기본전제를 크게 벗어나지 못하고 있다. 후자의 관점은 적어도 한국고고학에서는 아직까지 거의 보편적으로 받아들여지고 있으며 서구 고고학에서도 1990년대 이후에서야 그로부터 벗어나고자 하는 움직임이 본격적으로 진행되는 듯하다(예: Ingold 2000: 186; Thomas 1996: 332-336).

1. 물질문화의 패턴과 집단 그리고 이주

1) 한국고고학에서 물질문화 패턴의 인식방법

유형과 집단

발굴조사 등을 통해 얻어진 고고자료는 일정한 형식으로 분류된다. 그리고 이 분류를 기반으로 반복적으로 동반되는 같은 형식의 유구나 유물들은 하나의 단위로 묶인다. 그렇게 나눠지고 묶인 단위들은 과거 사회의 무언가를 의미한다는 것이 지금까지 고고학 연구의 기본적인 사고방식이다.

그리고 이러한 사고방식 안에서 그 단위는 과거에 존재했던 특정 집단을 나타내는 것으로 파악되는 경향이 강했다. 이러한 경향은 서구 고고학사에서 말하는 소위 문화사 고고학의 특징이라고 할 수 있다. 이 사조의 대표적인 인물인 코시나는 "문화는 예외 없이 민족성을 반영한다."는 믿음을 바탕으로 물질문화의 유사성과 차이는 민족성의 유사성과 차이와 관련된다고 주장하였다(Trigger 2006: 237). 이러한 접근의 기저를 이루는 것은 경계가 명확하고 동질적인 문화적 독립체가 존재하며 이것은 특정한 집단 또는 민족과 관련된다는 가정이다(Jones 1997: 24). 결국 문화사 고고학은 물질문화의 전파와 이동을 토대로 민족의 실체를 시·공간적으로 파악하고 서구문명의 기원을 찾고자 하는 시도로 연결된다(김종일 2004a: 8).

물질문화와 민족성에 대한 이와 같은 소박한 연결이 20세기 전반기 제국주의시대에 유행하였는데 열강들의 식민지배에 정당성을 부여하는 방향으로 이용되기도 하였다. 이는 한반도를 비롯한 동아시아 제 지역을 식민지화 했던 일본에서도 마찬가지였다. 유럽 근대고고학에서 들여온 형식학적 방법, 문화사 고고학, 인종주의에 대한 관심과 해석, 단선진화주의적인 문화우열론 등은 그들의 제국주의 고고학을 형성하는데 큰 역할을 하였다(李盛周 2008: 119). 즉, 그들은 위와 같은 연구 방법이나 인식론을 토대로 고대 사회의 지역 간 상호관계를 자신들의 유리한 방향으로 해석하고 또 자신들의 민족성이나 사회체계의 우월성을 강조함으로써 그들의 식민 지배를 정당화하고자 했던 것이다(申淑靜 1993: 175-177). 해방 이후 한국고고학의 이러한 문제점들이 지적되어 왔지만(西川宏 1970: 111-113; 李進熙 1964: 24-25) 그것은 대부분 제국주의 사관에 입각한 왜곡된 해석에 관한 것이었을 뿐 당시의 방법론이나 문화 해석에 관한 인식은 거의 그대로 이어져 왔다. 예를 들어 고고 자료를 통해 단순하게 집단이나 인종을 추적하는 방식은 지금까지도 매우 유용하게 사용되고 있다.

우리나라에서 이러한 연구방식이 심도 있게 논의되기 시작한 것은 1980년대 이후 연구 단위로써 문화나 유형에 대한 개념정의가 시도되면서 부터일 것이다. 이와 관련하여 학사적으로 중요한 논문 두 편이 이청규와 박순발에 의해 발표되었다. 이청규(1988: 39-43)는 무문토기 문화를 토기와 석기를 중심으로 한 유물복합군으로 정의하고 이것은 다시 '유형'으로 구분할 수 있다고 하였다. 그리고 당시 선명하지 않았던 물질문화의 분포상을 염두에 두고 다소 임의적인 개념이라 덧붙였다. 이 논문에서 그는 이러한 토기문화 유형을 일정한 주민 집단과 관련해서 생각해 볼 수 있다고 하며 유형과 집단의 연결 가능성을 암시하였다.

이 후 박순발은 고고학적 문화를 '한 집단의 인간이 문화행위를 영위하면서 수반된 모든 분야의 물질적 흔적'이라 정의하였고(1989: 12) 유형에 대해서는 '동질적 문화전통을 가지고 있으면서 고고학적 동시간대로 포괄될 수 있는 제작·사용 집단에 의해 제작·사용된 일련의 유구 및 유물군'이라고 명시하였다(1999: 80-81). 즉, 박순발은 이청규보다 더 명확하게 유형과 특정 집단의 관계를 대응관계로 파악한 것이다. 무문토기시대 연구에서 이러한 개념 정의는 당시 여러 형식분류(李熙濬 1983, 1984; 崔盛洛 1984; 橫山浩一 1986) 및 시기구분(藤口健二 1986; 宋滿榮 1995; 安在晧 2000, 2006; 李白圭 1974; 河仁秀 1989; 後藤直 1973)과 관련된 논의와 함께 폭발적으로 증가하기 시작한 고고자료를 분류하고 해석하는데 기본 전제를 제공하였다.

앞에서도 얘기한 바 있듯이 이러한 개념정의를 내재화한 대부분의 연구들은 공통적으로 고고학적 문화나 유형을 마치 독립된 실체처럼 다룬다. 즉, 특정 유형은 형성되고, 발달하며, 동시기의 다른 유형과 밀접한 관계를 보이기도 하고, 또 어떤 경우에는 시간적으로 이어지는 다른 유형과 계승관계를 맺기도 한다. 그리고 결국에는 소멸되는데, 이처럼 문화나 유형은 마치 하나의 독립된 생명체처럼 다뤄진다(李盛周 2007: 61).

이러한 인식을 바탕으로 한 연구들은 문화변동이나 사회성격의 변화를 이주의 결과로 파악하려는 경향이 있다. 즉, 독립된 생명체와 같은 고고학적 문화나 유형에 특정한 정체성을 부여하고 서로 다른 두 지역에서 확인되는 유사한 물질문화를 독립된 실체가 이동한 것으로 이해한다. 이동하는 일련의 물질문화의 의미에 대해서는 직접적인 언급을 피하는 경우도 있지만 궁극적으로는 당시 한반도 거주 집단이나 특정 정치체의 형성과정 또는 농경 사회, 계층 사회 등의 사회적 성격 변화에 대한 설명으로 나아가고자 하는 의도가 내재되어 있는 듯하다.

흔암리 유형의 형성문제

이러한 연구경향의 대표적인 초창기 사례들은 흔암리 유형의 형성문제와 관련하여 살펴볼 수 있다. 1990년대 말에 본격화된 이 논의들은 서북지방의 팽이토기와 동북지방의 공렬토기가 한강 유역에서 결합해 흔암리 토기군 또는 흔암리 유형을 형성했다는 기존의 주장(朴淳發 1993; 安在晧 2000; 李白圭 1974, 1986; 李淸圭 1988)에 대한 이견으로 등장하였다. 大貫靜夫(1996)는 흔암리 유형의 토기 특징들을 총체적으로 판단했을 때 청천강이나 압록강 유역과의 관련성이 더 높다고 주장하며 기존의 계통관계를 비판하였다. 물론 그는 흔암리 유형의 형성 과정에 다양한 재지(在地)적인 움직임이 있었다는 것을 암시하면서 단선적인 계통론을 피하고자 하는 모습을 보이기도 했지만 의도적이든 아니든 그의 주장은 흔암리 유형의 새로운 계통을 제시한 것처럼 비춰졌다. 이후 박순발(1999)은 大貫의 주장을 부분적으로 인정하였지만 적색마연토기의 존재 등을 근거로 기존의 견해들을 일부 유지하기도 하였다. 다만 그 형성지역을 한강 유역이 아닌 동해안 북부지역으로 재설정함으로써 유형의 형성 및 이동 과정에 새로운 견해를 제시하였다.

이 두 연구자의 주장은 분명한 차이점이 있지만 공통적으로 특정 물질문화의 기원이나 계통을 밝히고자 하는 의도가 담겨 있다고 할 수 있다. 그리고 그것은 박순발(1999: 91-92)의 결론에서도 볼 수 있듯이 종국에는 당시의 농경방식 그리고 그것의 확산과정과의 연결을 목적으로 하고 있다.

이후 이러한 단선적인 기원·계통론이나 전파경로 찾기로부터 벗어나고자 하는 움직임도 관찰된다. 김장석(2001: 57)은 흔암리 유형 유적들의 문화적 다양성과 역삼동 유형과의 친연성에 주목하여 흔암리 유형을 동질적인 문화적 실체를 가진 집단에 의해 형성된 것으로 보기 어렵다고 주장하였다. 이 주장은 각 지역의 물질문화가 단선적인 원인만으로는 형성될 수 없다는, 당시로써는 매우 획기적인 논의를 진행한 것으로 볼 수 있다. 하지만 유형이 문화적 실체를 가진 집단과 대응한다는 인식이 이 논의의 전제로 깔려 있어 당시 한국고고학에 뿌리깊이 내재되어 있는 전통고고학의 문제점을 극복하지 못한 것처럼 보이기도 한다(박경민 2018b: 6)[1].

---

1 김장석의 논고에 기술된 "흔암리 유형의 유적 간에는 '동일한 문화기반'을 가진 '동일 집단'에 의해 형성되었다고 볼 수 있을 만큼의 유사성을 전혀 찾아볼 수 없다(2001: 57)"라는 문장에서도 볼 수 있듯이 당시 그의 주장에는 '흔암리 유형이 역삼동 유형이나 가락동 유형과는 달리 동일 집단에 의해 형성된 것이 아니다'라는 전제가 깔려 있다. 즉, 이는 기본적으로 '유형'과 특정 집단의 대응관계를 전제로 하면서 역삼동 유형

무문토기시대의 조기설정 문제

이와 관련된 또 다른 사례는 무문토기시대 조기설정과 관련하여 살펴볼 수 있다. 무문토기시대의 시작은 한국고고학에서 매우 중요한 관심사 중 하나이다. 시·공간적인 물질문화의 급속한 변화는 새로운 사회 모습을 보여주는 것으로 인식되기 때문에 이러한 변화지점들은 시대나 시기를 구분하는 획기가 되기도 한다. 조기설정과 관련된 논의들은 농경민의 이주와 밀접한 관련을 갖는다. 한반도 거주 집단의 형성에 대한 관심은 '그들이 어떤 성격을 가지고 있었는가?'로 확대되는데 그것은 국가형성의 바탕이 되는 농경 정착 사회가 언제 누구에 의해 시작되었는가와 관련된 문제들이다.

농경민의 이주와 관련된 논의가 급속도로 확장되기 시작한 것은 소위 미사리 유형이 전기무문토기시대의 여러 유형보다 시간적으로 앞선다는 주장이 제기되고 난 이후가 아닌가 싶다. 그리고 보통 이러한 주장을 하는 연구자들 즉, 조기설정을 찬성하고 있는 연구자들은 북으로부터 온 농경 이주민들에 의해 미사리 유형이 형성된 것이라고 그 과정을 해석한다.

미사리 유적에서 돌대각목문토기가 공렬문토기에 선행할 수 있다는 주장이 제기된(崔鍾澤 1994: 111-112) 이후 미사리 유형이 농경 이주민에 의해 형성되었을 가능성에 대한 본격적인 논의가 시작된 것은 2000

이나 가락동 유형에 비해 흔암리 유형은 각 유적들 사이의 동질성이 떨어지기 때문에 '유형'으로 설정할 수 없다는 논지를 전개하고 있는 것이다.

년대가 시작되면서부터이다. 그 중심적인 역할을 한 연구자는 안재호 (2000: 46)이다. 그는 무문토기시대의 시작은 본격적인 농경 사회의 시작이라는 기존의 기본 전제를 바탕으로 농경생산을 기반으로 한 압록강 유역 또는 요동반도의 주민들이 남한지역으로 남하하여 형성된 것이 돌대문토기 유적이라고 주장한다. 그리고 토착 즐문토기시대 토기문화와 접촉하여 조기문화가 성립된다고 말하고 있다. 이후 세부적인 문화상이나 기원지에서 차이를 보이기는 하지만 농경민의 이주 또는 북으로부터의 유입이라는 기본 전제를 바탕으로 한 논의(김재윤 2004; 朴淳發 2003; 裵眞晟 2003; 千羨幸 2005, 2007)가 뒤를 이었는데 이로 인해 무문토기시대 연구에 또 다른 독립적 실체로서의 문화상이 자리를 잡게 되었다.

사실 최근까지 이와 관련된 논의 중 가장 논쟁적인 분야는 이 각목돌대문토기를 중심으로 한 일련의 물질문화를 전기의 여러 유형과 문화사적으로 의미 있게 구분할 수 있는가의 문제이다. '조기'라는 문화사적으로 독립된 시기의 설정은 위의 논고들이 발표된 이후 순조롭게 확립되는 듯 했으나(고민정 2009, 2011; 金炳燮 2009; 김현식 2008b; 裵眞晟 2009, 2010; 이형원 2010) 남한과는 다른 기원지의 양상, 문화사적인 구별의 무의미, 조기와 전기의 절대연대 상 동시기성 등을 근거로 이를 부정하는 주장이 발표되기 시작하였다(김장석 2008; 박성희 2009; 이기성 2012; 황재훈 2014).

조기설정을 둘러싼 대립적인 양상은 연구자들로 하여금 즐문토기시대-무문토기시대 전환기와 무문토기시대 이른 시기의 물질문화상을 엄밀히 고증하게 하고, 문화적이고 사회·경제적인 의미 부여에 신중을 기하게 하는 등 긍정적인 면이 적지 않다. 하지만 한편으로는 조기 설정 비판론에 맞서기 위해 추가된 고고자료 또는 고환경적 자료를 바탕으로 각목돌대문토기 집단과 농경 이주민 집단 사이에 고정적이고 실체적인 대응관계를 더욱 공고히 하려는 모습도 보이고 있다(예: 안재호 2016; 천선행 2015).

점토대토기문화 및 송국리문화와 관련된 이주문제

이주 집단을 상정하는 이러한 경향은 점토대토기와 관련된 연구에서도 두드러진다. 점토대토기는 한때 한강 유역에서 발생했다는 의견도 있었으나(李白圭 1974; 韓相仁 1981) 대체로 중국 요령지역에서 기원하였고 그곳에 거주하던 주민 집단의 이주로 한반도에 등장했다는 설명이 거의 정설화되어 있다(박순발 1993, 1997; 朴榮九 2010; 朴辰一 2013; 李健茂 1994; 林雪姬 2009; 진영민 2015). 그리고 이 이주로 인해 계급적 복합 사회로의 전환과 같은 사회성격의 변화를 설명하고자 하는 사례(盧爀眞 2001)도 있고, 점토대토기문화를 역사적 실체인 고조선과 연결시키는 연구도 눈에 띈다(송호정 2011, 이형원 2018).

현재 한국고고학에서 점토대토기 형성을 요령지역 주민 집단의 이주로 보는 주장에 이견은 거의 없는 듯하다. 그 이유로는 요령지역과 남한지역에서 공통적으로 확인되는 유물 조합 양상이 매우 비슷하고 이에 더해 그 유사성이 그대로 이주의 근거가 된다고 믿고 있기 때문일 것이다. 실제 남한지역에서 확인되는 원형점토대토기, 두형토기, 흑도장경호 등의 유물 조합은 요령지역에서도 매우 유사한 형태로 출토되고 있기 때문에 양 지역의 친연성은 직관적으로도 추측해 볼 수 있다. 그러나 (뒤에서 자세히 논의하겠지만)고고학적 증거는 생각보다 더 모호한 성격을 가지고 있기 때문에 이주를 교환이나 모방 같은 또 다른 확산 메커니즘으로부터 구별하는 것은 매우 어렵다(Burmeister 2000: 553). 그래서 몇몇 물질문화 요소의 유사성을 통해 그대로 이주를 상정하는 것은 사회적 현상을 지나치게 단순화시키는 결과를 가져올 수 있다.

무문토기시대 연구 중 그나마 이주 담론이 덜 적용되는 영역은 송국리 유형에 관련된 연구일 것이다[2]. 이는 한반도 외부에서 송국리 유형과 유사한 물질문화상이 확인되지 않기 때문인데 그로인해 많은 연구자들이 자체발생설에 무게를 두는 듯하다(金壯錫 2003; 羅建柱 2005; 安在晧 1992, 1996). 하지만 비록 송국리 유형이 문화의 이동이나 집단의 이주와 같은 담론과 다소 거리를 둔다고 하더라도 기본적으로 그것을 독립된 실체로써 생명체와 같이 인식되는 것은 다른 유형들과 다를 바 없다. 이는 특히 점토대토기문화의 등장과 함께 두드러지는데 이때 송국리 유형은 점토대토기문화와 대립되는 '토착 집단'이라는 실체를 부여받게 된다. 하지만 상황에 따라 이주민들이 현지의 문화에 동화될 수도 있기 때문에 송국리 유형의 요소가 많다고 해서 무조건 토착 집단을

2 물론 송국리 유형의 형성과 관련하여 외래기원설(禹姃延 2002; 李眞旼 2004; 李弘鐘 1993)의 입장에 있는 연구들이 이주론을 바탕으로 설명하고 있지만 본서에서는 멀리 떨어진 양 지역에서 유사한 물질문화 양상이 관찰되는 사례에 대한 설명방식을 문제 삼고 있는 것이기 때문에 여기서 굳이 거론할 필요는 없을 것 같다.

반영한다고 장담할 수는 없다.

　기본적으로 멀리 떨어진 양 지역에서 유사한 물질문화가 관찰되면 쉽게 이주라는 사건과 연결시킨다. 이러한 현상은 어쩌면 남북분단이라는 특수한 상황도 한 몫하고 있는 것 같다. 남한 내에서의 송국리 유형 분포양상과 같이 중간 공백지대 없이 연접해서 유사한 물질문화상이 관찰되었을 때 이주로 그 현상을 설명하는 경우는 거의 없는 듯하다. 예를 들어 남한 내에서 송국리 유형의 확산과정을 기존 역삼동 유형 집단이 송국리 유형의 요소들을 수용 내지 동화한 것으로 표현하는 경우는 많아도(김승옥 2006: 58-59; 李宗哲 2015: 355-365) 이주의 과정으로 설명하려는 사례는 매우 드물다. 각목돌대문토기나 점토대토기의 연구사례에서처럼 북한이라는 공백지대가 형성되어야만 이주를 주장하기가 더 수월해진다. 만약 중국 동북지역에서 한반도 남부지역에 이르기까지 공백지대 없이 전 지역에서 각목돌대문토기가 고르게 분포한다면 이주 의외에도 교류나 전파와 같은 다른 확산 요인도 고려해야 했을 것이다.

　그렇다면 일례로 금강 유역에서 영산강 유역으로 송국리 유형의 특정 집단이 이주했을 가능성은 전혀 없을까. 물론 고고학적으로 그 사실을 밝히기는 매우 어렵겠지만 남한 내에서도 이동하는 집단은 분명 있었을 것이다. 우리는 이러한 가능성은 거의 고려하지 않는다. 아마도 그 이유는 남한 내의 양상처럼 접촉이 용이한 근거리에서는 그것이 이주인지 교류인지 구분하기가 매우 어렵기 때문일 것이다. 이에 반해 중국 동북지역과 남한지역의 주민들은 잦은 접촉이 쉽지 않았을 거라 예상되기 때문에 북한이라는 공백지대를 십분 활용해 쉽게 이주라고 이야기할 수 있는 것이다. 하지만 가까운 거리일수록 이주자의 수는 많고 먼 거리일수록 그 수가 줄어든다는 라벤슈타인(Ravenstein)의 연구결과를 참고하면(Burmeister 2000: 544에서 재인용) 오히려 남한 내에서의 이주 현상이 더 많았을 가능성도 무시할 수 없다. 그럼에도 불구하고 송국리 유형과 관련된 연구에서 이주라는 단어가 언급되는 경우는 바다라는 공백지대가 있는 제주도(김경주 2018c; 오원홍 2018)와 구주지역(甲元眞之 2007; 藤尾愼一郎 2004; 兪炳琭 2010; 田中良之 2001)의 사례 외에는 찾기 힘들다[3].

이상 살펴본 바와 같이 무문토기시대 연구에서는 고고학적 문화나 유형의 설정에, 그리고 그러한 물질문화의 분포에 고정되고 단선적인 의미를 부여하는 경향을 보여 왔다. 실제로 무문토기시대 연구를 통해 많은 구체적인 집단들을 거론해 왔고 그들의 이동 즉, 이주라는 사건을 상정해 왔다. 고고학적 문화나 유형이라는 개념 자체에 대한 최근의 우려에도 불구하고 여전히 이러한 물질문화상의 분포는 분명 과거 해석에 중요한 단서를 제공할 수 있다. 하지만 트리거(Trigger 2006: 310)가 언급한 것처럼 고고학적 문화는 구체적인 예를 통해 고고학자들이 설명할 수 있는 현상이지 그 자체로 설명은 아니다. 즉, 유형의 설정을 통해 실체를 상정하고 그 분포를 통해 이주를 이야기하는 것으로 과거 사

---

3 송국리 유형과 관련된 것은 아니지만 전기무문토기시대 문화의 남한 내 확산과정을 이주의 관점에서 해석한 사례는 확인된다(金壯錫 2002: 104-105).

회의 무언가를 설명한 것은 아니라는 것이다. 그렇다면 우리는 전통적인 방식에 어떤 문제점들이 있었는지 파악하고 문화나 유형을 어떻게 인식해야 하는지에 대해 고민해 볼 필요가 있을 것이다.

2) 전통적인 인식에 대한 비판

위에서 살펴본 바와 같이 특정한 물질문화 복합체에 실체를 부여하고 집단을 상정하며 종국에는 이를 통해 이주냐 아니냐의 설명으로 연결되는 이러한 패턴은 무문토기시대 연구에 기본적이며 매우 흔한 연구 경향이라고 할 수 있다. 꼭 '집단'이나 '이주'라는 개념과 연결시키지 않더라도 고고학적 문화나 유형의 시공간적 분포를 통해 총체적으로 그것의 전파와 이동을 다루는 것 자체가 개별적인 물질문화 요소를 바탕으로 다양하고 풍부하게 과거 사회를 이해할 수 있는 기회를 박탈해 버리는 것일 수도 있다.

가변적인 물질문화

이러한 사고방식을 바탕으로 한 연구가 과거에 대한 이해에 오히려 방해가 될 수 있다는 비판이 지속적으로 제기되고 있다는 사실은 앞에서도 언급한 바 있다. 비판의 주요 요지는 결국 특정한 물질문화 요소 또는 특정한 정체성은 시·공간적으로 변화될 수 있는 매우 유동적인 현상 또는 과정이라는 것이다. 일례로 어떤 집단은 점토대토기를 집단 전체의 결속력을 과시하는데 사용할 수도 있지만 또 다른 집단에서는 선별적으로 그것을 사용함으로써 집단 내 권력관계를 드러낼 수도 있다. 그리고 또 다른 경우에는 외부에서 들어온 점토대토기를 모두 함께 사용하면서 집단 내의 불평등한 상호관계를 은폐하는데 이용할 수도 있다.

이러한 물질문화의 유동성은 동일 집단 내에서도 적용될 수 있는데 한때 위계를 반영하던 물질문화가 집단 내 젠더관계의 표현으로 옮겨 갈 수도 있다. 이 과정에서 물질문화는 단순히 인간의 의도에 따라 무언가를 반영하지 않고 때때로 사회변화 과정에 적극적으로 개입할 수도 있다. 인간이 만든 스마트폰이 인간과의 상호작용 속에서 상상하지 못했던 삶의 방식을 만들어 내고 있는 것처럼 말이다. 그렇기 때문에 물질문화와 인간 사회의 관계를 단편적으로 관찰하여 소박하게 연결시키려 한다면 우리가 접근할 수 있는 다양한 해석 가능성들을 가로막을 수 있다. 따라서 이를 방지하기 위해서는 이 관계를 일반 법칙에 의해 규정하지 말고 상황에 따라 맥락화의 과정을 통해 해석해야 한다(김종일 2004b: 15).

한국고고학에서는 1990년대 무렵 서구의 탈과정주의 고고학이나 포스트모더니즘에 대한 소개가 이뤄지기 시작했는데(金權九 1994; 李盛周 1991) 이는 아마도 전통적인 고고학적 인식과 해석에 대한 문제점을 극복하고자 하는 노력의 일환이었을 것이다. 한국고고학에 소개된 이 일련의 사조들은 근대 이후(데카르트 이후) 발달한 서구 사회의 뿌리 깊은 이성 중심주의에 대한 반성적 관점에서 시작된 철학적 논의들과 맥락을 같이한다. 마르크시즘, 구조주의, 현상학, 해석학, 해체주의 등과 같은 철학적 조류들이 물질문화의 해석에 적용되었는데 이는 사회의 구조나 변화를 총체적이고 보편적인 관점으로 파악하려고 하는 기존의 해석 경향들에 문제점이 있음을 보여주었다(김종일 2004a: 16-17).

　김종일(2004b: 4-6)은 이러한 관점에 입각해 기존 무문토기시대 연구의 진행과정에 있어 우리가 간과하고 있는 문제점들을 지적하였다. 그 첫 번째는 유구나 유물의 형식 분류과정에서 실제 그것을 제작하고 사용했던 사람들의 인지방식을 고려하지 않는다는 점이다. 물론 우리가 그들의 인식체계 또는 세계관을 온전히 이해할 수는 없다. 하지만 같은 시대 내에서도 지역이나 세대에 따라 사물을 인지하는 방식이 달라질 수 있다는 점을 고려한다면 적어도 그들과 우리의 사물을 분류하는 기준은 많이 다를 수 있다. 두 번째는 통계처리과정 중 연속변수를 명목변수로 전환할 때 생기는 자료의 왜곡이다. 우리는 간혹 연속적으로 이어지는 변수들을 서로 다른 범주에 속하는 것으로 구분하기도 하는데 이 과정에서 실제 구분하기 어려운 변수들을 명확하게 구분되는 것처럼 왜곡하기도 한다. 세 번째는 형식 분류 과정에서 유물이나 유구의 발견 맥락이 배제되고 있다는 점이다. 예를 들어 같은 형식의 유물이 서로 다른 지역에서 또는 서로 다른 유구에서 각각 발견되었을 때 그 유물이 갖게 되는 시간적 의미와 상징적인 의미는 달라질 수 있다. 네 번째는 문화나 유형의 시·공간적인 분포를 기술할 때 에이전트로서의 인간에 대한 이해가 부족하다는 점이다. 흔히 문화가 '전파됐다'라거나 '접촉했다'라는 표현을 자주 사용하게 되는데 이러한 현상들이 인간의 사회적 행위를 매개로 하고 있다는 점이 간과되고 있다. 즉, 각각의 문화나 유형에 대한 기술에서 인간의 행위주체성이 고려되지 않아 환경적이거나 정치적인 변화가 발생했을 때 인간은 수동적인 존재로 전락해 버린다.

이러한 문제점들에는 연구과정 중 진행되는 분류작업에 고정되고 변하지 않는 실체로서의 무언가가 존재한다는 생각이 내재되어 있다. 형식 분류든 통계를 통해 얻어진 범주들이든 그것은 어느 정도 특정한 연구를 목적으로 진행한 하나의 분석단위이다. 즉, 연구목적이 달라진다면 형식 분류의 기준이나 연속변수들을 명목화하는 범위의 수준도 달라질 수 있다는 것이다. 그렇다면 형식 분류나 통계작업을 통해 구성된 각 유형의 유구·유물 속성 역시 연구자에 따라 또는 연구목적에 따라 얼마든지 변할 수 있다. 다시 말해 실제 특정 연구방법에서는 분류될 수 있는 속성들이 또 다른 연구방법에서는 하나의 범주로 묶일 수도 있다는 것이다(김장석 2014: 17-20; 박경민 2018b: 3-4; 성춘택 2017: 178; Binford 1965: 205). 그리고 김종일도 지적했듯이 물질문화를 제작하고 사용했던 사람들의 인식체계 또는 세계관도 충분히 우리와 다를 수 있기 때문에 우리가 진행한 분류방법을 고정된 실체로써 파악하는 것은 과거를 왜곡할 여지가 크다.

유형의 범주나 개념에 대한 인식 차이

조금은 다른 차원의 문제일 수 있겠지만 연구자 간의 인식차이에 따라서도 유형의 개념이나 범주가 달라질 수 있다. 역삼동 유형은 타 유형에 비해 시·공간적인 범위가 매우 넓은데 이로 인해 생긴 유형의 발생순서에 관한 논쟁은 이러한 문제점을 보여주는 좋은 사례라고 할 수 있다. 사실 초창기 역삼동 유형의 편년은 대체로 혼암리 유형에 앞선 것으로 인식되었는데 2000년대 이후 혼암리 유형과 같거나 늦게 편년되는 경향이 일부 연구자들 사이에 등장하기 시작했다(강병학 2013; 김현식 2008a; 庄田慎矢 2009; 宋滿榮 2001). 이러한 시각은 황재훈(2014: 45)의 지적처럼 형식학적 논리에 대한 맹신과 역삼동 유형의 늦은 하한으로 인한 오판에 기인하는 부분도 분명 있겠지만 역삼동 유형의 범위에 대한 인식차이와도 밀접한 관련이 있다. 이를테면 단순히 공렬문의 존재로 역삼동 유형을 인식할 것인지 아니면 전형(典型)의 유구·유물복합체가 한꺼번에 또는 어느 정도 이상 확인되어야만 역삼동 유형으로 인식할 것인지의 문제가 존재한다는 것이다. 전자의 입장에서라면 공렬문토기가 각목돌대문토기와 동반되는 사례가 있기 때문에 각 유형 간에 시간차를 두기가 힘들 것이다. 하지만 후자의 입장에서라면 주거지의 형태나 동반하는 토기 및 석기 등을 모두 따져봐야 하기 때문에 전자와 다르게 접근할 여지도 충분하다[4]. 즉, 역삼동 유형의 범주를 어떻게 이해하느냐에 따라 편년 순서가 달라질 수 있다는 것이다. 그래서

---

4 물론 유형간의 편년은 좀 더 복잡한 문제가 내재되어 있겠지만 여기서는 유형의 범주에 대한 인식차를 논하는 것이기 때문에 굳이 거론하지 않겠다. 다만 각 연구자들이 유형론에 입각해 사회현상을 기술할 때 유형의 범위에 대해 모호하게 처리하는 경우가 많은데 이는 분명 지양해야 한다. 즉, 논고의 서두에는 특정 유형에 대한 정의와 속성을 명시해 놓고 그것을 통해 사회현상을 설명할 때는 표지적인 특정 유물만 가지고 이야기 하는 사례가 많다는 점을 지적하고 싶다.

이와 같은 논쟁에서는 각 연구자들 사이의 역삼동 유형에 대한 인식이 다를 수 있음을 인정해야 논점이 흐려지지 않는데 자기가 가지고 있는 인식만이 올바르다는 생각으로 접근한다면 무의미한 논쟁만 반복될 수 있다.

또한 고고학적 문화 또는 유형의 개념 그 자체에 대한 인식도 연구자에 따라 차이가 발생할 수 있다. 각 연구자마다 유형이 무엇을 의미하는가에 대한 인식은 조금씩 다르며 때로는 그 차이로 인해 상반된 연구 결과가 나오기도 한다. 일례로 흔암리 유형을 설정했던 이청규와 그것을 부정했던 김장석은 모두 흔암리 유형과 역삼동 유형의 친연성을 인지하고 있었다. 그러나 이청규(1988: 91-92)는 그 친연성을 근거로 두 유형을 묶어 공렬토기문화라 칭하며 이를 고조선 이남을 대표하는 주민 집단 문화 중 하나라고 파악한 반면 김장석(2001: 51-52)은 두 유형의 유사성 때문에 이 둘은 다른 집단으로 볼 수 없고 따라서 흔암리 유형의 설정은 재고되어야 한다는 논지를 전개하였다. 두 연구자는 고고자료의 공간적 분포를 유사하게 인지하였음에도 불구하고 유형이 무엇을 반영하는가에 대한 인식의 차이로 인해 상반된 연구 결과를 도출하게 된 것이다. 이 사례는 연구자마다 유형의 설정을 통해 드러내고자 하는 목적이 다를 수 있음을 보여준다(박경민 2018b: 6-7).

우리는 유형을 정의하면서 전형(典型)으로써의 유구와 유물들을 설정하게 되는데 실제 그 유형에 속하는 많은 유적들이 그 전형에 들어맞는 경우는 거의 없을 것이다(Clarke 1978: 36). 그 유형의 전형은 단지 우리의 상상 속에서만 존재하고 있을지도 모른다. 그렇기 때문에 그 전형을 위시한 독립된 실체의 상정은 불가능한 일일 수도 있다. 이와 같이 유형의 설정은 유형을 구성하는 유구·유물의 개별 속성에서부터 그 유형의 시·공간적 범주, 그리고 유형이라는 개념 그 자체 등 어떠한 측면에서든 매우 가변적인 성질을 가지고 있기 때문에 그것에 고정적인 본질을 부여하거나 그것의 총체를 통해 사회의 변화를 이야기하는 것은 과거에 대한 잘못된 이미지를 생산할 수 있다.

기원과 계통 그리고 민족주의

일련의 물질문화 단위를 실체화하는 이러한 작업들은 문화의 기원론이나 계통론과 밀접한 관계를 맺고 있으며 이는 또한 민족주의와도 분리될 수 없다(김장석 2014; 김종일 2017; 성춘택 2017; 李盛周 2017a; Jonse 1997; Rowlands 1982: 163-164). 앞에서 정리했던 기존 무문토기시대의 연구 경향들은 대부분 고고학적 문화나 유형의 기원·계통과 관련된 주제들을 내포하고 있다. 즉, 남한지역에서 확인되는 물질문화가 북쪽 어디에서 기원하였는지가 주요 관심사였던 것이다. 이 문제는 결국 주민의 이주 문제로 이어지며 종국에는 우리 민족이 어떤 과정으로 형성되었는지에 대한 관심으로 자연스럽게 넘어간다.

일반적으로 무문토기시대는 국가 형성의 바로 이전 단계 즉 계층 사회(stratified society)나 수장 사회(chiefdom)로 인식하는 경향이 강하며 송국리 유형이나 점토대토기문화와 관련해서는 국(國)의 형성과 연결시켜 이해하기도 한다(武末純一·譯高田貫太 2002: 46-48; 裵眞晟 2007a: 227-228). 무문토기시대 사회 계층화와 관련된 연구들은 사회발전단계의 도식 아래 사회 복합화의 과정을 논의하는 사례가 많은데 이 과정 속에서 자연스럽게 우리 민족의 기원이나 계통문제를 선사시대의 문화적 실체를 통해 다루고자 하는 경향도 나타난다. 이러한 양상은 문헌 속에 기록된 특정 정치체를 고고자료를 통해 확인하고자 하는 연구경향(예: 김경주 2012, 2018a; 박순발 2006; 배진성 2015; 송호정 2011; 이형원 2018; 이후석 2017)과도 밀접하게 관련되어 있는데 이는 민족이나 정치체 중심의 역사 서술을 고고자료를 통해 재구성하고자 하는 충동이 반영된 것이라 할 수 있다(박경민 2018a: 53; 이성주 2017b: 38).

민족의 경계와 고고학적 실체 사이의 관계는 20세기 서구고고학의 주요 논쟁 중 하나였다(Barth 1969a; Hodder 1982; Jonse 1997; Lucy 2005; Shennan 1989). 21세기 이후 반-인간중심주의에 대한 논의가 본격화되면서(이성주 2019) 그 관심이 다소 줄어든 경향이 없지 않지만 인종 문제가 여전히 국제 사회에 끊임없이 벌어지는 한 결코 고고학은 이 문제에서 자유로울 수 없다. 중동의 종교적이고 인종적인 문제는 여전히 존재하며 미국 공화당의 트럼프 대통령 당선이나 영국의 브렉시트(Brexit), 유럽의 이민자 문제도 이와 결코 무관하다고 할 수 없다. 또한 우리가 속해 있는 동북아시아의 긴장관계가 최근 들어 오히려 고조되고 있는 점 또한 민족주의적 관점에서 접근할 수 있다.

실제 사회적으로 민족주의 담론이 강해지면 연구자 집단도 그것에 강한 영향을 받는다[5]. 해방 이후 우리 사회는 식민주의 사관으로부터

---

5 물론 김종일(2008: 97-98)이 지적하는 것처럼 민족주의적 경향이 강하지 않을 때도 민

벗어나고자 하는 경향이 강했는데 이 과정에서 고고학 연구도 역사학적 해석을 중심으로 하는 민족주의의 담론 속에서 성장하였다(김종일 2008: 96-97; 李盛周 2008: 98). 우리 민족의 역사성을 강조하기 위해 한반도에 존재했던 문헌 속 고대국가들의 실체를 물질문화를 통해 좀 더 명확하게 밝히고 간혹 높은 사회수준에 도달했음을 보여주고자 노력하기도 했는데 이것은 특정 물질문화를 실체화하고 그것을 특정 고대국가와 연결시키는 작업을 바탕으로 할 수밖에 없는 것이었다. 이러한 상황에서 문화사 고고학의 연구 및 해석방식은 한국고고학에서 매우 유용했을 것이다.

하지만 민족이나 정치체와 같은 특정 인간 집단을 고고학적으로 구분할 수 있는가에 대해서는 현재 매우 회의적인 시각만 남은 듯하다. 한때 일부 양식적 차원에서라면 고고학적으로 경계가 명확한 분포를 집단 정체성과 연결시킬 수 있다는 주장이 제기되기도 하였으나(Sackett 1982; Wiessner 1983; Wobst 1977) 이마저도 민족지적 조사를 비롯한 다양한 연구결과에 의해 반증(反證)되고 있다(Hodder 1982; Trigger 1978).

아프카니스탄과 파키스탄에 걸쳐 있는 파탄족은 양 지역에서의 상당한 문화적 · 사회적인 차이에도 불구하고 자신들을 하나의 민족 집단으로 생각하며(Barth 1969b: 118-119), 북부 타이의 루족은 주변 집단

족과 관련된 연구의 시도는 지속될 수도 있으며 반대로 민족주의적 경향이 강할 때에도 모든 연구가 민족문제와 반드시 연관되지 않는다는 점은 유의해야한다.

들과 광범위한 문화적 특질들을 공유하지만 자신들의 민족 정체성을 유지시켜 나간다(Moerman 1965: 1217-1221). 이러한 사례들은 상이한 문화를 유지하면서도 서로 같은 민족 정체성을 공유하기도 하고 때로는 유사한 문화를 공유하면서도 서로 다른 민족적 경계를 유지하기도 하는 모습을 보여주는 것이다.

사실 민족 정체성의 유지는 복잡한 사회·문화적 실천의 과정이다. 민족 집단의 경계와 정체성은 시·공간에 따라 상이한 모습을 보이는데 이는 대체로 경제적이고 정치적인 관계에 따라 전략적으로 조작되기 때문이다(Jonse 1997: 110). 따라서 고고학적 문화나 유형뿐만 아니라 민족 집단의 존재 자체도 뚜렷한 실체를 갖는다고 할 수 없다. 일례로 우리는 고조선으로부터 한민족의 기원을 찾고 있지만 그 당시 중국 동북지방과 한반도 여러 지역에 흩어져 있던 각 주민 집단들 사이에 지금과 같은 형태의 한민족 의식이 형성되었을 것이라고는 생각할 수 없다. 삼국시대 또한 그러했을 것이고 일제 강점기와 현재 분단시대의 한민족에 대한 관념도 같은 선상에서 이해할 수는 없을 것이다. 한민족에 대한 정체성이 수 천년동안 고정된 실체로 이어져 왔다고 생각한다면 그것은 지나치게 현재적인 관점만 중시하는 편파적인 해석이 될 것이다. 21세기 대한민국에서 한민족은 분명 존재한다. 하지만 그것은 어떠한 상황 속에서도 변하지 않는 고정된 실체로서 존재하는 것은 아니다.

민족 정체성은 어느 정도 도구적인 성격을 가지고 있으며(성춘택 2017: 170) 그렇기 때문에 정치적인 상황 속에서 특정 엘리트에 의해 조작될 수 있다. 또한 엘리트에 의한 것이 아니더라도 개인적인 수준에서든 집단적인 수준에서든 정치적이고 경제적인 상황에 따라 정체성은 전략적으로 이용될 수 있다(Eidgeim 1969: 56). 그리고 이러한 도구적 성격은 꼭 이해관계나 경제적 이익을 위해서만 발생하지는 않는다. 때로는 연구자 자신의 학문적 주장이나 신념을 관철시키기 위해 이용되기도 한다. 물론 민족 정체성이 어떠한 상황에서도 도구적으로 무한히 연장될 수 있는 것은 아니다(Lucy 2005: 100). 그것은 분명 어느 정도는 역사적이고 때로는 생물학적이거나 또는 공간적인 근거를 바탕으로 형성된다. 따라서 물질문화의 차이를 통해 과거 주민 집단을 식별하고자 할 때 이러한 민족 정체성의 이중적인 성격에 대한 이해는 반드시 고려되어야 한다(Jones 1997: 87-126).

민족 정체성의 실천 과정에서 물질문화는 사회적 현상의 단순한 반영물이 아니라 그 안에서 능동적인 역할을 하며 사회적 관계에 기여하고 때로는 특정한 정체성을 호도시키는 역할을 하기도 한다. 그렇기 때문에 일부 물질문화 요소는 집단의 경계를 표현할 수도 있지만 그것은 언제나 가변적이어서 때로는 그 경계를 판단하는데 방해가 될 수도 있다. 이러한 인식을 바탕으로 한다면 물질문화의 유사성을 통해 이해되는 이주라는 사건도 멀리 떨어진 지역들 사이의 소박한 연결로 이해되어서는 안 된다.

이주가설의 문제

앞에서도 논의했던 것처럼 무문토기시대에서 '북으로부터의 이주'는 매우 흔한 문화 변동의 해석방식이다(김장석 2014; 李盛周 2007). 물론 남한지역의 물질문화상이 북한이나 중국 동북지방과 관련성이 많음은 부인할 수 없는 사실이다. 하지만 그렇다고 해서 양 지역의 유사한 물질문화를 토대로 이주라는 실체적 사건을 설정하는 것은 쉽지 않은 일이다.

김장석(2014: 20-21)은 이처럼 모호한 유사성에 기대어 동일한 의미를 부여하는 방식에 문제점을 제기하였다. 그의 지적은 앞서 필자가 논의했던 형식 분류에 관한 문제와 유사한 맥락이다. 남한지역과 북쪽지역(중국 동북지역 및 북한 북부지역)에서 나온 토기 간의 유사성에 주안점을 두어 양자를 같은 형식으로 설정하게 되면 그것은 그대로 같은 계통으로 해석하게 되는데 이때 그 같은 형식의 기준은 연구자마다 다를 수 있다. 이 때문에 연구자들마다 기원지의 차이가 생긴다. 즉, 양 지역의 토기를 동일 형식으로 볼 수 있느냐의 문제는 주관적인 판단에 의해 결정된다. 주지하다시피 남한지역과 북쪽지역에서 확인되는 각목돌대문토기나 점토대토기는 동반 유구·유물뿐만 아니라 토기 자체의 형태에서도 다소 차이를 보인다. 물론 유사한 부분도 존재한다. 문제는 유사점과 차이점이 공존하고 있음에도 불구하고 대부분의 연구에서는 유사점만 강조하고 차이점은 애써 감추려 한다. 다시 말해 어느 정도 유사한지 모호한 경우가 많아 각 연구자들은 자신들의 주장에 알맞은 요소들의 유사성을 더 강조하기도 한다는 것이다. 김장석(2014: 20)은 편년을 위한 형식 분류에서도 이와 비슷하게 애매한 유사성이 발생한다고 하면서 이러한 경우 다음과 같은 논리가 적용된다고 한다.

...... 한국고고학에서는 XX계라는 명칭으로 한 형식의 포괄범위를 확장시키는 방법을 이용하기도 한다. 이 때, (1) 동일한 계통의 것임은 분명하지만, 파급과정 또는 이주 이후 정착과정에서 변이가 발생하였기 때문에 형식상의 차이는 있지만 같은 것으로 간주한다. (2) 형태상의 차이는 있지만, 아이디어 자체는 유사하므로 동일한 것으로 간주한다. (3) 파급지의 형식은 기원지의 그것을 모사한 것이고 그 과정에서 변이가 발생한 것이므로 같은 것으로 볼 수 있다 등의 논리가 동원된다. 즉, 형식상의 차이는 존재하지만, 기본적으로는 같은 것으로 볼 수 있다는 논리이다.

김장석의 지적은 매우 적절해 보이는데 이러한 관점에서 보면 이주론에 입각한 연구들은 이주라는 사건을 미리 전제한 후 물질문화에 대한 해석을 그것에 짜맞춰가는 듯한 인상을 준다. 물론 어느 정도 양 지역 사이에 유사성이 관찰되기 때문에 이주라는 전제가 가능했겠지만 물질문화의 변화도 이주라는 사건도 이렇게 단편적으로 설명할 수 있는 성질의 현상이 아니기 때문에 몇 가지 유사성을 전제로 한 이주의 설정은 과거의 현상에 대해 무언가 설명했다고 말하기는 힘들다.

몇몇 연구(예: 고일홍 2019; 金壯錫 2002; 김종일 2010)를 제외하고는 이주라는 사건과 물질문화의 관계에 대해 심도 있는 고찰을 진행한 경우는 매우 드물다. 대부분의 연구는 각 연구자의 기준에 따라 가장 유사한 기원지를 선택한 후 환경적 요인이든 경제적 요인이든 정치적 요인이든 그것을 통해 이주의 원인을 설명하려 했다. 이 과정에서 어떠한 맥락의 물질문화가 이주의 근거가 될 수 있을지에 대한 고려는 거의 없었으며 이주를 감행한 주민 집단은 언제나 수동적인 존재로 취급될 수밖에 없었다.

이주에 관한 사례연구들은 이주는 보통 단일 원인으로 발생하지 않고 또 단독 사건에 기인할 수도 없다는 것을 보여준다(Burmeister 2000: 550). 그리고 이주의 원인으로 자주 등장하는 경제적이거나 정치적인 요인이 발생했을 때 이주는 대안적인 선택 중 하나일 뿐이지 그 선택의 전부가 될 수는 없다(Burmeister 2000: 544). 즉, 경제적인 환경이든 정치적인 환경이든 그것에 큰 변화가 발생했을 때 사람들은 이주를 선택하기도 하지만 변화된 환경에 적응하는 방식을 취하기도 한다. 실제 북으로부터 이주가 발생했다 하더라도 기원지(emigration area)에서 기존의 물질문화가 사라지지 않고 존속하고 있다면 그것은 어쩌면 그 이주가 선택적이었다는 것을 보여주는 것일지도 모른다. 다시 말해 이주를 발생시켰다고 생각하는 정치적인 사건이든 경제여건의 변화든 그것은 이주의 직접적인 원인이 아닐 수 있다는 것이다. 물질문화의 맥락적인 고려 없이 특정한 사건에 의해 이주가 발생했다고 설명하는 것은 이주 과정에 대한 이론적 검토가 부족했음을 보여주는 것이다.

유럽인들의 북아메리카 이주과정과 물질문화 실천의 상관관계를 살펴보면 몇몇 물질문화 요소의 유사성만을 근거로 이주를 상정할 수 없음을 이해할 수 있다. 북아메리카 동부 삼림지역에는 페노-스칸디나비아(Fenno-Scandinavian)[6]에서 기원한 통나무 오두막집(parstuga or open-passage 'dogtrot' cabin)을 비롯한 몇몇 건축양식들이 이주민들의 성공적인 정착에 기여하였다고 한다. 이 건축양식들은 비교적 소수의 핀란드인들에 의해 도입되었다. 이 핀란드인들은 그 이후 들어온 네덜란드와 영국 정착민 집단에 흡수 되었는데 이 과정에서 건축양식을 제외한 그들의 문화적 요소 대부분이 사라졌다. 하지만 이 오두막집을 비롯한 일부 건축양식은 다른 나라에서 온 이민자들에게도 채택되어 지속적으로 사용되었다고 한다(Burmeister 2000; Jordan 1989). 이 연구는 소수 이민자 집단의 특정 문화요소가 정착지 사회 전체에 전반적인 영향력을 행사한 사례를 보여준다.

이 오두막집이 다른 이민 집단들에게도 적극적으로 수용될 수 있었던 것은 새로운 정착지에 대한 적응에 그 오두막집이 매우 적합했기 때문이었을 것이다. 만약 우리가 북아메리카의 이민사에 대한 정보를 전혀 모른 채 물질문화의 분포양상만 살펴봤다면 아마도 페노-스칸디나비아와 북아메리카 양 지역에서 확인되는 통나무 오두막집을 근거로 '페노-스칸디나비아 지역에서 북아메리카 지역으로 대규모의 이주가 있었다'라고 해석했을 지도 모른다. 물론 더 많은 이주민이 있었던 네덜란드와 영국의 다양한 문화적 요소들이 잔존했기 때문에 이들 지역에서의 이주 집단도 상정했을 것이지만 시각적인 면에서 두드러진 건

---

6 페노스칸디아(Fennoscandia) 혹은 페노스칸디나비아는 스칸디나비아 반도, 콜라 반도, 카리알라, 핀란드 지역을 말하는 지리학, 지질학 용어이다.

축양식을 통해 페노-스칸디나비아의 이주 집단이 상대적으로 더 강조되었을 가능성이 높다. 하지만 실제로는 핀란드인이 소수였고 네덜란드인이나 영국인이 지배적이었다.

　이주과정에서의 물질문화의 변이는 예측불가능하다. 북아메리카 사례에서 통나무 오두막집은 집단의 경계를 가로질러 사용되었지만 한국 무문토기시대에서는 어떤 문화적 요소가 집단의 경계를 모호하게 할지 예상하기 어렵다. 물론 버마이스터(2000: 542)는 내부적 영역의 물질문화에서는 고고학적 이주의 증거가 발견될 수 있다고도 하였다. 즉, 외부인에게 기능적 영향성이 거의 없거나 사회적 중요성이 떨어지는 특징을 가진 물질문화를 통해 특정 이주민들을 추적할 수 있다고 한 것이다. 하지만 사실 선사시대의 연구에서 그러한 문화적 요소가 무엇인지 구분하는 것도 쉽지 않을뿐더러 그러한 문화적 요소를 찾았다 하더라도 그 또한 의미가 가변적일 수 있다. 따라서 어떤 상황에서도 특정 문화적 요소가 특정 이주 집단을 표현한다고 장담할 수 없다. 버마이스터(2000: 549) 역시 특정한 유물 분포의 형성이 민족 정체성에 기인한다고 가정될 수 있지만 이러한 관찰된 패턴이 상이한 집단의 이민자들 사이에 단일 방향의 문화접촉 결과인지 아니면 전적으로 공통된 기원의 이민 정착자들의 결과인지 구분하기 어렵다고 이야기한다. 그는 내부적 영역과 외부적 영역을 구분하는 모델을 통해 북아메리카 이주민 사회에서 특정 집단의 이주를 어느 정도 구분할 수 있었지만 앵글로-색슨 사례 연구에서는 그다지 성공적인 결과를 보여주지는 못한 듯하다(Burmeister 2000: 553).

문화의 변동은 매우 복합적인 과정이다. 이주라는 단일 사건으로 특정 지역에 새로운 문화요소들의 등장 원인을 모두 설명할 수는 없다. 일례로 송국리 유형의 형성도 최근 안재호(2019)의 지적처럼 다양한 요인들이 복합적으로 상호작용한 결과물일 가능성이 높다. 현재 우리는 송국리 유형의 형성이 전기의 제 유형으로부터 비교적 급격하게 이뤄진 것처럼 여기고 있지만 어쩌면 우리의 생각보다 더 오랜 시간동안 지속적으로 변화된 결과일 수도 있다. 만일 그렇다면 외래의 영향이 전혀 없었을 가능성이 더 적으며 또한 전기의 제 유형과도 충분한 접촉이 있었을 것으로 생각된다. 그 과정 속에서 지역별로 다양한 물질문화의 실천이 있었을 것이므로 송국리 유형의 지역별 다양성은 당연한 결과일 것이다. 송국리식 토기의 타날기법을 비롯한 여러 문화 요소들이 산둥반도의 이주민에 의한 것으로 단정 지을 수 있는지에 대한 의구심이 있기는 하지만 적어도 다양한 관점에서 특정 문화의 형성을 검토한 안재호의 시도는 충분히 의미 있다고 생각한다.

미사리 유형이나 점토대토기문화의 형성을 특정 집단의 단순한 이주의 결과물로써만 바라보는 관점도 벗어날 필요가 있다. 물론 북쪽 지역으로부터의 이주민을 전적으로 부정하는 것은 아니다. 하지만 남한지역에서 확인되는 미사리 유형이나 점토대토기문화 유적들을 특정 지역에서의 단선적인 이주의 결과로만 보는 관점도, 이 유적들을 모두 이주의 결과물로만 보는 관점도 문제가 있다. 과거가 현대 사회보다 단순한 사회였기 때문에 그들의 사회·문화 변동과정도 단순할거라는 생각은 지나치게 현대 중심적이다. 현대의 사회·문화 변동과정이 복합적이고도 복잡한 원인에 의해 발생하는 것처럼 선사 사회의 변화도 그 못지않게 다양한 원인의 상호작용에 속에서 일어났을 것이다. 한반도 북쪽지역과 남한의 각목돌대문토기가 같은 계통일 거라는 관점을 벗어 놓고 바라보면 양쪽 지역의 물질문화상의 차이가 생각보다 뚜렷하다는 점을 파악할 수 있다. 이러한 차이점을 유적별로 면밀히 관찰할 수 있다면 북에서 남으로 각목돌대문토기가 전이되는 과정에서 어떤 상호작용들이 있었는지에 대해 우리는 좀 더 다양한 각도에서 관찰할 수 있을 것이다. 우리는 선사 사회가 단순한 사회라고 생각하지만 어쩌면 그 사회가 실제 단순했던 것이 아니라 우리가 지속적으로 그들을 단순한 이미지에 가둬놓고 있는 것인지도 모른다.

2. 사회진화담론과 이원론적 사고

사람들은 보통 그들의 사회에 만연하게 퍼져 있는 어떤 인식체계에 기초하여 사물(事物)을 바라보고 이해한다. 같은 사물을 바라보더라도 시·공간에 따라 그 사물의 의미는 달라질 수 있다. 이러한 문제는 일상생활에서뿐만 아니라 객관성을 추구하는 과학계에도 해당될 수 있음을 이미 토머스 쿤(Kuhn 1922-1996)을 비롯한 다수의 선학들이 지적한 바 있다[7]. 어쩌면 현재 한국고고학에서 주로 다뤄지고 있는 문제들

---

7 토마스 쿤은 패러다임의 전환(paradigm shift)이라는 표현을 통해 과학의 발전이 객

은 우리가 생각하는 것만큼 일반적이고 객관적인 것이 아닌 특정한 이데올로기나 패러다임에 의존하고 있는 것일지도 모른다.

무문토기시대와 관련된 대규모 유적들이 발굴되기 시작한 이후 그 시대 사람들이 어떻게 살았는지에 대한 본격적인 논의가 활발하게 이어지고 있다. 이 과정에서 논쟁적인 다양한 주제들이 발표되고 있지만 대체적으로 연구자들이 동의하며 기본전제로 삼고 있는 것은 농경 사회와 계층 사회라는 사회성격과 관련된 이미지들이다. 앞선 시기에도 농경의 증거는 확인되며 사회적 위계도 어느 정도 있을 수 있었겠지만 하나의 시대를 특징지을 정도로 그 시대에 영향력을 끼쳤던 요소는 아니라는 것이 대체적인 의견이다. 따라서 즐문토기시대에서 무문토기시대로의 전환은 '수렵·채집 사회에서 농경 사회로, 평등 사회에서 계층 사회로의 이행'으로 설명할 수 있다는 아이디어가 보편적으로 받아들여져 왔다.

하지만 양 시대에 대한 이러한 이원론적 접근은 어디까지나 각 시대를 총체론적으로 접근했을 때 가능한 구분이며 한편으로는 실제 이러한 사회성격이 그 시대의 이미지를 제대로 보여주고 있는지도 의심스럽다.

본 장에서는 이러한 사회성격의 규정을 객관적으로 받아들일 수 있

관적인 관찰에 의한 진리 축적에 따른 것이 아닌 특정 공동체 구성원들이 공유하는 믿음, 가치, 기법 등의 급격한 변화 즉, 패러다임의 변화를 통해 이뤄진다고 설명한다 (쿤, 김명자 역 2013).

을까에 대해 검토하려고 하는데 농경과 관련된 논의와 계층 사회와 관련된 논의를 구분해서 접근해보고자 한다.

1) 수렵 · 채집 사회와 농경 사회

수렵 · 채집 사회 vs 농경 사회

수렵 · 채집과 농경의 대립은 인류 역사에서 매우 중요하게 다뤄져 왔다. 수렵 · 채집은 자연 그대로의 것을 이용하는 생계 경제방식이고 농경은 인위적인 행위의 산물로 인식되었다. 따라서 농경은 자연에 의존하던 삶의 방식에서 벗어나 자연을 통제하기 시작했음을 의미하는 매우 중요한 전환점으로 여겨져 왔다. 여기서 수렵 · 채집은 자연적인 것이며 농경은 인간에 의한 것, 즉 문화적인 것이 된다.

한국고고학에서 이 중요한 전환시점은 즐문토기시대에서 무문토기시대로의 이행과 맞물려 이해된다. 특히 이러한 이해의 중심에는 농경민의 이주라는 사건이 자리한다. 농경민의 이주에 의한 농경 사회의 개시라는 아이디어에는 사회진화론적 사고방식에 기반을 둔 농경우위설과 문화사 고고학의 영향을 받은 이주담론 등이 혼재되어 그 기저를 이루고 있다. 농경우위설은 단순한 수렵 · 채집 사회에서 복잡한 농경 사회로의 변화는 필연적일 것이라는 믿음을 전제로 어떤 사회든지 농경 기술을 습득하고 환경적 요건만 받쳐준다면 자발적으로 농경을 시작하게 된다는 믿음에 기초한다(李俊貞 2001: 6-9). 이러한 관점 때문에 농경 발생의 내 · 외부적 요인보다는 농경의 기원지나 전파 경로가 주로 논의되었고 이는 고고학적 문화의 분포를 통해 이주나 전파를 설명하는 문화사 고고학적 경향과도 잘 어우러졌다.

이러한 연구의 초창기에는 무문토기시대 사람들이 실제 어떻게 생계를 유지했는지는 그렇게 중요하게 여겨지지 않았던 것 같다. 그들이 농경 집단이었다는 사실은 의심의 여지가 없었고 중요한 것은 그들이 어디서 왔는지 그리고 그들이 우리의 선조인지가 더 중요했다. 실제 당시의 무문토기시대 연구에서는 북쪽에서 청동기를 가지고 한반도로 이주한 농경민이 우리 민족의 뿌리라는 이미지가 지속적으로 재생산되고 있었다(金元龍 1973: 93; 尹武炳 1987: 321).

이후 이러한 극단적인 주민교체설은 비판적인 시각 속에서(安承模 1997; 이선복 1991) 설득력을 잃어갔지만 북에서 온 농경 이주민에 대한 이미지는 지속되었다. 특히 다양한 토기문화가 발견되면서 그 기원지를 추적하려는 연구가 주를 이루었고 그것을 통해 농경민의 이주경로를 파악하기도 하였다. 이러한 논의는 무문토기시대 조기설정에 대한 논의가 본격화되면서 더욱 두드러졌다. 물론 이 시기에는 농경구로 추정되는 석기나 농경유구 그리고 탄화곡물 등 농경 관련 자료들이 증가하여 무문토기 사회가 농경 사회라는 사실은 굳이 거론할 필요가 없었을지도 모르겠다.

조기설정은 즐문토기시대-무문토기시대의 전환기와 관련된 문제로 미사리 유형이라는 새로운 물질문화상에 대한 논의가 핵심적이었다. 이 논의를 처음 제기하였던 안재호(2000)는 무문토기시대가 돌대문토기 문화의 출현으로 시작되며 이는 서북지역 또는 요동반도의 농경문화가 확산된 결과라고 주장하였다. 즉, 이 시점을 농경 사회의 시작으로 결론지었는데 어은1지구의 미사리식주거지에서 출토된 벼 · 보리 · 팥 · 조를 그 근거 중 하나로 제시하였다. 또한 즐문토기시대에는 수렵이나 어로 그리고 도토리 등의 채집을 통한 수렵 · 채집경제였다고 추정하며 양 시대의 경제체제를 상반된 것으로 이해하였다.

안재호(2000: 51)는 북방의 농경문화가 남한지역까지 확산될 수 있었던 이유로 기후의 한랭화와 같은 요인을 추정하였지만 이에 대해 깊이 있게 다루지는 않았다. 이 아이디어는 이후 김재윤(2004)의 논고에서 자세하게 다뤄지는데 농경민의 이주와 그 원인을 비교적 구체적인 사건으로 묘사한다. 즉, 그는 4,000-3,000 B.P. 사이에 발생한 기온 하강으로 인해 북위 40° 이상에서 거주하던 잡곡농경민들이 한반도로 이주하였는데 그들이 바로 각목돌대문토기 집단이라고 주장하였다. 안재호와 김재윤은 기원지의 위치에 대해서는 의견을 달리했지만 남한지역의 농경 사회 시작을 기온하강과 관련된 농경민의 이주로 추정했다는 점에서는 동일하게 환경결정론적인 시각을 가지고 있었다고도 볼 수 있다.

농경 사회로의 전환과정에서 내부적인 상황에 초점을 맞춘 연구도 확인된다. 김장석(2002)은 석기군의 근본적인 변화, 서해도서 패총에 대한 이용 중단 등을 이유로 들며 갑작스럽게 수렵 · 채집경제에서 농경 사회로 전환되었다고 주장한다. 급속한 경제체제의 전환에는 전파보다는 이주가 주요 원인이었을 것으로 추정하였고 기존의 수렵 · 채집민들이 농경을 수용하게 된 이유는 농경 정주 집단의 배타적 토지점유로 인해 토착 수렵·채집 집단의 토지 이용·전략에 차질이 생겼기 때문이라고 논의하였다. 이 주장은 토착 수렵·채집 집단의 생활을 위협할 만큼 농경 이주민의 규모가 크지 않다는 점, 접촉이나 갈등에 대한 근거가 빈약하다는 점 등 다양한 비판(정대봉 2016: 40; 천선행 2015: 24-25)에 직면하기도 했지만 농경 사회로의 전환에 좀 더 복합적인 내부적 과정이 존재할 수 있음을 시사하며 하나의 전환 모델을 제시함으로써 앞선 연구들에 비해 진전된 성과를 낸 것이라 생각된다.

이러한 관점에서 천선행(2015)의 연구도 주목할 만하다. 그는 생업환경의 변화, 한반도 내·외적 상황, 지역 간에 관계, 농경 이주민과 토착 농경 수용자 간의 상호작용 등 다각적인 측면에서 접근을 시도하였다. 그 결과 무문토기시대로의 급진적인 전환은 동북아시아의 지역관계 및 문화변동, 그리고 기후환경변화에 능동적으로 대처했기 때문이라고 설명하고 있다. 천선행은 이러한 논의를 통해 전환 과정의 내·외부적 요인을 다각적으로 접근하고자 했던 것으로 생각된다. 이 연구와 앞선 김장석의 연구는 상호비판적인 입장에 있기는 하지만 수렵·채집 사회에서 농경 사회로의 급격한 변화를 단일원인이 아닌 복합적 원인에서 찾고 있어 양 시대의 전환에 대한 다양한 시각을 제공해 주었다.

이상의 연구들은 모두 농경 사회로의 전환에 대한 상이한 결론을 내리고 있지만 이 전환이 급격하게 이뤄졌다는 점에서만큼은 공통된 의견을 보이고 있다. 즉, 앞에서도 언급한 바 있듯이 '북방으로부터 온 농경민에 의한 농경 사회의 시작'을 전제로 하고 있다는 것이다. 많은 연구자들이 이러한 전제를 바탕으로 연구를 진행하는 이유 중 하나는 양

시대의 물질문화와 유적의 입지가 급격히 단절된 모습을 보이기 때문일 것이다. 실제 김장석(2002: 96-97)은 양 시대의 유적이 시간적으로 중복되지 않고 다양한 물질문화상에서 점진적 변화가 아닌 즉각적 대체의 양상을 보이는 것으로 파악하였다. 아마 이러한 현상에는 많은 연구자들이 대체로 동의하고 있을 것이라 생각된다.

양 시대의 전환을 급격하고 단절적인 것으로 바라보는 또 다른 이유는 즐문토기시대 농경에 대한 소극적인 시각 때문이다. 식물고고학적 증거와 농경구로 추정되는 석기의 존재는 즐문토기시대에도 경작행위가 있었음을 암시한다. 하지만 여전히 많은 연구자들이 당시 농경 수준을 보조적인 생계 경제의 수단으로 평가하고 있다(김장석 2011: 486; 安承模 2005: 9-10). 즉, 경작행위가 시작되기는 했지만 그들의 삶은 여전히 수렵·채집경제가 중심이라는 것이다. 무문토기시대에 확인되는 대규모 밭과 논 유구, 그리고 관개시설 등은 무문토기시대의 농경이 앞선 시대보다 더 집약적이었을 것이라는 추측에 강력한 증거가 되기도 한다.

이와는 반대로 농경 사회로의 전환을 지속적인 관계 속에서 파악하려는 연구도 확인된다. 즐문토기시대의 조 경작 기술이 무문토기시대의 본격적인 식량생산경제로의 이행에 밑거름이 되었다는 주장이 제기되었다(송은숙 2001). 이 연구에서는 즐문토기시대 남부내륙지역의 초기 농경확산과정을 농경지 확보를 위한 이동과정으로 파악하여 당시 주민들이 농경에 대한 의존도가 적지 않았음을 보여주려 하였다. 이러한 초기 농경은 무문토기시대의 농경에 밑바탕이 된 것으로 이해하였는데 이는 양 시대 농경을 단절적으로 접근하기 보다는 연속선상에서 파악하려 한 것이었다. 이 연구는 농경의 확산 과정을 경제적이고 생태학적인 시각에서만 접근하고 있어 인간 사회의 구조나 에이전시와 같은 문제를 간과할 수 있다는 한계를 보이고 있다. 하지만 무문토기시대의 농경발달에 기존 토착 농경이 기여했을 수 있음을 논의했다는 점에서 의미가 크다고 생각한다.

이와 유사한 관점은 이준정(2002)의 논고에서도 확인된다. 그의 주장에 따르면 남부지역의 즐문토기시대 말기에는 생계 경제가 내륙 지향적으로 변화하는데 이 과정에서 농경의 확산이 중요한 역할을 한 것으로 파악하였다. 그리고 부산·김해지역과 고성·통영지역은 무문토기시대로 이어지며 결과적으로 동일한 생계 경제방식으로 변화하지만 그 과정이나 속도, 시점 등에서 확연한 차이를 보인다고 논의하였다. 검토대상 유적 수가 적어 이 주장을 일반적인 양상으로 파악하기는 힘들겠지만 생계 경제 체제의 변화가 지역별로 동일하지 않을 수 있음을 보여주는 연구 사례라 할 수 있다. 그리고 이러한 변화의 원인이 환경이나 인구 요소 외에도 문화적, 사회적, 정치적 요인이 작용했을 수 있다고 가정함으로써 다양한 해석 가능성을 열어두었다고 할 수 있다.

송은숙과 이준정은 즐문토기시대 생계 경제에서 농경의 중요성을 적극적으로 어필하면서 무문토기시대 농경과의 연결고리를 찾으려 했다. 즉, 앞선 논의들이 무문토기시대의 급변한 물질문화상을 바탕으로 양 시대의 단절성을 주장했던 반면 이들은 즐문토기시대의 자원이용 전략에 초점을 맞춰 생계 경제상에서 양 시대의 유사성을 드러내고자

했던 것이다. 이 대립적인 양상은 유구나 유물 등의 물질문화상에 초점을 맞추느냐 아니면 선사인들의 생계 경제상에 초점을 맞추느냐의 문제로 해석될 수도 있다.

한편으로 즐문토기시대 생계 경제에서 농경의 중요성은 인정하면서도 무문토기시대와의 연관성에는 부정적인 입장을 취하는 의견도 확인된다. 이러한 입장에서는 즐문토기시대에 농경이 발달한 정주취락이 등장하지만 무문토기시대 직전 다시 이동성이 강한 수렵·채집생활로 회귀한다고 주장한다(安承模 2006: 29; 임상택 2006: 78-79). 이 주장은 즐문토기시대 말엽 수혈식 주거유적이 감소하고 해안과 도서지방에 패총유적이 증가하는 현상을 근거로 한다. 어쩌면 이러한 관점은 앞의 대립되는 두 입장의 중간적 위치라고 할 수도 있겠지만 단절적인 양상에 더 초점을 맞추는 것으로 보아 양 시대의 생계 경제를 분리시키고자하는 입장에 더 가까운 것으로 생각된다.

이상 수렵·채집에서 농경으로의 전환과 관련하여 다양한 관점의 연구들을 살펴보았다. 각자의 관점에 따라 이 문제에 대한 생산적인 논의가 진행되고 있지만 한편으로는 농경이나 농경 사회의 의미에 대한 고찰은 다소 부족한 면이 있었다고 생각된다. 사실 이 논의들은 수렵·채집 사회와 농경 사회라는 이원론적 담론 속에서 진행되는 것으로 이러한 관점에서는 양 시대 모두의 생계 경제와 사회현상들을 이해하는 데 제한적일 수밖에 없다는 비판도 제기되고 있다(Lee 2011: 311).

안승모(2006: 26)가 지적하는 것처럼 수렵·채집민과 농민, 수렵·채집 사회와 농경 사회, 이동생활과 정주생활이라는 이분법은 인간 사회의 복잡한 식량이용방식을 극단적으로 단순화시킨 것이다. 따라서 이러한 접근은 특정 시대상을 표현하는데 적합할지는 몰라도 실제 사회상을 그대로 보여준다고 하기는 어렵다. 본서의 서두에서도 거론했듯이 고고학연구는 과거의 매우 단편적인 자료에 의존하기 때문에 일부 두드러진 증거를 바탕으로 한 일반화는 과거에 대한 잘못된 이미지의 생산으로 이어질 수 있다.

혼재된 생계방식

인류 역사에 존재했던 다양한 인간 사회들을 수렵·채집과 농경으로 단순하게 양분하기는 쉽지 않다. 흔히 해산물 채집에 집중했을 것으로 여겨지는 제주도의 해녀들은 대부분 농사일도 함께 병행하는데 때로는 그들의 생업에서 더 많은 시간이 농사에 할애되기도 한다. 이러한 점을 고려할 때 해녀 집단은 '해녀'라는 두드러진 정체성 속에서 이해될 수 있지만 실제 그들의 에너지는 농사일에도 적지 않게 투자되고 있는 셈이다. 그리고 해녀들은 마을 공동체의 일원일 뿐 전부가 아니다. 즉, 해녀가 아닌 다른 구성원들은 어업, 양식업, 농업 등 다른 다양한 생산 경제에 종사한다. 이러한 경우에 이 공동체를 수렵·채집과 농경 중 어디 쪽에 속한다고 단정하기가 쉽지 않다.

물론 이것은 선사시대가 아닌 현재의 사례이며 과거에 유사한 사례가 있었다 하더라도 예외적인 사례로 취급될 것이다. 하지만 이 예외적인 사례는 패총유적에 대한 또 다른 시각이 필요함을 시사한다. 패총은 흔히 해양자원을 이용했던 장소라고 생각하기 쉽다. 물론 패총에서 확인되는 수많은 어패류 등의 잔존물은 이들이 해양자원을 주로 이용했음을 보여준다. 하지만 그렇다고 해서 다른 경제활동이 없었다고 단정하기는 힘들다. 연대도 패총에서 출토된 미량원소분석 결과는 그들의 식생활이 식물성 식료를 기반으로 해양자원을 이용했을 가능성을 보여주며(안덕임 2009) 동삼동 패총 주거지에서 확인되는 순화된 조와 기장은 패총유적에서도 경작행위가 이루어질 수 있음을 말해준다(Lee 2011: 317)[8].

즐문토기시대에 주로 확인되는 조와 기장은 빠르게 성장하고 가뭄에 잘 견디며 까다로운 토양조건을 필요로 하지 않는다. 그리고 유목민들도 기장을 경작하는 사례가 확인되기 때문에(Lee 2011: 324) 이동성이 강한 집단이 반드시 수렵·채집에만 의존했을 것이라고 단정해서도 안 된다. 화전농경이 이동성과 자주 연결되는 농경이듯이 모든 농경이 정착생활의 맥락에서만 이뤄지는 것은 아니다.

그리고 탄화작물과 같은 식물고고학적 증거가 확인되지 않는다고 해서 농경활동이 없었다고 단정할 수 없다. 이는 부유선별이나 물 체질과 같은 적극적인 조사방법의 실시 여부와 관련된 문제일 수도 있다. 실제 체계적인 식물고고학적 조사가 실시된 유적에서는 대부분 많은

---

8 이준정(2011: 43)은 동삼동 패총 인골의 안정동위원소 분석 결과를 토대로 조, 기장 등의 잡곡은 실제 식생활 기여에 비중이 적어 동삼동 패총을 혼합경제체제로 이해하는 것은 부적절하다고 판단하였다. 하지만 이 판단은 인골의 주인공과 조, 기장을 재배했던 사람이 서로 다른 세대에 속할 수 있기 때문에 쉽게 단정할 수 있는 문제는 아니다.

식물유체들이 확인되고 있다(안승모 2013: 71; Lee 2011: 325). 따라서 특정 유적에서의 식물유체 존부가 그대로 농경의 유무를 결정짓는 것은 아니다.

수렵 · 채집과 농경이라는 이원론적 접근 안에서는 다양한 생업 특징들을 이 두 가지의 틀 안에 집어넣어야 하기 때문에 인간 사회의 다양한 생계 요인들을 단순화시킬 수밖에 없다. 따라서 패총유적=수렵 · 채집이라는 단순한 도식이 쉽게 설정된다. 물론 대다수의 연구자들은 패총에서 단순히 채집경제만 존재했을 거라고 생각하지는 않을 것이다. 하지만 이러한 이원론적이고 총체론적인 사고 안에서는 가장 중요한 것과 덜 중요한 것들을 구분하여 가장 중요한 것을 제외한 나머지는 소외되기 쉽다.

이러한 사고과정 속에서 즐문토기시대 말엽에는 농경활동이 존재하지 않았던 것처럼 구성되어 버린다. 물론 현재까지 이 시기의 농경에 대한 뚜렷한 증거는 거의 없다. 하지만 이 시기는 모든 고고학적 흔적이 줄어드는 시기이기 때문에 어떤 것도 장담할 수 있는 상황은 아니다. 안승모(2006)와 임상택(2006)이 주장했던 것처럼 즐문토기시대 말엽에 발생하는 취락유적의 감소와 패총유적의 존재가 그대로 농경활동의 소멸과 직접적으로 연결된다고 단정할 수는 없다.

이원론적 사고는 중요했을 수 있는 다양한 전환 요소들을 단 두 가지의 대립적인 요소로 환원시켜버린다. 수렵 · 채집=이동생활, 농경=정착생활이라는 단순한 이원론적 구조가 모든 사회에 적용되지 않는다는 사실은 이미 많은 연구자들이 잘 이해하고 있다. 하지만 실제 연구에서는 이 도식이 그대로 적용되는 사례가 많다. 그러한 사례 중 대표적인 것이 소위 '농경민 이주가설'이다.

'농경민 이주가설'은 토착 집단은 수렵·채집민이고 이주 집단은 농경민이라는 이원론적 전제를 바탕으로 한다. 이러한 가정 속에서 전환기의 남한지역 즐문토기문화는 토착민이자 수렵·채집민과 동일시되고 무문토기문화는 이주민이며 농경민과 동일시된다. 그리고 전자는 이동생활을 하고 후자는 정착생활을 한다. 이러한 이원론적 구조를 기반으로 전환기 무문토기문화의 확산을 농경민의 확산으로, 즐문토기문화의 소멸은 수렵·채집생활의 소멸로 설명하게 된다.

하지만 이러한 설명은 지나친 구조적 일반화이다. 즐문토기=토착민=수렵·채집=이동생활과 무문토기=이주민=농경=정착생활은 어느 곳에서나 통용되는 만능키와 같은 설명도식이 아니다. 앞에서 논의했던 것처럼 후기 즐문토기문화는 수렵·채집과 언제나 일치한다고 단정할 수 없다. 이른 무문토기시대에 존재했던 일부 작물은 즐문토기시대에도 확실히 존재했던 것들이다. 조와 기장이 가장 대표적이며 콩과 팥은 즐문토기시대에 인위적 관리과정을 거쳐 순화되었을 가능성도 있다(Lee 2011: 319, 2013). 직접적인 증거는 아니지만 현재 남한지역의 대두가 중국 어떤 지역보다 일본과 유전적으로 더 가깝다는 연구결과(Li and Nelson 2001)도 이러한 가능성에 무게를 실어줄 수 있다.

부족한 즐문토기시대 말엽의 식물 자료 때문에 무엇도 확신할 수는 없지만 오히려 이 작물들은 외부의 영향이기 보다는 앞선 시대의 영향으로 보는 것이 더 자연스럽다. 즐문토기시대의 조, 기장, 콩, 팥 등이 갑자기 사라졌다가 무문토기시대에 중국 동북지역에서 다시 들어왔다는 설정은 물론 불가능한 얘기는 아니다. 하지만 이러한 내러티브는 사회적으로 또는 환경적으로 매우 극단적인 변화가 있어야 가능한 설정인데 현재까지 이러한 극단적 변화를 뒷받침 해줄만한 근거는 뚜렷하지 않다. 즐문토기시대 말엽의 취락유적 감소가 농경활동의 소멸이 아닌 축소로 이해할 수 있다면, 그리고 대두와 같은 작물이 이 땅에서 순화되어 현재에 이른 것이라면 즐문토기시대의 작물과 무문토기시대 작물의 연결고리는 여전히 유효하다.

또한 실제 이 전환기에 농경이 일시적으로 소멸되었다하더라도 수렵·채집이라는 틀만으로는 즐문토기시대의 생계 경제를 제대로 이해하기 힘들다. 그것은 즐문토기시대와 무문토기시대의 작물이 유전적으로 다른 계통을 가질지라도 즐문토기시대에 작물의 경작과 순화 과정은 이미 그들 사회의 새로운 질서에 기여했을 가능성이 높기 때문이다. 즐문토기시대 농경에 대한 양적인 증거가 무문토기시대보다 적다고 해서 즐문토기시대 사람들의 사회적 상호작용에 농경이 작은 역할만 했을 것이라 단정해서는 안 된다.

무문토기문화도 농경문화라고만 볼 수는 없다. 무문토기시대는 농경 사회라는 전통적 인식 때문에 이 시기 유적에서 출토되는 수많은 수렵구나 어로구 등의 수렵·채집 증거들은 농경관련 증거에 비해 주목받지 못한다. 또한 야생식료에 대한 채집은 작업의 특성상 고고학적 증거가 잘 남아있지 않기 때문에 무시되는 경우가 많다. 실제 석기조성비를 활용하여 무문토기시대 주요 유적들의 생계수단을 검토한 손준호

(2006: 161-165)의 연구는 수렵, 채집, 어로 등의 활동도 농경 못지않게 많았으며 각각의 활동 비중은 유적에 따라 다양하게 달라질 수 있음을 보여준다. 물론 잔존하는 석기조성비가 당시 생계활동을 그대로 보여준다고 할 수는 없지만 적어도 수렵, 채집, 어로의 활동도 무문토기시대 사람들에게 중요한 활동이었다는 증거가 될 수는 있다.

최근 송국리 유적을 중심으로 금강 유역 중기무문토기시대의 자원 활용에 대한 논고가 발표되었다(Kwak et al 2017). 이 논고에서는 금강 유역의 취락들이 쌀뿐만 아니라 조, 기장, 밀, 보리 등 다양한 작물과 사슴, 멧돼지 등의 야생 포유류를 활용하는 유연한 자원 활용방식을 보여준다고 이야기한다. 이러한 결과를 인정할 수 있다면 금강 유역의 중기 무문토기시대 집단들은 도작농경 못지않게 다양한 밭농사 및 수렵·채집활동에도 적지 않은 에너지를 투자했을 가능성이 높다.

이 외에도 최근 무문토기시대의 각 지역별 생계 경제와 관련된 논의들을 살펴보면 대체로 수렵, 채집, 어로도 농경 못지않게 중요했음을 이해할 수 있다(곽승기·김경택 2018; 박서현 2016; 윤호필 2018). 물론 이러한 양상에 대해 부정하는 연구자는 아마 없을 것이다. 하지만 문제는 무문토기시대의 다양한 생계활동을 인정하면서도 사회변화와 관련된 논의에서는 농경 이외에 다른 생계수단들이 거의 거론되지 않는다는 점이다.

고고학의 전통적인 관점에서 농경과 집약적노동은 사회 발달에 핵심적인 요소로 여겨져 왔다. 그래서인지 무문토기시대에 등장하는 수도작은 동시기에 등장하는 대규모 취락과 어우러져 당시 사회에 가장 중요한 생계수단으로 인식되는데 부족함이 없었을 것이다. 결국 이 과정에서 농경 못지않은 비중을 가진 다른 생계수단들은 사회적 상호작용이나 사회변화에서 아무런 역할을 하지 않았거나 미미한 역할만을 했던 것처럼 이미지화되었다.

이러한 현상은 농경(수도작)=집약적노동=잉여발생=사회 복합화라는 전통적인 이미지 도식과 깊은 관련이 있다. 따라서 수렵, 채집, 어로와 같은 덜 집약적일 것이라고 추정되는 활동들은 사회 복합화와 크게 관련 없는 것처럼 취급된다. 하지만 수렵·채집활동도 충분히 잉여가 발생할 수 있고 각각의 생계수단들의 상호작용도 사회적 권력관계를 발생시킬 수 있다. 예를 들어 만약 사회 내의 다양한 생계활동이 분업화 되었다면 각각의 구성원들은 자신들의 생계활동을 통해 사회적 지위를 협상해 나갔을 수 있다. 즉, 한편으로는 위계관계를 정당화하기 위해 또 한편으로는 불평등에 저항하기 위해 생계활동을 적극적으로 활용했을 수 있다. 또한 각각의 생계활동은 생산량의 증감에 따라 생산자들의 지위에 영향을 미칠 수 있기 때문에 다양한 생산 활동 그 자체가 사회구조 내에서 에이전트로 작용했을 수 있다.

농경 사회라는 틀 안에서는 항상 농경이 우선시되기 때문에 다양한 생계활동이 사회관계에 미치는 영향에 대해서는 탐구하지 못한다. 이는 수렵·채집 사회에서도 마찬가지다. 수렵·채집 사회에서는 항상 농경이 주변으로 밀려나기 때문에 작물의 순화과정이나 토지이용과정에서 발생하는 사회적 권력관계를 논의할 수 없게 만든다. 현재적 관점에서 즐문토기시대의 농경은 분명 무문토기시대의 것보다 부족해 보일 수 있다. 하지만 즐문토기시대 사람들에게 야생식물의 관리와 그것을 순화하는 작업은 지속적인 생계 전략 중 하나였을 것이다(Lee 2011). 이러한 과정은 수렵·채집이라는 이미지로는 다 담아낼 수 없다.

필자는 즐문토기시대가 농경 사회라거나 무문토기시대가 농경 사회가 아니라는 말을 하려는 것이 아니다. 그리고 농경의 발달(또는 확산)이 사회변화에 미치는 중요성을 경시하려는 것도 아니다. 수렵·채집 사회나 농경 사회라는 개념은 특정 사회를 표현하는데 적절하게 사용될 수도 있다. 다만 즐문토기시대=수렵·채집 사회, 무문토기시대=농경 사회라는 이원론적 도식을 본질적인 것으로 인식한다면 주된 생계 수단 못지않게 중요했거나 때로는 더 중요했을 수도 있는 보조적인 사회적 요인들을 무시할 수밖에 없다는 이야기를 하고자 하는 것이다. 수렵·채집 사회에서 농경 사회로의 단선적이고 단계적인 발전은 사회진화담론 속에서 만들어진, 실제 인간 사회를 지나치게 단순화하거나 왜곡시킬 수 있는 이미지일 뿐인지도 모른다.

2) 평등 사회와 계층 사회

계층화 수준의 평가

평등 사회와 계층 사회는 인간이 자연 상태에서 문화 또는 문명의 상태로 나아가는 중요한 전환점을 경계로 대립하고 있다. 따라서 평등 사회는 단순하고 계층 사회는 복잡하며 사회는 전자에서 후자로 발전하는 것으로 여겨진다. 사회발전단계의 도식의 적용에 있어 연구자마다 개념을 조금씩 달리하기도 하지만 대체로 무리 사회와 부족 사회는 평등하고 자연에 더 가까우며 수장 사회와 국가 사회는 불평등이 발생하며 문화적인 것으로 인식된다. 무문토기시대의 사회연구는 간혹 이 개념들이 수정되고 세분되기도 하지만 대체로 평등 사회와 계층 사회라는 이분법을 기반으로 하고 있다.

무문토기시대는 계층화가 심화되는 수장 사회라는 인식이 보편적으로 받아들여지고 있다. 그렇기 때문에 많은 연구자들은 특정 물질문화나 유적의 맥락이 차별적인지 아닌지 그리고 차별적이라면 얼마나 차별적인지를 검토하여 계층 사회로의 진입여부를 확인해 왔다.

아마도 고고학적으로 무문토기시대의 계층수준을 판단하고자 했던 노력은 지석묘에 대한 연구가 활발해지면서부터인 듯하다. 지석묘를 통해 사회성격을 규명하려고 했던 초창기의 논의들은 흔히 사회적 에너지가 많이 소요되는 무덤의 존재와 부장된 위세품을 근거로 진행되었다. 때로는 지석묘에 투자되는 노동력은 지배계층의 통제가 아니라면 동원하기 불가능한 일이라는 다소 소박한 논리가 적용되거나 차별화된 위세품이 유력개인의 정체성을 상징하는 소유물로 인지되기도 했다. 이러한 인식은 의심의 여지없이 권력과 위계화의 지표로 활용되는 경우가 많았다.

이러한 접근의 초창기 사례는 최몽룡(1981)의 연구를 들 수 있다. 그는 규모가 작은 석실의 존재를 유아묘로 보고 이것을 통해 신분이 세습된 것으로 추정하였으며 이를 바탕으로 당시 사회를 취프덤(chiefdom) 사회로 판단하였다. 또한 지석묘 군을 지배자의 가족 무덤으로 인식하였고 당시 사회에는 토기의 제작 및 전파를 담당하거나 지석묘 축조에 필요한 돌을 다루는 전문가들이 존재한 것으로 보았다. 그리고 이러한 사회는 농경을 통한 잉여생산을 기반으로 하고 있다고 논의하였다.

이후 사회 계층화나 유력자의 출현에 관한 논의가 이어졌지만(李榮文 1993, 1998; 李淸圭 1999) 더욱 풍부해진 무덤 및 취락자료를 통해 사회조직에 대한 연구가 본격적으로 진행된 것은 2000년대 이후인 것 같다. 특히 2006년 〈계층 사회와 지배자의 출현〉이라는 주제로 한국고고학전국대회를 통해 다뤄진 내용들은 당시 무문토기시대의 사회 성격이나 사회적 관계를 바라보는 주류적 관점이 무엇인지를 잘 보여주었다(한국고고학회 2006).

당시의 공동주제발표와 토론내용은 이듬해 단행본으로 출판되었는데 논고의 내용들은 대체로 계층화의 수준을 평가하는 작업이었다. 분묘를 중심으로 진행된 논의에서는 무덤과 부장품의 차별성이 여전히 중요한 계층 사회의 기준이 되었는데 이러한 인식은 다음의 문장에서 잘 나타나 있다.

> 분묘에서 추출할 수 있는 권력과 위계화의 지표는 분묘에 투입되는 노동력의 양과 질, 위신재의 종류와 부장 여부, 종교적 의례행위'라고 할 수 있다(김승옥 2007: 93).

> '분묘 축조의 시작', '석검의 출현', '무기의 부장'은 …… 당시의 계층화를 보여주는 표지적인 현상이라 할 수 있다(배진성 2007b: 149).

이러한 인식을 바탕으로 김승옥(2007)은 분묘자료의 변화를 통해 총 네 개의 시기로 구분하고 각각의 특징을 토대로 사회적 차별화나 수장의 등장 등을 논의하였다. I기에서 IV기로 나아가며 사회적 차별화가 발생하지 않은 시기부터 유력 세대공동체의 등장, 유력 개인의 등장, 세습지위가 제도화된 수장 사회의 출현 등이 순서에 따라 진행되는 것으로 묘사하였다.

또한 배진성(2007b)도 이와 유사하게 부장품과 취락 양상을 기준으로 전기무문토기시대는 사회적으로 용인된 권위를 인정받은 계층이 존재하는 사회, 후기는 취락 간 계층화가 발생한 특정한 유력 집단이 일정 지역에서 대표성을 띠는 '國'의 수준에 들어선 사회라고 규정하였다.

물질문화의 양적이고 질적인 차별성을 계층 사회의 지표로 삼는 기본 전제는 취락을 대상으로 하는 연구에서도 마찬가지였다. 취락을 통한 계층 사회 연구는 '취락 간'과 '취락 내'의 계층관계 검토로 구별할 수 있다. 취락 간의 연구는 주로 취락의 면적이나 주거지의 수를 통해 그 규모를 산정하고 각 취락을 비교 검토하여 상하의 위계관계를 설정하는 방식이 주로 사용된다. 이러한 연구 방식은 취락(유적)의 규모가 당시 인구의 규모를 반영하고, 그것이 곧 계층화의 수준을 측정하는 척도가 될 수 있다는 전제를 바탕으로 한다.

일례로 금강 중·하류역 청동기시대 중기 취락유형에 대한 연구에서는 지역별로 구분되는 세 개의 정치체가 존재했음을 상정하고 단위 공동체들의 면적분포에 근거하여 각 정치체는 2단계나 3단계의 위계를 확인할 수 있다고 논의하였다. 이 논의에서는 취락의 규모에 따라 최상위중심지-하위중심지-일반부락이라는 3단계의 취락 유형체계를 상정하였는데 각 중심지와 일반부락사이에는 위계적인 관계가 존재하는 것으로 추정하였다(金範哲 2005, 2006). 이러한 연구는 비교적 규모가 큰 취락들을 중심지로, 그리고 그보다 작은 취락들을 중심지에 의존적인 하위취락으로 평가하여 취락 간 위계관계를 설정하는 방식을 사용한다.

또한 기본전제는 이 연구와 비슷하지만 주거지의 수를 기준으로 취락의 규모를 판단하는 연구들도 확인된다. 송만영(2001, 2007)은 주거지 수에 따라 소형취락, 중형취락, 대형취락으로 구분하고 중·대형 취락의 출현이 전기 후반 정주성 취락의 등장과 밀접한 관계를 가지며 이것을 계기로 청동기시대 취락이 계층화되는 것으로 논의하였다.

취락 내 계층화의 검토는 주로 취락 구조를 통해 논의된다. 특히 주거구역, 저장구역, 매장구역과 같은 기능에 따른 취락 내 영역의 구분, 특정 주거지를 에워싼 환호와 같은 시설의 존재, 차별화된 특정 주거지의 입지나 규모, 그리고 출토유물 등이 계층화의 근거로 빈번하게 활용된다.

예를 들어 안재호(2004)에 의해 검토된 관창리 B구역은 주거지의 입지와 규모, 토기요지 및 굴립주건물지와 같은 특수시설들의 위치, 출토유물 등을 기준으로 최상위(묘사(墓祀) 및 의례 집단), 상위(토기생산(전문적) 및 농경 경영 집단) 중위(토기생산(자급자족적) 및 노동부담 집단), 하위(노동부담 집단)의 4개의 분업화된 계층구조로 상정된 바 있다. 또 다른 예로는 청원 대율리 환호취락을 들 수 있다. 이 취락에서 환호 내에 위치하는 1호와 9호 주거지는 다른 주거지에 비해 규모와 입지 면에서 차별적인 모습을 보이고 있어 다수의 연구자들에 의해 취락 내 위계의 정체성이 반영된 것으로 인식되고 있다(孔敏奎 2005: 59; 송만영 2007: 39; 이형원 2009: 73-75).

이와 같은 방식의 계층화 수준 평가는 최근까지도 지속되고 있다. 사회적 풍요와 사회구조의 변화는 반드시 일치하지 않는다는 의견(中村大介 2012)과 같이 물질적 양과 계층화 수준을 동일시하는 경향에 반대하는 입장이 등장하기도 했지만 여전히 계층적인 접근은 사회연구의 중요한 주제이다. 2019년에 개최된 국립청주박물관/한국청동기학회 공동 학술 심포지엄에서는 무문토기시대의 정치 · 사회변동을 다루었지만 각각의 발표는 대부분 사회발전단계나 계층화와 관련된 논의들이었다(국립청주박물관 · 한국청동기학회 2019). 당시 심포지엄에서는 계층화의 개념이나 수준에 대한 고찰이 심화되기는 했지만 사회연구에 대한 기본적인 접근 방법은 과거와 크게 다를 바 없었다.

이와 같이 무문토기시대 사회연구의 주류적 접근은 평등적 구조에서 계층적 구조로 나아가는 거시적인 역사적 흐름의 양상을 검토하는 것이었다. 일반적으로 무문토기시대 사회는 불평등이 발생하기 시작한 후 계층화가 심화되어 정치적 실체를 구성하게 되는 수준에 이르는 단선적이고 총체적인 이미지로 그려지는 경우가 많았다.

다차원적인 권력관계

하지만 모든 연구자가 이러한 연구경향에 동의하는 것은 아니었다. 우선 분묘에 투입되는 노동력의 동원이 그대로 권력자의 강제력과 직결되는 것은 아니라는 비판이 제기되었다(김종일 2007: 155; 李盛周 2007: 134; 이청규 2007: 15-16). 유럽 거석묘의 사례에서처럼 많은 노동력이 투입된 무덤도 공동체 협업과정의 산물일 수 있다. 또한 이러한 무덤들은 사회적 모순을 합리화하거나 사회적 통합을 강조하기 위해 전략적으로 이용될 수도 있기 때문에 오히려 때로는 사회 구성원 간에 평등성을 강조하기 위해 축조될 수도 있다.

전통적인 연구 방식들은 무덤 축조 양식이나 특정한 부장품이 왜 선택되었는가에 대한 고민 없이 무덤의 규모, 입지 또는 부장품의 양을 평가하고 그것을 피장자의 사회적 지위와 동일시한다(Babic 2005 :82). 그렇기 때문에 그 사회의 특징을 관찰하고 설명했다기보다는 무덤의 규모는 피장자의 지위라는 다소 소박한 논리에 기대어 연구자가 생각하는 계층화의 수준을 구성해 낸 것이라 볼 수 있다.

더 나아가 이 비판의 기저에는 계층화가 당시 사회상과 변화를 보여주는 적절한 개념적 도구인가에 대한 의문이 자리하고 있다. 김종일 (2007: 152)은 계층화가 무문토기시대 사회상 및 고대국가성립과 관련하여 당시 사회의 한 단면을 표현해 주는 개념적 도구인 점은 맞지만 계층화의 등장에만 초점을 맞추게 되면 다른 다양하고 풍부한 사회적 특징들이 소외될 가능성이 높다고 주장하였다. 다시 말해 우리가 사회 연구에서 마주할 수 있는 다양한 물질문화의 양상들이 오로지 계층화의 특징으로만 환원될 수 있다는 것이다.

이러한 사례는 청원 대율리 환호취락에 대한 기존의 인식에서도 확인된다. 앞서 살펴본 바와 같이 다수의 연구자들은 환호로 구별되는 각 주거지들이 집단 간 계층성을 보여준다고 주장한다. 하지만 환호 내의 1호·9호주거지의 차별성은 취락 내 공공시설이라든지 아니면 젠더관계나 연령관계를 표현하고 있는 것일지도 모른다. 민족지적 사례를 살펴보면 카메룬의 모운당족과 동아프리카의 마사이족은 취락의 중심에 생계·경제적 중요성을 띠는 창고나 축사를 배치하였으며, 카메룬 푸울배족 취락의 특수한 구조(중앙의 방형주거지가 원형주거지에 의해 둘러싸여 있는)는 젠더 문제와 관련된 일부다처제라는 가족제도를 반영하는 것이었다(李宗哲 2015: 75-76에서 재인용). 이와 같은 사례들을 참고한다면 대율리 환호취락은 다양한 관점에서 해석될 여지가 있음에도 불구하고 계층화의 표현으로만 환원되고 있다.

우리가 취락 내 주거지의 차별성을 쉽게 신분의 차이나 집단의 계층화로 접근하는 이유 중 하나는 주거지 거주자들이 한 가족 또는 그런 가족이 여럿 모인 확대가족으로 추정하기 때문일 것이다. 이것은 어쩌면 부모와 자식으로 구성된 가족이 함께 살아가는 것을 당연시하는 선입견에서 기인한다. 실제 한 가옥에 거주하는 구성원은 부모와 자식관계가 될 수도 있지만 남성 내지 여성으로만 구성될 수도 있고 연령에 따라 거주 장소가 구별될 수도 있다. 아직까지 무문토기시대 주거지에서 거주 구성원이 젠더나 연령에 따라 구분되었다는 증거는 분명 뚜렷하지 않다. 하지만 부모-자식관계로 구성되었다는 증거도 없긴 마찬가지기 때문에 우리는 한 가옥의 구성원에 대한 다양한 가능성을 고려해야한다[9].

취락의 계층관계를 검토하는데 유적을 하나의 고정된 사회적 실체로 보는 시각에 문제가 있다는 주장도 제기되었다. 즉, 유적에 거주하는 공동체의 정체성은 특정 시·공간에서 다양한 상호작용에 따라 달라질 수 있기 때문에 공동체와 취락의 실체적 경계는 다중적이고 모호하다는 것이다(김장석 2007: 11).

실제 취락 간 계층관계를 탐구하는 연구에서는 각 취락들이 동시에 존재했으며 유적의 규모가 그대로 하나의 취락 실체로서 인식할 수 있다는 것을 전제로 한다. 물론 유적 내 편년이 구분된다면 같은 편년 안에 있는 주거지만으로 취락규모를 조정하기도 하지만 사실 같은 편년에 속한다고 해서 동시에 존재했다고 단정할 수 없다.

동일한 편년의 유구와 유물이 중복관계에서 확인되는 사례가 적지 않다. 이것은 동일 편년이라도 시차가 존재할 가능성을 보여주는 것이다. 또한 무문토기시대는 아무리 세밀하게 편년해도 50년 이하의 단위로는 설정하기 힘들다. 이는 곧 동일 양식의 유구나 유물이 50년 이상 존속했을 수도 있음을 말해준다. 이 정도의 기간이면 인구의 이동이나 주거지의 폐기 및 신축이 발생할 수 있는 시간이다. 이러한 사실들은

---

9 이러한 관점에서라면 전기무문토기시대에서 중기로 이행하면서 주거지 면적이 축소하는 현상도 단순히 확대가족에서 핵가족 또는 독립거주 형태로의 변화만이 아니라 가옥이라는 공간을 공유하는 구성원 성격의 변화로 접근할 필요도 있다.

같은 편년단위 내의 유구들이 동시에 존재하지 않았을 가능성을 보여주는 것이다.

　우리가 조사한 수십 또는 수백 동의 주거지는 한 시점의 것들이 아니라 수십 년에서 수백 년에 걸쳐 형성된 것일 수 있다. 실제 일정 시점에 존재했던 유구의 수는 우리가 생각했던 것보다 훨씬 적을 수도 있다(이청규 2007: 14). 이러한 점들을 고려한다면 계층관계를 검토하기 위한 유적들의 규모는 고정된 실체를 반영한다고 말하기 힘들다. 시간이 흐름에 따라 취락 간 또는 취락 내 상호 정체성도 지속적으로 변화했을 것이다.

　물론 과거 사회를 복원하고 사회적 상호작용을 연구하기 위해서는 어느 정도 경계가 설정된 단위와 단위 간 동시성을 가정할 수밖에 없다. 하지만 이렇게 설정된 단위나 동시성을 고정된 실체로 받아들여 해석의 적극적인 근거로 사용하는 방법은 다소 문제의 소지가 있다. 앞서 살펴봤던 안재호(2004)의 분석에서 관창리 B구역은 유구의 군집에 따라 4개의 구(區)로 세분되었는데 이 나눠진 구(區)들은 뚜렷한 근거 없이 그대로 각각의 집단으로 묘사되었다. 즉, 유구의 군집이 그대로 고정된 실체가 된 셈이다. 이 군집들은 단순히 각 활동의 공간적 분할을 보여주는 것일 수도 있고 어쩌면 시간성을 보여주는 것일 수도 있다. 다양한 해석 가능성이 공존하는 상황을 집단의 계층적 구조로만 이해한다면 본질주의의 오류에 빠질 가능성이 높다.

　사회 구조에 대한 계층적 접근에 대한 문제점을 보완하기 위해 수직적·수평적 관계의 상호작용을 중요시하는 헤테라키(heterarchy)라는 개념적 도구가 소개되기도 하였다(김장석 2007; 고일홍 2014; 강동석 2018). 사회 연구에서 뿌리 깊은 선입견 중 하나는 사회가 복합화할수록 계층적 구조가 뚜렷해진다는 믿음이다. 하지만 이러한 믿음은 사회 복합도가 고도로 발달한 현대 자본주의 사회를 바라볼 때 모든 인간 사회의 보편적 법칙이 될 수 없다는 점을 쉽게 이해할 수 있다.

현대 사회를 논외로 한다면 선사나 고대 사회에서 이러한 믿음은 보편적이라 할 수 있을까. 헤테라키의 개념이 고고학에 도입된 이유 중 하나는 계층화라는 개념만으로는 사회 복합화에 대한 설명에 한계를 느꼈기 때문이다. 많은 연구자들은 뚜렷한 계층적 구조를 보이지 않는 수많은 과거의 복합 사회를 목격하였고 그러한 사회들을 설명하기 위한 대안적 개념이 필요했다.

헤테라키의 개념은 크럼리에 의해 처음 도입되었는데 그것은 국가 형성과 관련된 취락 연구에서 중심지모델의 사용을 비판하기 위해서였다. 당시 그는 국가 형성과 관련된 세계의 고고학 기록은 계층적 구조만이 아닌 다양하고 개별적인 취락 체계를 보여준다고 주장하였다(Crumley 1995: 1). 이에 따라 이 개념 안에서의 권력은 다층적이고 상이한 행위를 통해 구조화되는 방식으로 인식된다(Harris 2014: 85). 이러한 헤테라키의 의미는 복합 사회의 연구에서 취락이나 분묘의 계층적 구조만을 중요시하는 한국 무문토기시대 연구에 새로운 관점이 필요할 수 있음을 보여준다.

최근 경관 가시성을 바탕으로 금강 유역 송국리문화 취락 체계에 대한 새로운 접근이 시도된 바 있다. 이 연구는 금강 유역 송국리 취락의 경관 가시성은 사회 정치적 불평등보다는 정착민들 사이의 문화적 소속감의 공유를 반영한다고 주장하면서 상향식(bottom-up) 문화적 상호작용이 취락 조직과 지역 사회 정체성 발달에 기여할 수 있는 장기간 과정의 중요성을 강조하고 있다(Kim et al 2020).

즉, 이 연구를 따른다면 계층적 관계보다는 취락 간의 문화적 상호작용이 금강 유역 송국리 취락의 발달에 중요한 역할을 한 것으로 볼 수 있다. 이 연구의 저자들이 헤테라키의 개념을 사용하지는 않았지만 적어도 사회 복합화의 과정을 계층화의 과정으로 환원시키지 않았다는 점에서는 유사한 입장을 보여준다고 할 수 있다.

이상 계층화의 수준을 평가하고 계층 사회를 규정하는 연구 경향에 대해 비판적인 입장에서 검토해 보았다. 사실 인간 사회에서 사회 구성원들의 계층 관계는 분명 존재하며 그것이 사회적 상호작용이나 사회변화에 매우 중요한 역할을 해 왔다는 사실은 의심의 여지가 없다. 하지만 그것은 여러 중요한 측면 중 하나일 뿐이지 그것 자체로 사회적 관계 모두를 설명할 수는 없다. 어떤 사회도 계층 구조만으로 사회적 관계가 형성되거나 사회 변화가 일어나지는 않는다고 생각한다. 이것은 평등 사회에서도 마찬가지이다. 우리는 평등이라는 이미지 하나만으로 수렵·채집 사회의 모든 사회적 관계를 설명할 수는 없다.

평등 사회와 계층 사회라는 사회적 이미지가 한때 과거 사회에 대한 적절한 표현이었을 수도 있겠지만 크럼리(1995)가 주장한 것처럼 이제는 그것만으로 인류 역사의 다양한 사회들을 모두 포괄할 수 없다. 사회변화는 더 다차원적이다. 그것은 다양한 인간관계의 상호작용이며 더 나아가 비인간과의 상호작용도 포괄한다(Harris 2014: 84). 우리가 지금까지 계층 관계에만 집중해 왔던 것은 그것이 가장 중요해서가 아니라 그것을 가장 중요하다고 생각해 왔기 때문인지도 모른다. 즉, 우리의 시대적 상황이나 가치체계가 그것을 중요하게 여기게끔 이끌어 왔던 것일 수도 있다는 것이다. 다음 항에서는 이와 같은 담론적 문제들에 대해 조금 깊이 있게 탐구해 볼 예정이다.

3) 이원론과 사회진화론에 대한 담론적 비판

필자는 1)과 2)을 통해 농경 사회나 계층 사회를 규정하기 위해 사용하는 고고학적 자료들이 관점에 따라 충분히 다르게 해석될 수도 있다는 점을 보여주려고 했다. 그리고 수렵·채집 사회/농경 사회, 평등 사회/계층 사회라는 이원론적인 접근으로는 실제 사회적 상호작용과 사회변화를 제대로 이해하기 힘들다는 것을 밝히고자 했다. 어쩌면 한 사회가 농경 사회인지 또는 계층 사회인지 판단하는 작업보다는 농경이라는 생계 경제방식이, 그리고 계층화라는 사회적 현상이 다른 사회적 요인들과 어떻게 상호작용하면서 사회변화와 관계 맺는지를 탐구하는 것이 우리가 과거를 이해하는 데에 더 중요한 통찰력을 줄 수 있을 거라 생각한다.

이원론과 사회진화론의 등장배경

수렵·채집 사회/농경 사회, 평등 사회/계층 사회라는 이원론적 접근은 자연과 문화를 존재론적으로 구분하려고 하는 근대 이후의 서구적 세계관과 밀접하게 관련되어 있다(라투르, 홍철기 역 2009: 49-55). 문화의 발달은 인간 사회가 커지고 분화되는 과정이며 농경 사회와 계층 사회는 이러한 과정 속에서 사회의 성장과 긴밀하게 상호작용하는 중요한 요소로 여겨진다. 그렇기 때문에 수렵·채집 사회나 평등 사회는 인간이 좀 더 자연 상태에 머무르고 있음을 의미하며 농경 사회나 계층 사회는 문화적인 것에 가까운 상태를 나타낸다. 이러한 이원론은 전자에서 후자로 발전한다는 생각을 바탕으로 하기 때문에 사회진화론과도 매우 밀접하게 관련된다.

하지만 이러한 이원론적 사고는 그러한 구도가 형성되지 않았거나 미미하였던 과거 사회를 이해하는 데에 방해가 되기도 한다. 다양한 과거 사회의 자연과 문화에 대한 사고를 이해하려는 노력 없이 그들도 우리와 똑같은 사고의 틀을 가지고 있다고 전제한다면 고고자료를 잘못된 해석으로 이끌 가능성이 높다(해리스·시폴라, 이성주 역 2019: 59).

우리는 농경 사회나 계층 사회의 등장으로 인해 문명의 기반을 마련하게 되고 그것은 고도로 분화된 근대 산업 사회에 이르게 되는 시발점이 된다고 생각한다. 우리가 이렇게 풍요로운 사회를 맞이하게 된 그 시작점은 바로 자연 상태로부터 인간을 분리시켜주는 농경 사회나 계층 사회의 시작과 같은 변환점이 있었기 때문이라는 것이다. 그렇기 때문에 서구의 근대적 가치체계를 공유하고 있는 연구자들에게 이러한 변환점을 찾는 작업은 매우 중요한 과제라고 인식되었을 것이다. 이러한 작업은 식민주의나 민족주의와 결합되어 자신이 속한 사회가 그 외의 다른 사회와 차별적 위치에 있다는 것을 강조하는데 사용되기도 하고 반대로 자신들의 사회가 다른 사회 못지않은 발전과정을 거쳐 왔다는 것을 드러내기 위한 도구로써 활용되기도 하였다. 이원론을 바탕으로 한 사회진화론이 자민족 중심주의적으로 흘러왔던 과정은 그러한 양상을 명확히 보여주는 것이라 할 수 있다(Shanks and Tilley 1987: 138).

서구 근대에서 이러한 이원론의 중심적인 인물은 데카르트이다. 그는 정신과 물질을 서로 다른 실체로 분리하고 확실하게 증명할 수 있는 것은 우리의 정신이라 생각하였다. 이러한 그의 접근은 이성적인 것을 중요하게 여기게끔 만들었고, 이성은 본유관념에서 확실한 지식을 이끌어내는 것으로 간주되었다. 데카르트의 이원론은 고대 그리스 철학이나 크리스트교의 신학에서 그 기원을 찾을 수 있지만 사물들을 두 영역으로 구분하고 그러한 관념들을 세상에 적용하여 실제로는 복잡하게 얽혀있는 현실을 존재론적으로 구분되는 것처럼 여기게 하는 데에는 그의 영향이 적지 않았다(해리스·시폴라, 이성주 역 2019: 57).

데카르트는 몸과 마음, 자연과 문화, 동물과 인간을 구분하였는데 이 대립항의 후자들은 모두 이성과 관련된 것으로 물질적인 것과는 비대칭적 관계로 인식되는 경향이 강했다. 계몽주의자들은 데카르트의 이러한 이성 중심주의에 영향을 받아 초기 자연 상태의 사회와 그들의 현재 사회를 비교하기 시작했다. 그들은 그들 사회에 내재되어 있는 불평등을 이성적으로 고찰하는 것에 의해 왕권신수설에 도전하고자 하였다. 그 과정 속에서 불평등은 신에 의한 것이 아닌 사회의 형성과정에서 등장한 것이라고 주장함으로써 군주의 권력 근간에 의문을 제기하였다(Babic 2005 :67-68). 이러한 계몽주의자들의 작업은 평등과 불평등을 자연 상태와 사회의 형성이라는 이항 대립에 대응시켜 실체적으로 분리시키는 데에 큰 영향을 끼쳤다[10].

불평등이 농경과 밀접하게 관련되어 있다는 아이디어도 계몽주의에서 확인된다[11]. 루소(주경복 · 고복만 역 2003: 117-121)와 같은 계몽주의자는 불평등의 발생이 제철 기술과 농업의 성립에서 출발한다고 주장하였다. 기술 발달에 따른 생산력 증대는 인간을 공동 작업에 얽매이게 하였고 사유재산을 발달시켰으며 그에 따라 불평등도 급속히 팽창되었다고 이야기한다. 고고학자들이 비교적 최근까지도 재생산해 왔던 이러한 사회발전의 이미지가 인류학이나 고고학에 대한 자료를 거의 알지 못했던 18세기 철학자의 영향이었다는 점은 우리에게 시사하

---

10 불평등에 대한 이성적 고찰은 이후 마르크스에 의해 추가적으로 개발되었는데 그는 이성적 사고를 통해 인간 빈곤의 원천을 밝힐 수 있다고 믿었다(Babic 2005 :68). 마르크스의 불평등에 대한 고찰은 역사발전이라는 담론을 통해 수많은 분야의 관련 연구자들에게 영향을 끼쳤다.

11 고고학에서 식량생산이 중요한 주제로 떠오른 것은 아마 고든 차일드(김성태 · 이경미 역 2013: 105)의 영향이 컸던 것 같다. 그는 인간이 자연을 통제하여 식량을 생산하기 시작한 시점을 신석기혁명이라 불렀다.

는 바가 크다[12].

불평등의 기원과 자연의 순화에 대한 계몽주의자들의 내러티브는 이후 다윈 진화론의 영향이 더해져 인류학과 고고학의 사회진화담론에 밑그림이 되어 주었다. 루소(주경복·고복만 역 2003: 116)는 농경과 같은 생산기술의 진보로 인한 불평등의 확대가 인간 사회를 쇠퇴시킨 것처럼 묘사했지만 다윈의 진화론(다윈이 실제 그것을 의도하지 않았을지라도)과 성공적인 부르주아 중심의 산업 사회는 서구의 근대 사회가 인류 역사상 가장 발달된 사회로 생각하게끔 만들어 주었다. 이러한 배경에서 등장한 사회진화담론은 부르주아의 정치·경제적 성장을 정당화했고 더 나아가 제국주의의 사상적 기반이 되기도 하였다(트리거, 성춘택 역 2010: 207-210).

이후 유럽에서 기술진보에 대한 기대감이 낮아지고 민족주의와 인종주의가 성장하면서 문화진화론이라는 보편적 법칙은 힘을 잃어갔다. 하지만 2차 세계대전이 끝나고 찾아온 미국의 정치적 패권과 경제적 번영은 19세기 유럽에서와 마찬가지로 인류의 역사발전에 대한 관심을 부활시켰다(트리거, 성춘택 역 2010: 368). 이렇게 등장한 1950-60년대의 신진화론은 한국고고학에 적지 않은 영향을 미쳤지만 실제로 한국에서 본격적으로 이 논의가 시작된 것은 이미 서구에서 인기가 한

---

12 루소(주경복·고복만 역 2003: 102)의 경우에는 스스로 자신의 논의가 추측에 의한 것임을 밝히고 있다. 즉, 그의 불평등의 기원에 관한 내러티브는 사유에 의해 구성된 것이라 할 수 있는데 여기에 고고학적, 인류학적, 민족지적 근거는 거의 없었다.

풀 꺾였던 1980년대였다.

무문토기시대 사회연구에서는 폭발적으로 증가한 고고자료들이 이러한 사회진화담론 속에서 해석되는 경우가 많았다. 많은 연구자들이 사회연구를 사회발전 수준의 평가나 사회 성격의 규정과 동일시하는 경향이 강했는데(김장석 2019: 14) 이러한 경향은 최근까지도 지속되고 있다. 이렇게 한국고고학에서 사회진화담론이 지속적으로 재생산되는 데에는 선학들이 도입한 서구 이론을 무비판적으로 답습하는 관행이 중요하게 작용하고 있는 것 같다.

서구고고학의 이론적 배경은 인류학, 사회학, 철학 등의 인접학문으로부터 크게 영향을 받고 있다. 하지만 타학문에 배타적인 성향이 강한 한국고고학에서는 이러한 부분에 대한 관심이 미미한 편이다. 앞서 살펴본 것처럼 우리가 자주 사용하는 사회진화에 대한 아이디어만 하더라도 18세기 계몽주의 철학이나 마르크스 역사발전과의 연관성을 무시할 수 없는데 한국고고학에서는 이러한 사실들을 그다지 중요하지 않게 여겨 왔다. 하지만 우리가 사용하는 대부분의 해석적 기초나 연구 방법론이 서구 고고학에 토대를 둔 것임을 간과해서는 안 된다.

농경 사회나 계층 사회와 같은 개념적 도구가 어떤 배경에서 등장했는지, 서구의 근대적 가치와 어떤 상관관계를 맺는지 고민하는 것은 매우 중요하다. 왜냐하면 배경에 대한 검토 없이 이러한 개념들을 무비판적으로 채용하는 것은 서구 중심주의적인 사고 구조를 재생산할 뿐만 아니라 과거 사회에 대한 편향된 관점만을 제공할 수 있기 때문이다.

최근 자연과 문화를 분리하는 근대적 이원론에 대한 비판적인 목소리가 증가하고 있다. 이러한 현상은 고고학 이론에도 적지 않은 영향을 미치고 있는데 지금까지 고고학사를 통해 검토되어 왔던 문화사 고고학, 과정주의 고고학, 탈과정주의 고고학 기반이 모두 이러한 이원론에 기초하고 있다는 주장이 제기되기도 하였다(해리스 · 시폴라, 이성주 역 2019).

자연을 두고 문화와 동의어라고 하지 않고 문화를 두고 자연이라 부르지 않듯이 분명 이 둘은 다른 것을 의미하는 개념이다. 이러한 개념들이 서로 구분되어 있지 않다면 우리는 아무런 사회현상도 설명할 수 없을 것이다. 다만 문제는 이 구분이 우리의 존재와 상관없이 본질적으로 존재한다고 믿어 버린다는 점이다. 이는 존재론적인 문제로 우리가 세상을 이해하는 방식과 밀접한 관련이 있다.

우리는 자연과 문화를 개념적 도구로 구분할 수는 있어도 그것이 우리가 놓여있는 맥락과 상관없이 본질적으로 구분된다고 말할 수는 없다. 앞서도 말했듯이 이러한 구분에 대한 아이디어는 비교적 최근(근대 이후)에 발생했으며 현재에도 이러한 세계관을 갖지 않는 사회는 존재한다. 그리고 앞으로 인류가 어떠한 기준으로 세상을 바라보게 될지는 아무도 모른다. 즉, 이것은 서구 근대 이후의 특정 담론 안에서 바라보는 기준에 따른 구분일 뿐 본질적인 구분이 될 수 없다는 것이다.

수렵채집 사회/농경 사회, 평등 사회/계층 사회의 구분 역시 마찬가지다. 이러한 구분은 특정한 담론과 관련된 구분일 뿐 본질적으로 구분된다고 말할 수 없다. 이 말은 곧 우리가 반드시 어떤 시점을 기준으로 수렵·채집 사회와 농경 사회를 구분하고 평등 사회와 계층 사회를 구분할 필요는 없다는 것이다. 푸코와 같은 철학자는 이러한 구분의 존재론적 근거에는 객관성 보다는 권력의 문제가 내재한다고 이야기한다(이동성 2009: 282). 즉, 어떠한 구분을 중요하게 받아들이는 데에는 사회적 관계, 또는 사회적 구조의 문제가 존재한다는 것이다. 우리가 과거 사회에 대한 어떤 구분을 시도하는 것은 과거가 아닌 현재 우리의 가치관이나 세계관을 통해 형성된 담론 안에서 진행되는 것이다.

농경 사회나 계층 사회를 그 이전 사회와 분리시키고자 하는 노력은 사회가 단선적이고 총체적으로 발전되어 왔다는 것을 보여주려는 의도가 내재되어 있다. 인간 사회는 수렵·채집 사회에서 농경 사회로 평등 사회에서 계층 사회로 변화하였고 이러한 변화들은 인간을 자연에서 문화나 문명 사회로 나아가게 한다. 이러한 발전은 결과적으로 서구 산업 사회에 도달하게 하는데 서구의 산업 사회는 모든 인간 사회가 나아가야할 방향의 정점에 있는 사회로 인식된다. 이러한 서구 중심적 가치관은 사회진화담론과 불가분의 관계이며 이러한 도식에서 벗어난 수많은 사회들을 소외시켜왔다. 즉, 수많은 복합적 경제 체제와 다양한 권력구조를 가지고 있는 인간 사회들을 수렵채집 사회/농경 사회, 평등 사회/계층 사회라는 이원론적 도식 안에 배치시켜 왔던 것이다.

정당화될 수 없는 사회변화의 일반화

사회진화론과 같이 인간 사회가 일반화 할 수 있는 거시적인 법칙에 의해 발전해왔다는 생각은 본서 내에서 반복적으로 비판하고 있듯이 정당화 될 수 없다. 그 이유에 대해 정리해 보면 우선 첫 번째로 사회 수준의 평가가 자의적으로 이뤄질 수밖에 없다는 점을 들 수 있다. 이 문제는 아이러니하게도 이성중심주의적 사고를 바탕으로 하는 과정주의 고고학과 깊은 관련이 있다. 과정주의 고고학자들은 사회 추론에 대한 비교문화 방법론의 개발을 중요한 목표로 여겼다. 그들은 사회 모델과 고고학적 데이터 사이에 신뢰할 수 있는 연결을 추구하였는데 이 과정에서 특정한 사회 성격은 고고학적 데이터의 분석을 통해 측정할 수 있는 것으로 여겼다. 즉, 앞서 살펴봤듯이 매장 의례에 투자되는 비용이나 취락의 규모가 그 피장자나 취락 구성원들의 지위를 반영할 수 있다고 생각했던 것이다.

하지만 지위가 정말로 수량화된 분석법들을 통해 측정될 수 있을까. '지위'라는 용어 자체에 내재된 다양하고 가변적인 의미뿐만 아니라 통계와 같은 방법에 의존할 때 표본 추출이 자의적으로 행해지기 쉽다는 점, 그리고 이러한 정량적 방법이 어떤 시·공간에서도 동일하게 적용될 수 있는가에 대한 의구심 등 다양한 차원에서 적지 않은 문제점들이 산재하고 있다. 수치화된 물질문화의 규모나 수량이 계층화 수준의 지표가 될 수 있다면 역사 속의 모든 사회에 이러한 논리가 동일하게 적용되어야 한다. 하지만 푸코와 부르디외의 작업에서 드러나는 것처럼 불평등의 정체성은 양적인 규모가 아닌 사회의 다른 가치들과 연결되는 경우가 많다(Babic 2005 :75). 특정 사회의 엘리트가 그들의 지위 근거를 정당화하는 방식은 그 사회 구성원들과의 관계 속에서 매우 복잡하고 다양하게 실천된다. 이것은 단순히 가시적인 규모나 수량을 통해 평가할 수 있는 성질의 것이 아니다.

그리고 이 문제는 농경 사회의 수준을 판단할 때도 마찬가지이다. 우리는 농경 사회의 기준이 되는 '농경에 대한 의존도'를 측정할 기준도 없고, 기준이 있다 해도 현실적으로 고고학적 실물자료를 통해 그것을 측정하기란 거의 불가능에 가깝다. 이것을 측정하기 위해서는 당시의 생계 경제를 거의 그대로 복원해야 하는데 현재 발견된 관련 자료들이 대표성 문제 때문에 실제 과거를 수치상으로 얼마나 명확하게 반영하고 있는지 판단하기가 쉽지 않다. 결국 계층화든 농경 의존도든 그 수준을 측정하는 데는 자의적인 판단이 개입될 수밖에 없고 또 그것을 통한 계층 사회나 농경 사회의 판별에도 확대 해석이 이뤄지기 쉽다.

두 번째로 사회의 변화를 지나치게 일반화시키는 총체론적인 해석 경향을 들 수 있다. 발전적 총체성은 사회적 삶의 무작위적이고 임의적인 넓은 영역들을 포기하게 만든다(Shanks and Tilley 1987: 144). 문화나 사회의 변화와 같은 다소 추상적인 현상을 연구할 때 어느 정도의 일반화는 필수적이다. 그래야 무언가를 비교하고 그 의미를 파악할 수 있기 때문이다. 하지만 문제는 그 일반화시킨 개념이나 현상을 너무 쉽게 본질적인 것으로 받아들이는 사례가 많다는 점이다. 무문토기시대의 두드러지는 특징들을 추출하여 농경 사회라고 개념화할 수도 있다. 하지만 그렇다고 해서 그것을 근거로 무문토기시대의 취락유적들이 이전 시대의 취락유적과는 마치 단절적인 다른 수준에 있는 것처럼 일괄적으로 평가해 버린다면 각각의 사회에 내재되어 있는 다양한 사회 변동 요인들을 파악할 수 없게 된다.

무문토기시대는 농경 사회이기 때문에 당연히 그 시작 시점에는 획기적인 생계 경제의 변화가 있어야 하며 그 변화에는 즐문토기시대의 농경과는 본질적으로 다른 수준의 무언가가 등장해야 한다. 이러한 생각은 그 원인을 외부적인 요인에서 찾게 만드는데 그 과정 중에 형성된 것이 한국고고학계의 이주담론이다. 미사리 유형의 형성을 북으로부터 온 농경민의 이주라는 사건과 대응시키는 연구 경향이 그 대표적인 사례이다. 이러한 연구 경향의 논리가 성립되기 위해서는 적어도 기원지(emigration area)와 이주지(immigration area)의 농경양상에 대한 연결고리를 찾아야 하는데 당시 동북아시아에서 농경은 광범위한 지역에서 다양한 방식으로 이뤄지고 있었다고 추측되기 때문에 어느 특정한 두 지역의 연관성만을 상정하기는 쉽지 않다.

특정 집단의 이주 문제는 차치하더라도 특정 농경민의 이주라는 실체적 사건을 상정하여 농경 사회의 시작을 논의하기에는 실물자료로써의 증거가 너무 부족하며 실제로 그러한 단일 사건에 의해 농경 사회라는 시대적 변화의 원인을 모두 설명했다고 할 수도 없다. 이러한 해석 경향은 '무문토기시대는 농경 사회'라는 총체론적인 관점으로 세부적인 시기나 지역 문제까지 모두 다루려 하기 때문에 발생하는 확대해석의 사례라 할 수 있다.

이러한 총체론적인 역사 인식은 이미 다수의 철학자들에 의해 비판받아 왔다. 포퍼(이한구 외 역 2016: 97-104)는 모든 기술(記述)은 반드시 선택적으로 이뤄지기 때문에 세계 전체나 자연 전체를 한 덩어리로 관찰할 수도 기술할 수도 없다고 얘기한다. 특정 사회의 전체적인 이미지는 선택적으로 추론해 낸 양상에 대한 것일 수밖에 없는데 그것을 통해서는 실제 자체의 구체적인 구조를 파악할 수 없다. 일부 연구자들이 미사리 유형의 등장과 함께 갑자기 농경 사회가 시작되는 것처럼 인식하는 것은 수렵·채집 사회와 농경 사회의 이원론적인 구조를 바탕으로 각각의 사회에 속하는 취락들을 총체론적으로 파악하려했기 때문이다.

푸코(이정우 역 2017: 25-33) 역시 포퍼와 유사한 관점에서 총체론적인 전체 역사를 지양하고 일반사적인 역사서술로 나아가야 한다고 주장한다. 지금까지의 역사서술은 현재중심적인 시각을 바탕으로 중요한 사건과 사소한 사건을 구분해 인간 의식의 진보가 하나의 목적을 향해 나아가는 것처럼 서술해 왔다. 하나의 법칙 아래 서로 다른 계열들을 묶어놓는 것은 그들의 공통점만 파악하고 차이점들은 무시하는 결과를 낳게 되고 이는 결국 각각의 계열을 온전하게 이해할 수 있는 기회를 박탈하게 하는 것이다.

실제 우리는 고고학적 문화나 유형을 설정하여 각 유형 내에서 발생할 수 있는 차이점들을 너무 쉽게 소외시켜 버리는 우를 범하기도 한다. 남쪽과 북쪽 양 지역에서 확인되는 돌대문토기 출토유적의 비교에서 유사점은 매우 깊이 있게 논의하는 반면 차이점에 대해서는 거의 신

경 쓰지 않거나 이주 과정에서의 변이 정도로 간략하게 논의하고 넘어
간다. 그 차이점들이 돌대문토기의 전이과정에서 다양한 해석 가능성
을 생산해 낼 수 있음에도 불구하고 너무 쉽게 소외되는 경향이 없지
않다.

포퍼와 푸코는 마르크스의 역사발전 인식에 대해 상반된 견해를 가
지고 있었지만 그들 각자가 마르크스를 비판 또는 옹호하려 했던 목적
은 모두 이러한 총체론적 역사관을 비판하기 위함이었다.

마지막으로 목적론적 역사관을 들 수 있다. 이는 총체론적 역사인
식의 연장선상에서 설명할 수 있으며 어쩌면 그것과 유사한 맥락의 비
판이라고도 할 수 있다. 역사를 일반적인 법칙을 통해 설명할 수 있다
는 아이디어는 목적 지향적인 경향이 강하다. 즉, 그 법칙이 설명하고
자 하는 것은 과거에서 현재에 이르는 과정이며 이 과정 속에 있는 모
든 과거 사회들은 현재를 향하고 있는 것처럼 인식된다. 이러한 인식
은 과거에서 현재까지 유기적이고 논리적으로 이어져 왔다는 것을 설
명해야 하기 때문에 당연히 그것에 어울리지 않는 것들은 배재될 수밖
에 없다.

예를 들어 무문토기시대에 수렵·채집과 관련된 증거들은 이미 즐
문토기시대에도 있었던 것들이기 때문에 사회 발전 과정을 설명하는
데 불필요한 것이 되어버린다. 중요한 것은 현재를 향해 나아가는데
등장한 새로운 현상인 농경이며 그것만이 무문토기시대에 주요한 생
계·경제인 것처럼 여겨진다. 따라서 아무리 수렵·채집과 관련된 증
거가 확인되어도 그것은 어디까지나 보조적인 것으로 취급하게 되며

사회적 상호작용에서 중요한 역할을 하지 않은 것처럼 묘사된다. 이는 무문토기시대 전공자들이 수렵·채집과 관련된 수많은 증거들을 알고 있음에도 불구하고 지속적으로 농경과 사회변화의 관계에만 집중하고 있는 현상과 같은 맥락이라 할 수 있다.

어쩌면 계층 사회나 농경 사회를 찾고자 하는 노력 자체가 목적론적이라 할 수 있다. 계층 사회를 찾고자 하는 노력은 우리가 계층 사회에 대한 증거에 집중하게 만든다. 그렇기 때문에 다양한 해석 가능성이 공존하는 증거들을 자꾸 계층 사회에 대한 증거로만 해석하게 유도하는 것이다.

목적론적인 과거인식은 과거를 있는 그대로가 아닌 현재의 가치관이나 세계관에 따라 판단하게 한다. 즉, 연구자들을 과거에 대한 일종의 심판관과 같은 역할을 하게 하는데 이러한 현상 때문에 '사회진화론은 가치 판단적'이라는 지적이 꾸준히 제기되고 있다(Shanks and Tilley 1987: 138). 이 지적은 이 글의 서두에서도 언급했듯이 사실의 문제를 다루고 있다고 생각했던 것들이 실제로는 특정한 가치체계의 반영일 수 있다는 것을 말해준다.

사람들의 인식구조가 과거를 해석하는 데에 지대한 영향을 끼친다는 사실에 많은 연구자들이 공감하고 있다(이성주 2017b: 34; 松本直子 외 2003: 109; 中園聡 2003: 209; Jones 1997: 139). 문제는 이러한 인식구조 속에서 진행된 연구들이 현재의 사회적 구조를 재생산하는 데에도 적지 않은 기여를 하고 있다는 점이다.

최근 수많은 인류학적 작업들이 자연 상태의 인류에 대한 잘못된 선입견을 깨뜨리고자 노력하고 있다. 하지만 여전히 대다수의 사람들은 자연과 문화의 분리를 통해 원시 인류의 미개성이나 취약성을 은연중에 드러내는 가치체계에서 크게 벗어나지 못했다. 자연 상태 또는 근대 이전의 다양한 인간 사회를 그 자체로 바라보지 않고 진화의 과정 중에 있는 불완전한 사회로 인식하는 우리의 연구 경향들은 반사적으로 산업 사회의 우월성을 강조하는데 이바지할 수밖에 없다.

무리 사회든 부족 사회든 수장 사회든 국가 사회든 어떤 사회든지 간에 다양한 형태의 사회적 모순은 존재하는데 이것은 평가를 통해 서열화 할 수 있는 성질의 것이 아니다. 한 사회의 특징은 다음 사회로 나아가기 위한 준비 단계가 아니다. 피부색의 차이는 유전적인 차이일 뿐 인종적인 우열을 나타내는 것이 아닌 것처럼 특정 사회는 다음 단계의 사회와 비대칭적인 관계에 있는 것이 아니다. 따라서 농경이나 계층화의 수준을 평가하는 것과 같은 특정한 가치체계에 기댄 총체화된 서열화 작업을 하기보다는 각 사회에 내재되어 있는 사회적 상호작용의 구체적인 양상을 파악하고자 노력하는 것이 과거를 이해하는데 많은 도움을 줄 수 있을 거라 생각한다.

이원론이나 사회진화담론을 바탕으로 한 연구 경향은 결과적으로 현재의 가치체계를 구조화하는데 일조할 뿐 과거의 구체적인 실상을 밝히는 데에 큰 도움이 되지 않는다. 물론 고고자료의 불완전성 때문에 어떠한 방식으로든 과거의 구체적 실상을 이해하는 일은 매우 어려운 일일 것이다. 하지만 과거를 총체론적이고 목적론적으로 인식하는 방식으로는 오히려 과거에 대한 편향된 이미지만 심어줄 가능성이 높다.

과거는 결코 그 자리에 멈춰서 있는 것이 아니다. 과거는 현재와의 상호작용 속에서 다양하게 이해될 수 있으며 때로는 현재의 이데올로기를 형성하는데 적극적인 에이전트로서의 역할을 하기도 한다. 현재의 과거 인식은 이러한 과정 속에서 구조화되며 때로는 이 과정을 통해 변화하기도 한다. 따라서 현재 우리들의 사회구조나 인식체계에 대한 이해 없이는 과거에 대한 이해도 한계를 보일 수밖에 없다(松本直子 1999).

Ⅲ. 섬 공동체 연구를 위한 현황검토와 방향성 제시

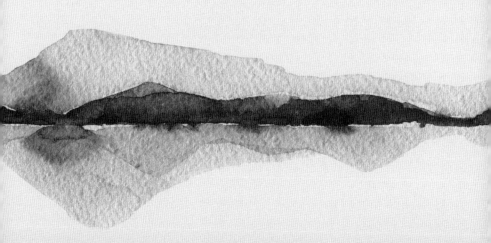

앞 장에서는 한국고고학에서 일반적으로 통용되고 있는 과거에 대한 이해와 해석 방법을 비판적으로 검토해 보았다. 하지만 무문토기시대의 광범위한 분야를 다루다 보니 이 작업이 제주도 섬 공동체 연구에 어떤 의의를 갖고 있는지 다소 모호하게 여겨질 수도 있을 것 같다. 따라서 본 장을 시작하면서 앞장에서 진행했던 비판적 검토의 목적과 그것을 통해 본서에서 나아가려는 지향점을 명확히 해 둘 필요가 있을 것 같다.

앞장에서 진행했던 선행연구들에 대한 비판은 크게 두 가지 방향으로 진행되었다. 첫 번째는 유형론에 입각한 본질론적인 해석에 관한 것이고 두 번째는 이원론과 사회진화담론을 바탕으로 한 단선적이고 총체론적인 연구 경향이었다. 이러한 전제를 바탕으로 한 기존의 연구들은 과거의 집단을 경계가 명확하고 고정적인 실체로 인식하며 사회 성격도 농경 사회나 계층 사회와 같은 일부 특징을 부각시켜 일반화한 틀속에서 이해하려는 경향이 강했다. 뒤에서 자세히 살펴보겠지만 제주도 선사취락과 관련된 연구에서도 육지로부터 실체적 집단의 이주를 상정하거나 선사취락의 변화를 사회발전단계의 틀 안에서 탐라라는 정치체가 출현하는 과정과 동일시하려는 시도가 주류를 이루고 있다.

Ⅱ장에서의 비판은 이러한 기존의 연구 경향들이 고고자료에 대한 보편적인 해석방식이 될 수 없음을 밝히려는 의도로 진행했다. 그리고 이와 동시에 우리가 과거를 이해하는 데 있어 편향되지 않은 새로운 접근방식이 필요함을 역설하고자 했다.

그렇다면 본장에서는 섬 공동체 연구에 대한 새로운 접근을 모색하는 기초 작업들을 검토하는 것이 적절하다고 생각한다. 물론 본서에서 모두가 공감할 수 있는 보편적인 접근 방식을 제시할 수는 없다. 하지만 적어도 최근의 공동체와 도서성에 관련된 논의들을 검토함으로써 제주도 선사취락 연구에 새로운 토론의 장을 마련할 수는 있을 것이다.

이를 위해서 필요한 작업은 우선 제주도 선사취락과 관련된 연구 현황을 살펴보는 일이며 그 다음은 섬 공동체를 이해하기 위한 기반작업들을 진행하는 일일 것이다. 따라서 크게 이에 따른 두 개의 절로 구분하여 논의를 이어나가고자 한다.

1. 제주도 선사취락 연구 현황

과거 제주도의 고고학 자료는 한반도의 여러 지역에 비해 양적으로 매우 부족한 상황이었다. 하지만 1990년대 이후 삼양동, 용담동, 화순리, 예래동 등의 대규모 취락유적뿐만 아니라 곽지리나 종달리 등의 패총유적이 발굴되면서 제주도 선사인들의 사회상이나 생활 모습을 추론할 수 있는 흔적들이 적지 않았음을 인식하게 되었다. 그리고 이 열거한 취락유적들이 대체로 한반도에서 취락유적이 줄어드는 청동기시대 후기나 초기철기, 그리고 원삼국시대에 형성된 대규모 취락으로 알려지면서 한반도와 대비되는 이러한 양상에 대한 관심이 높아지기도 했었다(국립제주박물관·한국청동기학회 2016).

그러나 제주도 고고학 연구자들은 제주도 물질문화 그 자체에 초점을 맞추어 설명하기보다 한반도의 유물이나 유적을 중심으로 한 논의를 바탕으로 제주도의 고고자료를 해석하려는 경향이 강했다.

이러한 현상에는 여러 가지 원인이 있겠지만 제주도 고고학에 대한 기존의 접근방법에서도 그 원인을 찾을 수 있다. 제주도는 육지와 일정 정도 거리가 있어 비교적 독립적이면서 면적은 우리나라에서 두 번째로 큰 섬인 거제도와 비교해도 6배나 차이가 날 정도로 크다. 이러한 환경적 조건이 사회·문화의 변이 과정에서 적지 않은 영향을 끼쳤을 것임에도 불구하고 지금까지의 연구에서는 크게 고려되지 않았다.

기존의 제주도 연구들은 다른 남한지역의 연구 경향을 그대로 답습해 유형론에 입각한 이주론이나 사회진화담론을 통한 사회수준평가에 주로 집중해 왔었다. 때문에 섬이라는 환경적 특수성이 제주도 거주민들과 상호작용하는 과정에 대해서는 깊이 있게 논의되지 못했다. 즉, 지금까지 제주도 고고학은 한국고고학의 전통적인 큰 줄기에 편승해 개별적 사회·문화가 가질 수 있는 특수성에 대해 소홀히 접근했다.

본 장에서는 지금까지 제주도 고고학연구에서 어떠한 담론들이 형성되어 왔는지 살펴봄으로써 그동안 소외되어 왔던 중요한 문제들을 드러낼 것이다. 이를 위해 우선 제주도 고고학의 초창기부터 지금까지 어떠한 연구 주제에 집중해 왔는지, 그리고 그 원인은 무엇인지에 대해 검토해 보도록 하겠다.

1) 전파와 이주

전파와 이주의 이론은 시대에 뒤떨어진 설명의 틀로 인식되기도 하지만 현재에도 폭넓게 수용되고 있는 논리이며 우리에게 과거에 대한 많은 이야깃거리를 제공한다. 취락의 전반적인 양상을 파악할 수 있는 전면발굴이나 자연과학 분석을 통한 생태환경의 연구가 부족했던 과거에는 서로 다른 지역에서 확인되는 유사한 물질문화 요소를 통해 문화의 전파나 주민의 이주와 관련된 해석이 주로 논의의 대상이 되었다. 제주도의 고고학도 이러한 흐름에서 크게 벗어나지 않았다.

이러한 논의는 일제 강점기부터 시작된다. 당시에는 간단한 지표조사나 시굴조사가 진행되었는데 확인되는 물질문화는 일본과 관련지어 논의되는 경우가 많았다. 도리이 류조(鳥居龍藏)에 의해 제주에서 수습된 토기나 석기는 야요이계로 인식되어 일본 문화가 전달된 것으로 이해되거나, 산지항에서 출토된 동경이나 오수전 등의 유물을 통해 제주도가 대륙과 일본 북구주를 연결하는 주요 기점으로 해석되기도 하였다. 이러한 일본 중심적인 해석 경향은 탐라와 일본의 교류관계가 기록된 문헌을 바탕으로 진행된 것인데 실제 제주도의 물질문화나 지리적 환경이 한반도와 더 밀접하다는 사실은 당시의 이러한 해석이 식민주의적 사고를 바탕으로 한 매우 편향적인 것이었음을 보여준다(李清圭 1995: 5-6).

이후 무문토기의 기원에 대한 논의는 곽지 패총의 발견 이후 이백규 (1979, 李清圭 1995: 9-10에서 재인용)에 의해 구체적으로 논의되었다. 그는 공렬토기가 출토되는 곽지 패총 최하층을 기원전 4세기경으로 추정한 후, 당시 전라남도에서 공렬토기가 출토하지 않았던 사실을 바탕으로 경남해안지방에서 건너온 것으로 판단하였다. 전국적으로 공렬토기가 출토되는 지금에 와서는 재고의 여지가 있지만 무문토기시대에 한반도와 제주도의 연결 관계를 구체적으로 명시했다는 점에서 학사적으로 중요한 첫 논의라 할 수 있다.

곽지 패총 발굴 이후 상모리 산이수동에서 소위 흔암리식토기로 불리는 복합문양토기가 확인되면서 무문토기의 계통론적 전파과정이 논의되기도 하였다. 이청규(1985: 332)는 1985년 상모리 패총을 처음 발견한 후 함경도지방에서 출발한 공렬토기 주민문화가 평남 · 황해도 지방의 각형토기문화를 흡수한 후 남한지방을 거쳐 제주도까지 전파된 것으로 판단하였다. 이후 그는 남한지방의 공렬토기문화를 구체적으로 다루면서 상모리 유적의 흔암리 유형이 한강 중류지방에서 형성되어 충남 서해안-금강 유역-낙동강 유역-경상도 남해안을 거쳐 제주도로 들어온 것이라 추정하였다(李清圭 1988: 82).

공렬토기를 중심으로 한 무문토기문화와 관련하여 제주도와 남부구주의 연관성을 검토한 연구도 눈에 띈다. 천선행(2008: 16)은 공렬문의 관통여부나 투공방향을 근거로 호서-호남-제주 지역의 연관성을 상정하였고 이 공렬토기가 남부구주까지 영향을 끼쳤다고 추정하였다. 이 연구는 공렬토기의 속성을 근거로 계보관계를 논의하고 있는데 실제 무문토기의 개별적 속성들이 특정한 방향성을 띠고 전파되지만은 않는다는 점을 고려할 때 문양 속성의 유사성만을 바탕으로 한 계통문제는 좀 더 신중한 접근을 요한다고 할 수 있다. 실제 제주도의 공렬토기는 밖에서 안으로 반관통되는 경우가 많은데 이러한 양상은 호서·호남지역보다 경기도의 일부지역과 더 유사하다.

1990년대 이후 발굴조사가 증가하면서 기존에 확인되지 않았던 삼양동 유적과 같은 대규모 취락유적이 확인되기도 하였다. 증가한 고고자료는 제주도 선사시대의 주민 집단에 대한 해석으로 이어졌다. 삼양동 유적의 송국리 문화는 기존 공렬토기 집단과는 다른 새로운 외지 집단의 것으로 인식되었고 철제무기를 소지한 곽지리식토기 사용 집단은 또 다른 신흥 외지 집단의 등장으로 설명되기도 하였다. 이 과정에서 재지 집단인 공렬토기 집단은 곽지리식토기 집단에 흡수·통합되고 삼양동식토기 집단은 곽지리식토기 집단에 의해 밀려나간 것으로 논의된 사례도 확인된다(康昌和 2003: 30-31).

이러한 해석은 용담동 철기부장묘의 묘역구분양상을 통해서 진행되었다. 즉, 이 묘역은 중앙의 경계 석렬을 기준으로 북쪽묘역과 남쪽묘역으로 구분되는데, 공렬토기가 출토된 남쪽묘역을 철기가 부장된 북쪽묘역 축조 집단이 인지하고 있었다는 예상을 바탕으로 북쪽묘역 집단이 남쪽묘역 집단을 계승했다는 주장이 제기된 것이다. 하지만 제주도에서 공렬토기 소멸시기와 철기부장묘의 축조시기 사이에 수백 년의 간격이 있었다는 것을 감안하면 단순한 계승관계로 이해하고 넘어갈 문제는 아닌 듯하다. 이러한 해석경향은 새로운 문화의 등장마다 새로운 집단의 이주로 문화 변화를 설명하려는 전통적인 해석 경향이 내재된 것이라 할 수 있다.

삼양동 유적 발굴을 시작으로 용담동, 외도동, 하귀리, 고산리, 화순리 등 송국리형 주거지로 구성된 취락유적이 제주도 곳곳에서 확인되었다. 그만큼 송국리 유형에 대한 관심도 높아졌으며 이와 관련하여 제주도 송국리 유형의 기원에 대한 논의가 시작되기도 하였다. 제주도의 송국리형 주거지 중 이른 시기로 편년되는 형태는 평면 원형에 내부 타원형 수혈이 내주공식인 사례가 대다수를 차지하고 있다. 이와 유사한 형태는 호서·호남지역의 금강이나 만경강, 그리고 영산강 유역에서 주로 확인되고 있다. 이러한 현상을 바탕으로 제주도의 송국리 유형은 호서지역에서 호남지역을 거쳐 제주도로 전파된 것으로 파악하는 견해가 주를 이루고 있다(金慶柱 2010: 70-78; 朴京敏 2013: 83-87; 이종철 2017: 6-9).

공렬문토기와 관련된 유적 중 삼화지구 유적에서 발굴된 장방형 주거지군은 송국리 유형이 유입되기 이전에도 일정 규모의 취락유적이 존재했음을 확인시켜 주었다. 기존에 공렬문토기가 확인된 유적들은 대체로 패총유적이었고 뚜렷한 주거양상이 파악되지 않았었다. 하지만 삼양동과 도련동 일대에 송국리형 주거군과 분리된 공간에 위치하는 장방형 주거지군은 무문토기시대 전·중기 취락에 대한 새로운 논의를 할 수 있게 했다.

공렬문토기와 장방형주거지의 조합은 역삼동 유형으로 간주되는데 삼화지구 유적의 발굴조사는 이 유형 계통의 물질문화가 제주도에도 뚜렷하게 존재함을 인식하는 계기가 되었다. 하지만 제주도에서 확인되는 이 주거군은 대체로 소형주거지로 구성되었고 내부에 노지가 확인되지 않는다는 특징을 보이고 있어 전기무문토기시대의 전형적인 역삼동 유형 주거지와는 다소 차이를 보인다. 이 장방형 주거지군에서 출토되는 마연토기를 근거로 경남 남해안 지역과의 관련성을 언급하는 사례(朴京敏 2013: 81-83)가 있는가 하면 편구옹과 소형의 방형주거지를 근거로 중서부지역과의 계통관계를 논의하는 사례도 확인된다(吳元弘 2017: 51-52).

이와 같이 역삼동 유형이든 송국리 유형이든 유형론에 입각해서 그 기원지를 살피는 연구는 한국고고학에서 익숙한 연구방식이다. 하지만 전국적으로 지역별 물질문화양상이 선명해진 현재 시점에서 바라보면 각 지역 간에 물질문화의 상사성과 상이성이 서로 복잡하게 얽혀 있기 때문에 단선적으로 어느 두 특정 지역이 서로 연결되어 있다고 얘기하기는 쉽지 않다.

유형론에 단순히 물질문화의 양상만 대응시키지 않고 생계 경제의 측면까지 고정적인 것으로 설정하여 논의를 진행하는 사례도 확인된다. 이는 송국리형 주거지와 점토대토기가 조합된 양상, 즉 문화접변 현상을 두고 논의되고 있다. 필자는 제주도에 송국리형 주거지의 등장이 기원전 8세기에는 이뤄졌을 것으로 추정하고 있으며(박경민 2018b: 14) 다른 연구자들도 늦어도 기원전 7-6세기에는 유입된 것으로 보고 있다(김경주 2018c: 122; 이종철 2017: 8). 하지만 송국리형 주거지가 처음 유입되고 한동안은 그 취락의 규모가 크지 않았던 것으로 추정된다. 주거지 간에 간격이 좁아지고 밀도가 높아지기 시작한 시기는 점토대토기가 등장하면서부터로 인식되고 있다. 이러한 현상 때문에 농경문화를 기반으로 하는 송국리 유형 집단은 제주도 정착에 어려움이 있었고 복합적인 생계 경제방식을 이용하는 점토대토기 집단은 비교적 용이하게 정착하여 제주 사회에 빠르게 융합되었다는 주장이 제기되기도 하였다(김경주 2018c: 137; 오원홍 2018: 22).

이러한 해석방식의 기저에는 동일한 문화유형은 동일한 생계 경제방식을 영위한다는 소박한 가정이 깔려 있다. 즉, 송국리형 주거지를 사용하는 집단은 모두 농경문화를 바탕으로 하고 점토대토기를 사용하는 집단은 모두 복합적인 생계 경제 방식을 이용한다는 논리를 바탕으로 문화 해석을 진행한다. 여기에는 유형과 집단 사이의 문제뿐만 아니라 생계방식도 단순 대응관계로 일괄되어 있다. 사실 이 문제는 섬 환경과 문화 변동 사이의 복잡한 상호작용에 대한 검토가 선행되어야 하는데 이러한 과정 없이 단순하게 유형론에 입각하여 논의를 진행하고 있어 자칫 과거에 대한 편향적인 해석으로 이어질 수 있다.

이와 같은 해석 방식에는 이미 Ⅱ장을 통해 비판적으로 검토한 바 있듯이 각 유적을 개별적인 사례로서 접근하지 않고 유형론에 입각하여 총체론적으로 파악하려 한다는 문제점이 내재되어 있다. 위에서 살펴본 제주도의 고고자료에 대한 주요 해석 방식은 한반도와의 물질문화 유사성을 근거로 단선적인 전파나 이주라는 해석 방식을 주로 적용한다고 파악할 수 있다. 이러한 해석 방식은 한국고고학의 무문토기문화 연구에서 주로 사용되는 북쪽(중국 동북 및 한반도 북부지방)과의 물질문화 유사성을 기반으로 한 단선적 전파나 이주담론을 그대로 답습한 것이라 할 수 있으며 더 거슬러 올라가면 일제 강점기의 제국주의 고고학으로부터 이어져 내려온 전통적인 해석 방식의 영향이라고 할 수 있다.

뒤에서 자세히 다루겠지만 지역별로 다양한 물질문화 요소들이 복잡하게 뒤얽힌 상황 속에서 특정 기원지를 찾는 것은 쉽지 않으며 단선적인 전파 방향을 획정(劃定)하기도 어렵다. 또한 문화 유형과 생계 방식과의 관계는 자연 환경적 요인이 개입되기 때문에 모든 지역에서 동일하게 대응관계를 나타낸다고 하기가 오히려 더 어렵다. 하지만 그럼에도 불구하고 지금까지의 연구경향이나 해석방식들은 유형론이나 이주론에 입각하여 총체적인 관점에서의 연결고리를 찾는 작업에만 집중해 왔다.

앞에서도 지적했듯이 이러한 해석방식은 지역 간에 유사점과 차이점을 비대칭적으로 인식하게 하여 물질문화의 전이 과정에서 발생할 수 있는 다양한 변이들을 간과하게 한다. 즉, 한반도에서 제주도로 문화가 이동할 때 다양한 집단들의 상호작용뿐만 아니라 환경적 요인도 적지 않은 영향을 끼쳤을 것인데 이러한 과정을 단순화하여 단선적인 이주나 전파로 환원시켜 버린다는 것이다. 이 과정에서 실체가 불분명한 집단이 이미지화되고 그들의 이주라는 구체적인 사건이 만들어지게 된다.

이러한 해석방식을 지양하기 위해서는 물질문화의 세부적인 요인들을 면밀히 살필 필요가 있다. 즉, 유형이라는 큰 틀을 설정하여 각 지역의 유사한 유형들을 비교할 것이 아니라 각 문화유형의 개별적 요소들을 면밀하게 검토해야 한다. 이러한 작업을 통해 같은 유형 내 개별 요소들의 등장과 소멸시기, 그리고 분포 범위를 파악하여 각각의 요소에 대한 의미해석을 진행한다면 지금까지와는 다른 해석을 이끌어낼 수 있을 것이다.

2) 사회진화담론

계층 사회나 수장층의 등장과 같은 이슈는 제주도 선사 사회에서도 매우 중요한 연구 주제로 다뤄져 왔다. 특히 다량의 철기가 부장된 무덤이나 대규모 취락유적의 발굴은 위계화와 관련된 논의로 자연스럽게 이어질 수 있는 계기가 되었다. 이 주제는 탐라라는 문헌 속의 정치체와도 밀접하게 관련된다. 탐라 사회는 사회발전단계상 국가단계에 도달하거나 그에 버금가는 수준의 사회여야 한다는 믿음을 바탕으로 고고자료를 통해 그에 부합하는 사회상을 그려 내려고 하는 노력이 적지 않았다.

탐라에 대한 고고학적 복원작업은 연구자 집단뿐만 아니라 지역 사회에서도 적지 않은 관심을 보여 왔다. 제주도 지역 사회에서 '탐라'는 단순한 과거 속의 정치체가 아니며 현대 제주 사회에 지역 정체성을 형성하는 주요한 콘텐츠로써 활용되고 있다. 지역 사회에서 실제로 '탐라'를 지역 축제에 활용하는 사례가 적지 않으며 특정 장소의 명칭에도 '탐라'라는 상징성을 빈번하게 사용한다. 지역 사회의 이러한 관심은 연구자 사회에도 적지 않은 영향을 끼친다.

'탐라'가 고고학적 해석에 적극적으로 활용되기 시작한 것은 원삼국시대나 삼국시대에 해당하는 제주도의 고고자료들이 선명해지면서부터일 것이다. 문헌 속 정치체의 시·공간적 범위에 해당하는 위치에서 고고자료가 발굴되면 그 정치체와 고고자료가 직접적으로 연결되는 사례는 매우 흔하게 찾아볼 수 있다.

'탐라'가 고고학적 연구에 적극적으로 언급된 것은 이청규(1995)에 의해서이다. 그는 1990년대 중반까지 조사된 고고자료를 정리하며 탐라사회를 중심으로 사회변화과정을 논의하였는데 제주도의 상고문화를 탐라이전단계-탐라전기단계-탐라후기단계의 세 단계로 크게 구분하였다. 탐라이전단계 내 1기는 신석기시대로 이해할 수 있으며 2기는 흔암리식토기의 등장부터 점토대토기까지의 무문토기시대이다. 이 단계는 주로 소규모 사회로 권력관계는 두드러지지 않았던 것으로 인식하였다.

탐라전기단계는 적갈색 경질의 곽지1식토기(곽지리식토기)가 사용되던 단계로 회색도기 보급의 유무를 기준으로 1기와 2기를 구분하고 있다. 이 단계는 공동협업조직이 발달하고 권위적인 우두머리가 존재했던 시기로 파악하고 있는데 그 근거로는 피장자의 권위가 인정되는 제주도식 고인돌의 발전을 들고 있다.

탐라후기단계는 곽지2식토기(고내리식토기)가 주로 사용되며 백제 계통 양식과 통일신라 양식의 도기들이 동반되는 시기이다. 이 시기는 문헌에서 확인되는 대외적인 조공관계를 근거로 내부의 권력자 즉, 국주(國主)가 출현한 것으로 판단하고 있다. 그리고 이 시기의 후반부에는 문헌 기록에 등장하는 왕자(王子)의 대외교류 참여를 바탕으로 세습체제나 왕과는 다른 정치적 혈연 집단의 존재 가능성을 언급하였다. 따라서 이 후반부는 앞선 시기보다 정치체제가 발전한 것으로 인식하고 있다.

이청규의 이 연구는 제주도에서 '탐라'라는 정치체의 존재를 기반으로 사회의 발달 수준을 논의한 첫 사례로 생각된다. 이후 이 연구에 영향을 받은 후속 연구들이 등장하는데 무문토기문화의 변화과정을 '탐라'라는 정치체가 형성되는 과정에 대입하여 해석하였다. 즉, 제주도의 선사 사회가 점점 발전하여 어느 시기에 '국'에 버금가는 사회수준에 이르게 되는데 그것이 바로 '탐라'라는 정치체인 것이다.

이러한 논의가 본격화되는 것은 삼양동 유적의 발굴 이후일 것이다. 1990년대 후반에 진행된 이 발굴조사에서 200여기에 이르는 원형 주거지(송국리형 주거지)가 확인되었다. 그리고 이 주변에는 지석묘군과 함께 유물산포지가 폭넓게 분포하고 있어 당시 대규모 취락이 존재했을 것으로 추정되었다(姜昌和 2003: 28). 특히 삼양동 취락에서는 주거지들이 구획 배치되어 중심과 주변으로 구분되고 중요 유물들이 중심 구역에서만 출토되는 것으로 인식되었으며 직업의 전문화를 보여주는 공방이나 요지로 추정되는 시설물이 확인되는 것으로 보았다. 또한 중앙의 광장을 중심으로 그 주변에 주거지들이 원형상으로 정형성 있게 배치되며 마을 공간을 구획한 격담시설은 신분을 구분하는 것으로 판단하기도 하였다. 직업의 전문화, 교역을 통한 위세품의 존재, 취락 내 차별화된 구획, 지석묘의 존재 등은 당시 제주 사회가 계급 사회 또는 족장 사회에 도달한 근거로 이용되었다(姜昌和 2003: 29, 2014: 36-39; 金庚澤 2004: 117; 崔夢龍 2001; 196-199).

강창화(2014: 45)는 이 시기를 탐라초기(탐라형성기)로 규정하면서 대규모 취락 사회이자 불평등 사회로 인식하였다. 그리고 그 이후의 시기를 탐라전기-탐라후기로 구분하였는데 탐라전기에는 용담동 철기부장묘의 존재를 근거로 수장층이 출현하고 제주 사회가 탐라소국으로 통합되었다고 주장하였다. 탐라전기는 이전 시기에 비해 계층구조의 불평등화가 더욱 심화된 것으로 보았다. 탐라후기는 대외관계가 기록된 문헌을 근거로 국주(國主)의 등장-대국과의 적극적 교역-성주 체제 사회로 전환되어 가는 것으로 논의하였다.

이와 같이 강창화는 고고자료를 적극적으로 해석하고 문헌을 활용하여 제주 선사 사회를 취프덤(chiefdom) 사회에서 국주, 그리고 성주가 지배하는 탐라국 사회로 발전한다고 해석하고 있다. 이 과정에서 취락의 분화, 새로운 묘제의 등장, 교역의 증거인 위세품의 존재 등을 사회 발전 과정의 적극적인 근거로 활용하고 있다. 그리고 문헌에 기록되지 않은 탐라의 시작 시점을 용담동 철기부장묘와 용담동·외도동에 형성된 취락, 그리고 도 전역에 퍼져 있는 소규모 취락들과 대응시켰다.

또 다른 연구에서는 삼양동 취락과 그 이후의 외도동 취락이 성행하던 시기를 묶어 탐라성립기(金慶柱 2005)로 표현하기도 하는데 이는 앞선 강창화의 탐라형성기와 넓은 의미에서 비슷한 성격을 가지고 있다. 탐라형성기나 탐라성립기는 대략 한국고고학의 초기철기시대~원삼국시대로 이해될 수 있는데(김진환 2018: 109) 두 용어 모두 이청규(1995)의 '탐라이전단계'를 증가한 발굴 자료를 토대로 새롭게 정의한 것이다. 이러한 시대개념들은 탐라라는 정치체가 등장하기 바로 전인 그 태동기를 설명하기 위해 사용한 듯한데 아마도 정치체라는 특정 수준에 다다른 사회가 등장하기 위한 기반이 마련되던 시기로 이해할 수 있을 것 같다.

탐라형성기, 혹은 탐라성립기는 고고학 자료의 해석을 토대로 한 것이 아니라 지극히 단편적인 문헌기록으로부터 주어진 사회상에 맞춘 시대설정이라 할 수 있다. 다시 말해 일정 수준의 정치·사회적 실체로 상정된 탐라의 출현을 기정사실화하고 물질문화의 양상을 그것에 맞춰 서술했다는 것이다. 이러한 관점에 주목한다면 이 시대 개념들은 다분히 목적론적이라고 할 수 있다. 실제 탐라성립기라는 개념을 사용하는 김경주(2005)도 탐라성립기의 취락변천 과정을 사회가 커지고 분화되는 과정으로 묘사함으로써 탐라라는 정치체가 출현하는 과정과 동일시하였다.

그는 탐라성립기를 전-중-후기로 구분하였는데 전기는 송국리형 주거지의 본격적 축조, 중기는 송국리형 주거지의 서남부지역 확산, 후기는 송국리형 주거지의 소멸 및 외도동식 주거지의 발전으로 주거지 양상의 변화를 대입시켰다. 전기는 삼양동, 용담동, 동명리 유적이 대표적인데 이 취락들에서는 주거지 상호간에 위계성은 뚜렷하지 않다고 기술하고 있다. 중기는 제주도 서남부 지역의 화순리 유적이 대표적인데 이 유적에서는 입지와 규모, 그리고 출토유물에서 우월성이 인정되는 석벽주거지가 존재하며 이것은 계층분화가 심화되었음을 보여주는 것이라 주장한다. 또한 취락 내 공간 분할이 뚜렷하게 구분되고 있어 일상생활에서의 분업화가 진전된다고 논의하고 있다. 후기는 외도동 유적이 대표적이다. 이 유적에서 확인되는 석축시설은 단순한 경계를 의미하는 것이 아니라 취락의 영역을 과시하는 것으로써 이는 지배층의 권위와 취락구성원의 노동력에 대한 헤게모니를 상징한다고 주장하고 있다(金慶柱 2005: 103-109, 2010: 67-83).

이후 김경주(2012: 412-415, 2018b: 50-52)는 용담동 철기부장묘와 외도동 유적의 양상을 근거로 탐라 정치체의 출발 시점을 논의하기도 하였다. 이 시점의 거점취락은 방어용 석축, 저장용 공동 창고군, 대형 공공 건물지, 상위계층의 특수목적 주거지, 의례행위와 관련된 석조우물, 토기 생산의 전문화와 통제, 대외교역의 중심취락, 상위취락 간 네트워크 형성 등 복합 사회의 특징을 보이는 것으로 인식하고 있다. 당시의 주요 수입품인 타날문토기와 철은 일부 계층에 의해 관리되었는데 특히 철 수입의 독과점은 상위 지배계층 출현의 동인으로 보고 있다. 이러한 양상을 통해 당시 취락 사회가 상위계층에 의해 통제되는 사회구조로 변화했다고 주장하고 있는 것이다. 결국 그는 이러한 양상이 두드러지는 3세기 무렵을 탐라 정치체의 출발점으로 인식하고 있다.

후속하는 연구들도 사회 진화적 관점에서 진행되기는 마찬가지였다. 대표적으로 오원홍(2018: 9-22)은 탐라이전의 송국리형 주거취락의 변화를 3단계로 구분하였는데 원점토대토기가 등장하는 2단계부터는 불평등 사회에 진입한 것으로 추정하고 있다. 그리고 삼양동2식토기와 삼각형점토대토기를 중심으로 하는 3단계에는 문헌 속 주호와의 관련성을 상정하고 수장층의 성장과 그들을 중심으로 한 대외 교류를 논의한다. 그리고 탐라전기가 시작되면 상위계층이 등장하여 대외 교섭의 주체인 탐라 정치체로의 전환이 이루어진다고 설명하는데 이는 앞선 김경주의 견해를 따른 것이라 볼 수 있다.

이상 살펴본 것과 같이 제주도에서 선사취락을 다루는 대부분의 연구들은 '탐라'라는 정치체의 성립을 설명하기 위한 과정으로 물질문화의 변화를 이해하는 경향이 강했다. 이러한 경향의 연구에 채용된 바탕 이론은 사회진화론이었고 이를 통해 각 사회의 계층화 수준을 평가하고 탐라라는 정치체에 얼마나 가까워졌는가를 판단하려 하였다. 그리고 탐라의 출현 시점도 국가단계에 버금가는 사회에 도달한 것으로 이미지화하였다.

이러한 고전적인 해석 경향 속에서 결국 무덤이나 특수한 주거지들, 그리고 취락의 구조들은 사회수준을 평가하기 위한 도구일 뿐 그 이상이 될 수 없었다. Ⅱ장을 통해 살펴봤듯이 각각의 물질문화가 갖고 있는 의미는 고정될 수 없다. 특별한 위치에 있는 무덤이나 주거지도 맥락에 따라 그 의미가 달라질 수 있음을 고려했을 때 제주도의 고고자료에 대한 해석이 지나치게 편향되어 있다는 점을 지적하지 않을 수 없다. 사회진화담론 속에서 취락의 구조나 규모는 계층 사회의 근거 외에는 아무 의미도 지닐 수 없다.

사회진화담론과 같은 총체론적인 사회 변화에 대한 인식은 유적 검토에 있어 전체적인 발전상만을 바라본다. 그렇기 때문에 어떤 유적이 발굴되었을 때 유적 내 유구들의 배치 양상이나 규모, 전체적 양상에서 주변 유적과의 비교 등 발전적 요소를 드러낼 수 있는 현상에 집중하기 쉽다. 이 과정에서 각 유구들의 동시기성이나 맥락적 위치는 간과되기 쉽다.

일례로 앞서 설명한 삼양동 취락의 사회 성격을 논의하는 연구들에서는 삼양동 유적의 장시간 점유기간을 대부분 놓치고 있다. 즉, 200여 동에 이르는 주거지의 수를 통해 취락의 규모가 이전 시기에 비해 성장했다는 현상만 주목할 뿐 그 유적이 수백 년에 걸쳐 형성되었다는 것은 대부분 인식하지 않고 있다. 또한 사회적 분화를 설명하기 위해 취락이 영역별로 구획되었다고 서술하고 있지만 사실 그 근거를 찾기가 쉽지 않다. 취락의 구획을 논의하기 위해서는 그 구분을 명확하게 인지할 수 있는 도면과 같은 자료를 제시해야 하지만 실제 대부분의 논문에서는 이러한 도면들이 누락되어 있다. 삼양동을 비롯한 제주도의 취락유적들은 유구의 중복관계가 매우 복잡하게 전개되는데 이러한 상황 속에서 취락의 영역구분을 명확히 드러내기가 쉽지 않다.

이러한 문제점들을 극복하기 위해서는 각 유구들이 편년관계를 최대한 명확히 한 후 해석을 진행해야 하며 각 물질문화 요소들도 맥락적으로 검토해야 한다. 즉, 같은 유적 내에 존재한다고 해도 각 유구들이 동시기성을 확증할 수 있는지의 검토가 우선되어야 하며 특정한 묘제나 부장양상이 반복적으로 확인되는지 아니면 일회성에 그치는지와 같은 다양한 물질문화의 맥락적 관계도 면밀히 검토해야 한다는 것이다. 우리가 맹목적으로 특정 정치체의 성장 과정에만 집중해서 고고자료에 접근한다면 당시 사회를 단편적으로 이해할 수밖에 없을 것이다.

3) 물질문화의 시·공간적 분포

물질문화의 시·공간 분포를 분석하는 작업은 고고학 연구에서 가장 기본적이다. 앞에서 논의했던 전파, 이주, 그리고 사회성격에 대한 이해도 모두 이 작업을 바탕으로 진행된다. 이 작업은 주로 유구나 유물을 형식 분류한 후 각 형식들의 공간적인 분포를 파악하거나 시간적인 순서를 배열한다. 때로는 각 형식들의 동반관계를 검토한 후 반복적으로 동반되는 양상들을 묶어 고고학적 단위 즉, 문화나 유형으로 설정하기도 한다. 그리고 이 분석을 바탕으로 주민이 이동했다거나 당시 사회의 수준이 어떠했다거나하는 논의를 진행하는 것이다. 따라서 물질문화의 시·공간적 분포를 먼저 파악한 후 그것을 해석하는 작업이 이뤄진다고 생각하기 쉽다.

우리가 어떤 유물을 형식 분류할 때 우리는 객관적인 유물의 형태를 관찰하고 있다고 생각하기 쉽지만 사실은 연구의 목적이나 연구자의 관점이 형식 분류에 크게 작용한다. 형식 분류시 분류의 기준이 되는 유물의 어떤 속성을 결정하게 되는데 이미 우리는 이 단계에서 자신의 연구 목적과 부합되는 속성을 선택하게 된다. 즉, 무엇을 중요한 속성으로 삼을 것인가를 결정하는 과정에서 의식적으로든 무의식적으로든 어떤 속성이 자신의 주장을 관철시키는 데에 가장 도움이 되는가를 고려할 수밖에 없다는 것이다. 우리는 형식 분류를 통한 물질문화의 시·공간적 배열이 객관적인 관찰을 통한 귀납적 방법이라 생각하기 쉽지만 이미 그 시작부터 이와 같이 연역적 추론이 개입된다.

일례로 조기설정의 문제가 불거지기 전에 남한의 이중구연토기는 대체로 모두 가락동식토기로 인식되어 이중구연과 단사선문만 결합되면 형태상의 세부적 차이는 크게 개의치 않았었다. 하지만 이러한 인식이 조기설정에 큰 걸림돌이 되기 시작하면서(즉, 돌대문토기와 이중구연토 사이에 시기차가 뚜렷하지 않다는 것이 인지되면서) 갑자기 요동계(또는 상마석계, 미사리계 등) 이중구연토기와 가락동식 이중구연토기가 분리되기 시작하였다(裵眞晟 2012). 물론 이러한 원인에는 새로운 자료의 증가도 한몫했겠지만 사실 요동계로 불리는 이중구연토기는 그 이전에도 분명 존재했었다. 다만 우리가 그것을 분리할 필요가 없었던 것일 뿐이었다. 다시 말해, 이전에는 같은 이중구연토기로 인식되었던 것들이 무언가를 새롭게 설명해야할 필요가 발생한 이후 서로 다른 계통의 것으로 또는 시간적으로 차이가 있는 것으로 분리되었다는 것이다. 이처럼 물질문화의 분류는 우리가 어떤 목적을 갖고 관찰하느냐에 따라 달라질 수 있다.

이러한 문제는 물질문화를 통한 과거의 해석뿐만 아니라 물질문화 그 자체를 관찰하는 과정에서도 객관적인 접근이 쉽지 않음을 보여준

다. 제주도와 관련된 물질문화의 시·공간적 분포를 다루는 연구에서
도 이와 관련하여 해결해야 할 문제들이 적지 않다.

제주도에서 이와 관련된 연구가 본격적으로 진행되기 시작한 것은
1980년대 이후에 들어서일 것이다. 그 이전에는 발굴자료도 부족했거
니와 제주도의 고고자료를 집중적으로 검토한 연구자도 거의 없었다.
1979년 곽지 패총의 발굴조사(李白圭 1979)를 필두로 용담동 철기부장
묘, 상모리 유적 등이 조사되면서 이 자료들을 통한 편년연구가 본격적
으로 시작되었다.

이 작업은 이청규(1995)에 의해 종합되었는데 그는 유문토기, 무문토
기, 적갈색경질토기로 제주도 선사시대 토기를 대별한 후 이를 시대별
지표유물로 삼아 세부적인 분석을 이어나갔다. 무문토기는 바리모양
이나 항아리모양을 주요 기종으로 파악하였고 문양 조합에 따라 A식-
공렬과 골아가리 토기, B식-팽이형 토기[13], C식-복합형 토기, D식-마연
토기, E식-점토띠 토기로 구분하였다. 그리고 적갈색경질토기는 곽지1
식 토기와 곽지2식 토기로 구분한 후[14] 곽지1식 토기는 다시 A식-항아
리형 토기, B식-발형 토기, C식-손잡이 토기, D식-원뿔형 토기로 세분
하였다.

편년작업은 곽지 패총의 층서를 기준으로 진행하였다. 1979년 조사

---

13 당시에는 남한지방의 이중구연단사선문토기를 팽이형토기 영향으로 인식하는 것이
   일반적이었다. 실제 이청규가 팽이형토기라고 분류한 제주도의 이중구연단사선문토
   기는 대동강 유역의 팽이형 토기와는 다르다.
14 현재 곽지1식토기는 곽지리식토기로, 곽지2식토기는 고내리식토기로 불리고 있다.

당시 유적의 한 지점에서 4개의 층위가 확인되었다. 최하층에서 공렬, 골아가리, 마연 토기 등의 무문토기가, 바로 그 위층에서는 타날문토기와 함께 곽지1식토기가 출토되었다. 이를 근거로 공렬토기 등의 무문토기에 이어 바로 원삼국시대의 곽지1식토기가 성행했던 것으로 이해하게 되었다(李淸圭 1995: 49-50). 이는 지금의 편년관과 많은 차이를 보이기는 하지만 제주도의 향후 고고학 연구에 기초를 제공했다는 점에서 큰 의미가 있다.

이후 상모리 유적의 층서를 바탕으로 무문토기의 편년작업을 진행하였다. 우선 A지구 Ⅵ · Ⅴ · Ⅳ층과 A지구 Ⅲ층 · B지구 · C지구 · D지구의 출토양상이 구분됨을 인지하고 전자에서는 다양한 토기 문양 요소들이 뒤섞인 가운데 이중구연 · 단사선 · 공렬 · 골아가리의 문양이 우세하고 후자에서는 공렬이나 골아가리 문양이 대부분을 차지하는 것으로 파악하였다. 또한 전자에 속하는 토기 중 제주도산 태토가 아닌 토기들이 확인됨에 따라 이 토기들을 남한지역에서 유입된 토기로 인식하였다. 이를 바탕으로 상모리 유적의 편년을 세 단계로 구분하였는데 1단계는 흔암리식토기의 유입단계, 2단계는 상모리식토기로의 발전단계(복합문양토기의 성행), 3단계는 상모리식토기의 퇴화단계(공렬 · 골아가리토기만 잔존)로 설정하였다(李淸圭 1995: 82-87).

이 편년안은 30년 전의 제주도 상모리 유적을 바탕으로 진행한 것이지만 공렬문이나 구순각목문 토기의 하한이 복합문양토기(흔암리식토기)의 하한보다 느리게 나타나는 지금의 현상[15]과도 크게 다르지 않다. 또한 이 복합문양토기는 상모리 유적에 거의 한정되고 공렬문과 구순각목문토기는 제주도 여러 지역에서 확인된다는 현상도 이후 수많은 발굴이 진행되었지만 크게 달라지지 않았다. 물론 공렬문과 구순각목문토기를 중심으로 하는 삼화지구의 취락유적의 발굴로 인해 좀 더 뚜렷한 물질문화상이 밝혀졌지만 공렬·구순각목문토기 단계에 무문토기가 광범위하게 확산되었다는 현상은 그때와 크게 다르지 않다고 할 수 있다.

이후 제주도 선사취락과 관련된 물질문화의 시·공간적 양상에 집중한 연구자는 김경주(2001)이다. 그는 소위 적갈색경질토기로 불리는 외반구연토기의 기형 변화에 주목하여 편년작업을 진행하였다. 토기 최대경의 위치와 동최대경의 위치를 조합하여 크게 네 가지의 형식으로 구분하였는데 Ⅰ식은 토기 최대경이 동체부에, 동최대경은 동체부 중앙에 위치하고 Ⅱ식은 토기 최대경이 동체부에, 동최대경은 동체부 상단에 위치한다. Ⅲ식은 토기 최대경이 구연부에, 동최대경은 동체부 중간에 위치하며, Ⅳ식은 토기 최대경이 구연부에, 동최대경은 동체부 상단에 위치하는 양식이다. Ⅰ·Ⅱ형식은 주로 삼양동 유적이나 종달리 유적에서 확인되며 Ⅲ형식은 삼양동 유적과 곽지 패총에서 확인되는 것으로 파악하였다. 그리고 Ⅳ형식은 완성형의 곽지리식토기로 곽지 패총에서 주로 출토되는 것으로 이해하였는데 각 유적에서 동반되

---

15 특히 이 현상은 제주도뿐만 아니라 남한 내에서도 공통된다.

는 출토유물을 한반도 출토유물과 교차 편년하여 Ⅰ·Ⅱ형식→Ⅲ형식→Ⅳ형식 순으로 변화했다고 결론지었다. 이는 토기의 형태적 속성을 기준으로 변화양상을 파악하고 그것을 시간적 순서로 설정한 편년 연구로 제주도 외반구연토기를 체계적으로 분석한 초기 연구사례라 할 수 있다.

이후 그는 제주도에서 확인되는 송국리형 주거지를 형식 분류하여 중복관계를 바탕으로 타원형 수혈 내부에 양단 주혈이 배치된 형식(A식)에서 타원형 수혈 양단 끝에 두 개의 주혈이 걸쳐있는 형식(B식), 그리고 타원형 수혈 외부에 두 개의 주혈이 배치된 형식(C형식) 순으로 변해가는 것으로 파악하였다. 그리고 이 주거지의 순서와 동반 유물들의 시간적 서열을 바탕으로 제주도의 송국리형 취락이 삼양동 단계(수용) → 화순리 단계(확산) → 외도동 단계(전환)으로 전개된다고 설명하고 있다(金慶柱 2010).

김경주의 이러한 작업들은 폭발적으로 증가한 제주도의 고고자료들을 체계적으로 분석하여 시·공간적 분포를 검토한 초기 연구 사례로 향후 연구들의 기반이 되었다. 다만 각 취락별 중심시기를 바탕으로 한 유적단위의 편년 안을 제시하다보니 각 유적 내 세부편년이나 그에 따른 유적 간 공존시기에 대한 상호작용의 논의들을 간과한 부분이 없지 않다.

이후 공렬·구순각목문토기 중심의 삼화지구 유적과 송국리유형 유입단계의 고산리 유적이 발굴되어 무문토기시대 문화상이 비교적 선명해짐에 따라 이를 바탕으로 무문토기문화에 대한 편년작업도 진행되었다. 이는 필자에 의해 진행된 바 있는데 상모리 유적의 층서관계와 하모리 유적의 층서 및 유구 중복관계를 바탕으로 크게 세 개의 시기로 구분하였다. I기는 이중구연단사선공렬구순각목문의 복합문 토기를 중심으로 다양한 문양요소가 확인되는 시기, II기는 토기문양이 공렬과 구순각목문으로 단순화되고 소형의 장방형주거지가 출현하는 시기, III기는 토기문양 요소가 거의 사라지고 원형의 송국리형 주거지가 이용되는 시기이다. I기는 대체로 상모리 유적에 한정되며 II기부터는 제주도의 북부와 서부 거의 전 지역으로 확산되는 것으로 판단하였고 III기의 분포범위도 II기와 크게 다르지 않다고 보았다(朴京敏 2013: 56-64). 필자의 이러한 분석은 이청규의 과거 연구와 비교하여 절대연대 상에서 다소 차이를 보이기는 하지만 큰 흐름상에서 시간적 순서나 전개과정이 크게 다르진 않다.

반면 무문토기시대와 관련하여 앞선 연구들과는 다소 다른 견해도 확인된다. 오원홍(2017: 47-59)은 흔암리계 토기는 상모리 유적에 한정된 반면 역삼동계 토기는 제주도 전역에 분포하는 양상을 근거로 단순히 흔암리계 문양이 소멸되고 역삼동계로 전환되었다는 설명으로는 급격히 늘어난 유적의 증가를 설명할 수 없고 새로운 인구의 유입을 고려해야 한다고 주장하였다. 또한 제주도의 흔암리계와 역삼동계의 물질문화는 유구·유물 조합 상에서 차이를 보이기 때문에 계통이 서로 다를 가능성이 있다고 판단하였다. 이에 따라 흔암리계와 역삼동계는 서로 다른 계통에 의해 이원론적으로 제주도에 유입된 것으로 파악하였으며 유입 시기에 어느 정도 차이는 있지만 그 차이가 크지 않아 모두 전기 후반에 유입된 것으로 보았다.

때로는 물질문화상 전체가 아닌 묘제의 변화양상을 중심으로 편년 관계를 파악하기도 한다. 제주도에서는 김진환(2018)의 연구가 대표적 인데 그는 제주도 취락유적과 관련된 묘제를 크게 지석묘, 옹관묘, 토 광묘로 구분하고 출현 및 존속시기 등을 파악하였다. 제주도의 지석묘 는 발굴 조사된 사례가 흔치 않아 시간적 위치를 파악하기가 쉽지 않 다. 이에 김진환은 주변 취락과의 관계를 통해 용담동 유적 등에서 확 인되는 송국리형 주거지의 성행기에 지석묘도 등장했을 것으로 보았 다. 옹관묘는 청동기시대에는 삼양동에서 단독묘로 확인되다가 탐라 형성기나 탐라시대에는 묘역 내 배장되는 방식으로 전환한다고 파악 하였다. 토광묘는 청동기시대 후기까지 소급될 가능성이 있고 대부분 탐라형성기로 편년된다고 보고 있다.

이상 제주도 선사취락과 관련된 편년이나 공간적 분포 양상을 기존 연구들이 어떻게 파악하고 있는지 대략적으로 살펴보았다. 물론 여기 서 살펴본 논고 이외에도 이와 관련된 다른 연구들이 존재하지만 전체 적인 틀에서 앞서 열거한 연구들의 내용과 크게 다르지 않다.

처음 필자가 제기했던 문제로 돌아가 본다면 지금까지 정리한 연구 들은 대체로 유적이나 유형 단위로 편년 작업을 진행하면서 공간적 전 개양상을 파악한 것으로 볼 수 있다. 예를 들어 삼양동 유적에서 화순 리 유적으로 그리고 다시 외도동 유적으로 물질문화가 변화하며 전개 된다고 본다거나 흔암리계와 역삼동계로 계통을 구분하여 시·공간적 분포양상을 파악해 왔던 것이다.

이러한 방식은 전체적인 문화의 흐름을 한 눈에 살필 수 있다는 장점은 있지만 자칫 문화 양상에 대한 총체론적인 접근으로 이어져 물질문화의 중요한 세부적 속성들을 간과하게 될 가능성이 높다. 뿐만 아니라 이러한 접근은 각각 설정한 유형이나 계통을 본질론적으로 구분하게 되어 서로 다른 유형에서 발견되는 공통점들을 인지하지 못하게 될 수 있다. 이는 유형간 상호작용의 중요한 단서들을 놓치는 결과를 가져온다. 따라서 이러한 문제점들을 보완하기 위해서는 유적단위나 유형단위의 접근보다는 물질문화의 각 요소들에 집중하여 그것들의 편년이나 유사점 및 차이점을 세밀하게 검토할 필요가 있다.

2. 섬 공동체 연구를 위한 새로운 방향성

앞에서 살펴본 바와 같이 지금까지 제주도 선사취락 연구는 남한 지역에서 진행되는 연구들의 연장선상에 있었다. 즉, 남한 지역 고고학 연구의 개념적 틀 안에서 제주도 고고학 자료의 성격을 파악해 왔다. 이러한 과정 속에서 섬 공동체 연구에서 중요한 부분 중 하나인 도서성에 대한 이론적 검토와 제주도 섬 경관 및 생계활동에 관련된 논의는 중점적으로 다뤄지지 못했다. 그리고 추가적으로 살펴봐야할 문제는 공동체에 대한 새로운 논의방식이다.

따라서 본 절에서는 이 문제들을 검토해 볼 것인데, 크게 1) 섬 고고학의 연구동향 및 과제, 2) 공동체에 대한 새로운 인식, 3) 제주도의 섬 경관 및 생계활동이라는 세 가지 주제로 접근해 보고자 한다.

1) 섬 고고학의 연구동향 및 과제

지금까지 제주도 선사취락과 관련된 연구에서 섬 고고학적 측면에서의 접근은 그다지 관심을 받지 못했다. 특히 도서성(島嶼性, insularity)과 문화변화가 어떠한 상관관계에 있는지에 대해서는 거의 논의조차 되지 않았다. 물론 이청규(1995: 219-220)에 의해 제주도의 물질문화와 도서성의 관계가 논의된 바 있었지만 섬의 고립성에 기인한 문화지체현상에 대해 짧게 거론했을 뿐 섬 고고학의 이론적 논의는 거의 이뤄지지 않았다. 때로는 사회진화담론 속에서 때로는 정치사 중심적인 관점 안에서 소위 주류의 고고학에 매몰돼 "섬"이라는 환경 속에서 풀어낼 수 있는 다양한 논의들을 놓치고 있었던 것은 아닌가하는 생각이 든다.

섬의 고립성

고고학에서 섬은 전통적으로 주류의 변화로부터 멀리 떨어진 고립되어 있는 공간으로 인식되어 왔다(Dawson 2019: 2). 실제 이청규(1995: 220)도 제주도의 무문토기, 지석묘, 적갈색경질토기 등의 물질문화가 남한 지역보다 훨씬 오래 지속되는 현상을 두고 섬이라는 고립성으로 인한 특수한 문화 현상으로 이해했다. 섬은 바다로 둘러싸여 있다는 특징 때문에 고립되고 경계가 뚜렷한 것으로 여겨진다. 이러한 지리적 특성을 고려하여 사회, 정치, 경제, 문화 등 섬에서 행해지는 인간 활동들은 대부분 지엽적인 것으로 다뤄진다. 그리고 섬에서의 삶은 항상 느려 모든 면에서 최신의 것으로부터 멀리 떨어져 있다고 생각되는 경향이 강했다(Boomert and Bright 2007: 4).

이와 같은 해석은 특히 전통적인 전파 · 이주의 패러다임 안에서 폭넓게 받아들여져 왔다(Dawson 2019: 2). 주지하듯이 전파와 이주는 문화사 고고학의 특징으로 실제 주류로 여겨지는 물질문화를 주요 연구 대상으로 삼아왔다. 바다는 주류의 문화가 이동하는 장애물로 인식되었기 때문에 섬이라는 공간은 문화 이동이 늦게 이뤄지는 장소이거나 특정 문화의 최종 정착지처럼 생각되는 경우가 많았다.

또한 이러한 고립적인 특징 때문에 한편으로 섬은 실험실과 같은 역할을 하는 것으로 간주되기도 하였다(Evans 1973; Mead 1957). 섬에 대한 이러한 인류학자와 고고학자들의 인식은 알프레드 러셀 월리스(Alfred R. Wallace, 1823-1913)와 같은 진화 생물학자의 영향으로 거슬러 올라갈 수 있는데 그는 축소된 생물종이 서식하는 섬은 대륙에서보다 더 쉽고 단순하게 진화 과정을 확인할 수 있다고 주장하였다. 이러한 생각은 19세기 말경 사회과학에서도 받아들여졌는데 이로 인해 고립된 작은 섬들을 인간의 문화 발전을 연구하기 위한 탁월한 극장으로 인식하게 되었다. 이처럼 생물진화론에서의 섬에 대한 인식은 당시 지배적이었던 문화 진화론의 중요한 논리를 제공하였다(Boomert and Bright 2007: 4-5).

이 후 사회과학자들 사이에서는 섬을 뚜렷하게 경계 지을 수 있고,

자급자족이 가능한 독립적인 사회로 여기는 분위기가 만연했는데 오랜 시간 문명 사회로부터 격리되어 있었기 때문에 인류의 초기 모습 또는 문명 사회의 단순화된 상태를 보여주고 있다고 생각되는 경향이 강했다. 특히 베이다와 라파포트와 같은 인류학자들은 고도로 복합화되어 있는 대륙 사회에 비해 섬의 사회는 그 양상이 단순하여 명료하게 드러나기 때문에 문화 발전을 연구하는 데 특별한 기회를 제공하는 것으로 여기기도 하였다(Boomert and Bright 2007: 6).

섬의 고립성에 대한 본격적인 논의에 영향을 준 것은 20세기 중반 이후에 발전한 섬 생물 지리학(biogeography)이었다. 이에 따르면 섬은 식물과 동물의 풍토성이 높은데 이것은 섬 자체의 고유한 특질 즉, 경계가 뚜렷하고 고립되며 본토에 비해 환경적으로 취약한 성질 때문인 것으로 인식되었다. 또한 섬 생물군의 균형은 본토의 생물군과 섬 생물군의 접촉에 영향을 받는데 이는 섬 생물군의 멸종을 야기하며 그 멸종의 정도에는 다양한 변수들이 개입된다. 다시 말해 본토의 생물군이 섬으로 이주하면 섬 생물군에 변화가 발생하는데 그 변화에는 본토와의 거리나 섬의 규모가 중요 변수로 작용한다는 것이다(Dawson 2019: 2).

이러한 섬 생물 지리학의 이론은 사회과학에서의 섬에 대한 논의에도 중요한 근거를 제공하는데, 본토와 섬의 거리 그리고 섬의 규모는 인간의 섬 정착에 중요한 요소로 받아들여졌다. 바다는 적절한 이동 수단이나 방식을 활용하면 장애물이기보다 고속도로와 같은 역할을 하지만, 섬의 고유한 문화들은 고립성으로부터 나온다는 생각이 지속적으로 유지되었다(Evans 1973, 1977: 12-13). 에반스(Evans 1977: 21)는 문화 발전을 연구하기 위해 생물 지리학적 원리를 적용하였는데, 섬의 고립성은 문화를 보호하는 역할을 하기 때문에 몰타의 독특한 석조 기념물과 같이 종교적이거나 의례적인 일부 문화의 특징들이 과도하게 개발되는 경향이 있을 수 있다고 주장하였다. 그는 이 현상이 외부 자극 없이 폐쇄된 몰타 사회 내부에서 구축된 압력의 결과로 보았다. 이러한 견해는 앞에서도 잠깐 언급한 바 있듯이 제주도와 같은 섬에서 특정 물질문화가 한반도보다 오래 지속되는 현상을 두고 고립성에 기인한 '문화지체현상'이라고 부르는 것과 유사한 맥락이라 할 수 있다.

섬 생물 지리학적 접근으로 지중해에 자리하는 섬들의 식민화 비율 차이를 설명하기 위해 면적/거리의 매개변수를 사용하기도 하였다. 이러한 작업을 통해 지중해에서 섬이 사용되는 순서는 섬의 규모와 본토로부터의 거리가 어느 정도 반영된다는 결론이 도출되기도 하였다. 일반적으로 연안에 위치하는 규모가 큰 섬들이 그렇지 않은 섬들에 비해 먼저 정착되는 경향성이 강한 것으로 여겨졌다(Cherry 1990: 146).

섬에 대한 탈과정주의적 인식

하지만 이러한 사고를 일반화시킬 수는 없다. 실제 모든 세계의 근해(近海)에 위치한 섬들이 먼 바다에 위치한 섬들보다 먼저 이용되지 않았으며 모든 큰 섬들이 작은 섬들보다 먼저 정착되는 것도 아니었다 (Keegan et al 2008: 636-637). 이러한 사실들을 인식하면서 섬의 식민화 순서에 다양하게 영향을 주는 지리적이고 때로는 문화적인 효과들이 고려되기도 하였다(Boomert and Bright 2007: 7; Dawson 2019: 3). 또한 경계가 뚜렷하다는 섬의 특징을 폐쇄성과 혼동하지 말아야 한다는 의견이 제시되기도 하였다(Kirch 1986: 1-5).

이후 탈과정주의적 인식들이 증가하면서 물리적 고립과 문화발전의 강력한 상관관계에 대한 기존의 생각들을 극복하고자 하는 노력이 이어졌다. 특히 생물 지리학적 관점에서 동물과 인간을 같은 선상에서 바라보는 시각은 비판에 직면하였다. 즉, 인간의 행동이나 의식은 동물이나 식물과 다르기 때문에 섬의 점유 과정은 생물 지리학에서 생각하는 것과는 다르게 나타날 수 있다는 것이다. 동·식물의 섬 정착과정은 보통 우연적이지만 인간의 섬 정착은 우연적이기도 의도적이기도 하다. 그리고 인간과 동물 간에는 그들이 이용할 수 있는 자원에 생태학적 차이가 있다(Patton 1996: 24). 이러한 이유들 때문에 섬의 생물 지리학적 모델은 사회과학에서 한계를 보이는 것으로 생각되었다.

생물학적 고유성은 섬의 물리적 고립에 의해 설명될 수 있지만 인간에 대해서는 동일하게 작용되지 않는다. 섬이라고 해도 문화는 고립되지 않을 수 있기 때문에 고고학에서 섬을 실험실로 인식하는 것은 문제가 있다. 그리고 섬을 사회·문화적으로 고립된 단위로 생각하는 것은 그 단위 안에서 두드러지는 특징들을 일반화하여 인과적 의미나 역사적 의미를 과장할 수도 있다는 점을 유의해야 한다는 주장이 제기되기도 하였다(Terrell 1999: 241).

섬을 하나의 고고학적 단위로써 설정하여 본질론적으로 접근하는 것에 대한 비판은 고고학적 문화나 유형의 설정에 대한 탈과정주의 고고학의 전형적인 비판과 같은 맥락이라 할 수 있다. 이러한 비판에 근거가 될 만한 사실은 다수의 연구에서 드러나고 있는데, 실제 캐리비안의 섬들은 종종 같은 섬의 반대편에 거주하는 사람들 사이보다 다른 섬에 거주하지만 마주하는 주민들 사이의 문화가 더 유사한 것으로 밝혀지기도 하였다(Curet 2004: 191). 따라서 정체성이나 문화는 지리적 공간과 동일한 경계를 갖는 것은 아니라고 논의되었다(Dawson 2019: 4).

도서성은 실체가 아닌 구성된 것으로 여겨지기도 하였다. 섬의 문화는 고립에 의한 것이 아닌 상호작용의 결과이며 섬의 정체성 확립을 위해 전략적으로 조작되기도 한다(Patton 1996: 33). 때로는 섬 문화가 본토의 문화나 인접한 다른 섬의 문화와 밀접한 상호관계를 맺고 있는 것으로 보이기도 하지만 때로는 그와 반대로 그 섬만의 고유성을 드러내는 것처럼 보이기도 한다. 섬의 문화 정체성은 지리적인 요소에 크게 좌우되는 것처럼 여겨질 수도 있지만 오히려 그 반대로 섬 거주민들이 자신들의 문화적 고유성을 강조하면서 본토로부터 자신들을 분리시키고 정체성을 강화시켜나가기도 한다. 실제 지중해 몰타섬과 관련된 연구에서 독특한 신석기시대 사원은 섬의 고립성 때문에 등장한 것이 아니라 오히려 그 사원을 축조한 사회가 지역 정체성을 형성하는 과정에서 섬의 문화 또는 도서성을 구성해 낸 것이라는 주장이 제기되기도 하였다(Robb 2001: 177). 이러한 주장에 따르면 섬은 물리적 실체라기보다는 오히려 관념의 결과물에 가깝다.

다차원적 도서성

하지만 이러한 탈과정주의적 인식은 지리적이고 물리적인 요인들을 지나치게 부정하는 결과로 이어지기도 했다. 캐리비안의 작은 섬들은 일반적인 인식과는 반대로 큰 섬들에 비해 때때로 먼저 정착되기도 했지만 그 원인 중 하나는 작은 섬들이 가지고 있는 풍부한 해양자원 때문이었다(Keegan et al. 2008: 651). 물론 이 사실은 큰 연안의 섬이 인간의 정착에 유리하다는 섬 생물 지리학적 원리와 부합하지는 않는다. 하지만 해양자원의 풍부함이 섬 선택에 영향을 준다는 결론은 도서성 형성이 단순히 관념적으로만 이뤄지지 않는다는 것을 보여준다.

뿐만 아니라 섬 생물 지리학적 원리 자체가 전혀 무의미하다고 볼 수도 없다. 물론 원격성이나 고립과 같은 개념은 매우 상대적인 것이라 할 수 있지만 실제 외진 섬들이 고립되어 있는 사례는 적지 않게 찾아볼 수 있다. 바다는 우리가 생각하는 것보다 장애물이 아닌 것은 분명하지만 그렇다고 해서 언제나 고속도로의 역할만 했던 것도 아니다. 또한 작은 섬이 큰 섬에 비해 한정된 동·식물군을 가지고 있으며 자연재해에 더 취약한 것도 전혀 부정할 수만은 없다. 실제 이러한 조건들은 섬 정착민들에 적지 않은 영향을 끼쳤을 것이다(Boomert and Bright 2007: 11-13).

탈과정주의의 섬 고고학에 대한 인식은 Ⅱ장에서 다뤘던 자연과 문화를 이원론적으로 인식하는 접근방법을 바탕으로 하고 있다. 물론 도서성이 어느 정도 도구적인 성격을 지니고 있다는 것은 충분히 인정되어야 하지만 이용할 섬을 선택하는 데 있어 인간만이 가질 수 있는 목적지에 대한 의도성과 발달된 항해기술이 섬 정착의 모든 것을 결정하는 요인이라고 볼 수 는 없다. 이는 인간과 자연을 지나치게 분리된 것으로 바라보는 인식에서 비롯된 과대평가라 할 수 있다. 인간 역시 다른 유기체들처럼 기본적으로 생물학적 욕구를 가지고 있으며 섬 또한 인간 문화가 대응할 수 있는 한정된 자원과 명백한 제약을 가지고 있다(Newsom and wing 2004: 26).

결국 섬에 대한 고고학적 인식은 생물 지리학을 기반으로 한 환경 결정론적인 사고든 아니면 도서성을 관념적인 개념으로 이해하는 탈과정주의적인 사고든 어느 한 쪽의 편향된 관점만으로는 한계를 보일 수밖에 없다. 고고학의 어떤 영역에서도 마찬가지겠지만 섬 고고학은 분명 환경적인 요소들과 문화적인 요소들이 혼재되어 있는 연구 분야이다. 도슨(Dawson 2019: 5)이 언급한 것처럼 섬은 지리적으로 멀리 떨어져 있을 수도 가까이 있을 수도 있고 문화적으로 내향성을 보이거나 아니면 외향적일 수도 있지만 이러한 성질에 일반적 법칙은 적용되지 않는다. 궁극적으로 이러한 도서성은 지리와 문화 양쪽 모두에 의해 형성된다. 섬은 분명 어느 정도 물리적으로 고립된 상태를 보이지만 섬의 문화를 이해하기 위해서는 섬을 하나의 연구 단위로 파악해서는 안 된다.

어쩌면 본 장에서 논의하고자 하는 핵심이 바로 여기에 있다고 할 수 있다. 즉, 지금까지 제주도 선사취락에 관한 연구들은 문화사 중심적이거나 또는 역사 중심적이었고 이와 더불어 사회진화담론이 혼재되면서 이를 바탕으로 탐라라는 특정 정치체의 고고학적 실체를 밝히고자

하는 노력이 주류를 형성해 왔다. 또한 한편으로 제주도에서만 관찰되는 고유한 문화적 특징들은 단지 환경결정론적인 입장에서 섬이라는 고립된 성격으로 인한 현상으로 받아들여졌을 뿐 제주도 거주민들과 섬 환경, 그리고 한반도 여러 집단들과의 다중적 관계망을 다각적으로 고려하지는 못했다. 즉, 전자의 연구경향에서는 도서성이 전혀 고려되지 않았고 후자에서는 도서성이 지리와 문화 양쪽 모두에 의해 형성된다는 사실이 간과되고 있었다.

섬 공동체에 대한 고고학적 이해를 한층 강화하기 위해서는 도서성에 대한 이해가 선결되어야 한다. 하지만 지금까지 제주도 선사취락 연구에서 그러한 논의가 본격적으로 진행되지는 못했던 것 같다. 따라서 본서에서는 물질문화의 분석과 해석 과정에서 도서성과 문화변화의 상관관계에 초점을 맞출 수 있는 적절한 방안들을 마련해 보고자 한다.

2) 공동체에 대한 새로운 인식

공동체와 정체성

섬 공동체 연구를 위해 검토해야할 또 다른 한 가지는 공동체에 대한 최근의 인식이다. 지금까지 한국고고학에서는 공렬토기문화 집단이나 점토대토기문화 집단과 같은 과거의 실체적 '집단'을 자주 거론해 왔다. 연구자마다 '집단'이라는 용어를 사용하는 목적은 조금씩 다를 수 있겠지만 대체로 같은 문화정체성을 공유하는 사람들의 집합이라는 의미가 강했던 것 같다. 그랬기 때문에 동일한 고고학적 문화·유형을 동일한 집단의 사람들로 이해하는 경우가 적지 않았다.

Ⅱ장에서도 논의했지만 반복적으로 확인되는 유구·유물 복합체의 시·공간적 분포를 동질적 집단의 분포와 대응관계로 인식하는 사례는 최근까지도 이어지고 있다. '집단'에 대한 이러한 이해방식은 물질문화의 변화가 관찰되었을 때 그것을 사용한 집단의 확산이나 이주로 그 현상을 설명하도록 이끌어 왔다(Lucy 2005: 86). 하지만 이미 오래전에 호더(1982)의 민족지적 조사에 의해 입증되었듯이 물질문화와 집단의 관계는 맥락에 따라 매우 복잡하게 전개된다.

우리가 '집단'이라는 용어를 자주 사용했던 이유는 아마도 과거에 존재했던 사람들을 찾고 그들이 어떻게 살았는지를 이해하기 위해서였던 것 같다. 물론 이 문제는 고고학에서 매우 중요하다. 하지만 한국고고학에서 '집단'은 민족이나 부족 또는 인종, 주민과 같은 유전적이거나 지역적인 정체성과 쉽게 연결되었고 그것은 고정된 실체로 인식되는 경우가 많았다. 이러한 이해방식은 서로 교차되고 중첩될 수 있는 다양한 수준에서 다양하게 확인되는 정체성에 대한 접근을 가로막는다.

사람들은 다양한 정체성을 드러낼 수 있다. 민족주의적 관점에서 우리는 한민족이라는 정체성을 가질 수 있으며 현대 국가적 관점에서는 한국인이라는 정체성이 드러날 수 있다. 그리고 또 호남사람 영남사람 등등 지역적 정체성을 가질 수 있으며 젠더, 세대, 종교, 직업 등의 다양한 정체성이 중첩될 수 있다.

정체성은 물질문화와 밀접한 관계를 맺는데 이 관계는 모든 시·공간에서 동일하게 일대일로 대응하지 않으며 맥락에 따라 매우 가변적으로 드러난다. 따라서 '지역 집단'이나 '문화 집단'과 같은 고정된 실체를 주로 표현해 왔던 '집단'이라는 용어는 유동적이고 다양한 수준의 정체성을 포괄하지 못한다. 그렇기 때문에 좀 더 확장된 의미로 사용되고 있는 '공동체'에 대한 논의로 전환할 필요가 있다.

카누토와 예거(Canuto and Yaeger 2000: 2)에 의하면 서구에서 공동체 연구는 크게 네 가지 접근방식으로 구분할 수 있다고 한다. 그들은 그 네 가지를 각각 구조-기능주의적 접근, 역사-발전론적 접근, 관념론적 접근, 상호작용적 접근이라 불렀다. 이 중 후자의 두 접근방식은 선험적으로 주어지는 고정된 공동체에 대한 인식에서 벗어나고자 하는 움직임으로 볼 수 있다. 특히 카누토와 예거는 공동체를 인식하는 데 있어 수행되는 특성(perfomed nature)을 중요하게 생각했는데 여기에는 무엇보다도 각 요소들 간의 상호작용이 필수적인 것으로 이해하였다 (Harris 2014: 78-79).

공동체 연구에 대한 이러한 움직임들은 21세기 이후 새로운 전환점을 맞이하고 있는 것 같다. 특히 공동체가 무엇인지, 공동체는 그 구성원들의 정체성과 실천을 통해 어떻게 구성되는지에 초점이 맞춰지고 있다(Harris 2014: 76). '집단'과 '공동체'는 모두 '사람들의 집합'이라는 의미도 포함하고 있기 때문에 유의어처럼 사용될 수도 있다. 하지만 최근 학계에서 '공동체' 연구는 사람 집단뿐만 아니라 경관이나 장소 그리고 유구·유물복합체까지 포함시키는 방향으로 나아가고 있기 때문에 (Knapp 2003: 559) 과거를 이해하는데 좀 더 포괄적인 개념적 도구가 될 수 있다.

공동체의 관념적 성격

그동안 공동체와 관련된 연구에서 흥미로웠던 관점 중 하나는 관념적인 측면에 대한 접근이다. 공동체는 어느 정도 관념적으로 구성된다. 남아메리카 국가들의 정체성이 식민지시대 행정구역에서 기원했다는 사실(앤더슨, 서지원 역 2018: 94)은 공동체 의식이 처음부터 정해지는 것이 아니라 경계가 인식된 후 그 내부에서 관념적으로 형성될 수 있다는 것을 암시한다.

하지만 민족과 같은 정체성은 원초적으로 존재한다고 생각되기도 한다. 민족주의자들은 자신들의 민족 기원을 고대 사회까지 거슬러 올라가 연결시키지만 세계의 다양한 민족들은 근대적 산물인 경우가 많다(앤더슨, 서지원 역 2018: 24). 민족성은 내재적으로 타고나는 것이 아니라 사회적 관계의 측면에서 다양한 정체성들을 가로지르며 표현되는 일종의 행동 방식으로 이해할 수 있다. 이러한 민족성은 학습되며 개개인의 상호작용 맥락에 따라 유동적이다(Lucy 2005: 86).

이러한 관점으로 접근한다면 민족이나 특정 지역 집단의 정체성 형성에 중요한 것은 '경계 설정'이 될 수 있다. 우리가 어떠한 기준으로 경계를 설정하느냐에 따라 특정 집단이 형성되고 사라지며 변화할 수 있다. 실제로 우리는 고고학적 문화나 유형을 설정함으로써 그것을 집단의 경계인 것처럼 구성해 왔다. 하지만 우리가 설정하는 고고학적 문화나 유형들은 실제 생각만큼 뚜렷하게 구분되지 않으며 오히려 지역이나 시대에 따라 상이한 과정 속에서 다양하게 구성되는 경우가 더 많다(Lucy 2005: 93; Shennan 1989: 13).

이것은 제주도의 송국리형주거지나 점토대토기가 매우 다양한 문화적 맥락 속에서 남한지역과는 상이한 복합체를 형성하고 있다는 사실을 통해서도 이해할 수 있다. 이는 비단 제주도에서만 나타나는 현상은 아닐 것이다. 공렬토기문화든, 송국리문화든 남한지역 어디서든지 우리가 같은 문화·유형으로 설정한 복합체들이 완전히 똑같은 패턴으로 확인되는 경우는 거의 없다.

과거의 집단을 판별하는 데 기준으로 삼고 있는 고고학적 문화나 유형은 어느 정도 주관적 기준에 의해 환원된 경계일 가능성이 높다. 같은 이름으로 명명된 유형일지라도 각 연구자마다 그것을 정의하는 기준은 조금씩 다르다. 일례로 미사리 유형의 기원지에 대한 의견이 상이한 것은 연구자마다 중요하게 생각하는 표지유물에 대한 기준이 다르기 때문이다. 따라서 과거 집단의 실체는 우리가 그 기준이 되는 경계를 어떻게 구성하느냐에 따라 달라질 수 있다. 이러한 관점에서라면 결국 그동안 논의해 왔던 무문토기시대의 제 집단들도 연구자들에 의해 어느 정도는 상상된 것이라 할 수 있다.

공동체의 비-인간적 요소들

하지만 공동체를 관념적으로 구성된 것으로만 이해하는 방식은 문제가 있다. 공동체의 정체성을 구성하는 과정에서 그들이 점유하는 시간과 공간은 매우 중요하게 작용한다. 공동체는 어떠한 근거 없이 자유롭게 상상되는 정체성이 아닌 공간, 경험, 실천 그리고 인간의 신체와 같은 차원으로 이해할 수 있는(Pauketat 2008: 249) 무언가를 공유하고 있다. 따라서 우리가 공동체에 대한 편향되지 않은 진전된 이해에 다가서기 위해서는 장소와 사물에 대한 적극적인 역할을 인식해야 한다 (Harris 2014: 81).

최근 해리스(Harris 2014: 77)는 공동체와 관련된 기존의 연구들이 근본적으로 인간중심주의적 사고를 기반으로 한다고 비판한 바 있다. 그는 공동체를 인간만이 아닌, 사물, 공간, 동물, 식물, 집, 기념물과 같은 비-인간적 요소들과 함께 구성되어 있는 것으로 이해해야 한다고 주장한다.

지금까지 한국고고학에서 논의해왔던 '집단'은 시ㆍ공간적으로 동일한 문화정체성을 공유하는 본질적으로 형성된 사람들이라는 의미가 강했다. 즉, 집단은 경계가 뚜렷하고, 생성과 소멸은 있어도 존속기간 동안 변화 없이 고정적인 정체성을 가지며[16], 인간으로 구성되어 있다는 것이다. '집단'에 대한 이러한 인식은 공동체가 구성되고 실천되는 과정에서 인간의 역할이나 비-인간의 역할을 소외시키는 결과를 야기할 수 있다. 공동체가 고정된 실체로 인식되기 때문에 인간이든 비-인간이든 그들의 행위주체성은 내ㆍ외부에서 아무런 역할을 하지 않는다. 즉, 공동체의 변화는 사회진화론과 같은 거대하고 단선적인 법칙이나 자연환경의 변동에 의존할 수 있을 뿐 내부 구성원들은 마치 그 변

---

16 예를 들어 송국리문화는 생성과 소멸, 그리고 각 물질문화요소들의 세부적인 변화는 있지만 송국리문화라는 문화정체성은 고정된 것으로 인식되었다. 즉, 실체적 단위로 인식한 것이다.

화에서 아무런 역할을 하지 않은 것처럼 배제되어 버린다.

이러한 배제는 수렵·채집 사회 vs 농경 사회, 평등 사회 vs 계층 사회와 같이 과거 사회를 대립 구조 속에서 이해할 때 더 두드러진다. 많은 연구자들이 즐문토기시대의 제 집단을 수렵·채집 사회나 평등 사회라는 사회적 논의 안에서, 무문토기시대의 제 집단을 농경 사회나 계층 사회라는 사회적 논의 안에서 설명하려고 한다. 하지만 II장에서 검토했던 것처럼 실제 과거 사회들은 이렇게 이분법적으로 명확하게 구분하기 힘들며 오히려 그들의 사회관계는 단선적이거나 일방적이기보다 다차원적일 가능성이 더 높다.

그렇기 때문에 과거의 공동체를 논의하는 데 있어 권력을 권위적인 중심인물로부터 하향식으로 출현하는 실체화된 것으로 보기보다는 특정 네트워크를 통해 지속적으로 변화하며 구성되는 것으로 인식할 필요가 있다(Thomas 2002: 38). 이는 앞에서도 거론했던 헤테라키와 같은 개념과 관련된다. 이 개념은 권력을 엄격한 계층구조나 사회적 구조와만 연결시키지 않고 행위의 다양한 분야를 통해 구조화되는 방식으로 접근한다(Harris 2014: 85). 따라서 헤테라키는 계층적 구조를 나타내는 하이어라키(hierarchy)의 반대 개념이라기보다는 하이어라키와 같은 요인들을 둘러싸고 그것들의 상호작용을 통해 드러나는 현상을 표현하는 개념이라 할 수 있다. 즉, 헤테라키는 평등 사회나 계층 사회처럼 사회 구조를 표현하는 하나의 형태가 아니라 사회 조직의 원리나 관점을 나타내는 개념이다(Stein 1998: 7). 그렇기 때문에 우리가 지금까지 구분해 왔던 수평적 구조에서든 수직적 구조에서든 헤테라키는 발견될 수 있다(O'Reilly 2003: 301).

헤테라키적 접근을 연장하면 수렵·채집과 농경의 대립관계에도 새로운 접근방식이 필요하다. 지금까지 계층적 구조는 농경 사회와 밀접한 관계를 맺고 있는 것처럼 인식되었지만 헤테라키적 접근에서는 이러한 관습적인 아이디어가 성립되지 않는다. 고도로 발달한 집약적 농경 사회에서 하향식 권력관계가 언제나 성립되는 것은 아니며 역으로 계층화가 극에 달한 서열적 구조 안에서도 농경 이외에 다른 생계활동들이 권력구조에 중요하게 작용할 수 있다. 즉, 이들의 관계는 매우 다차원적이기 때문에 이원론적 구조의 일반화는 지양해야할 필요가 있다.

결론적으로 과거 사회에 존재했던 공동체에 대한 새로운 접근을 위해서는 고정되고 실체적인 집단, 일방적인 권력구조, 단선적인 사회변화 등과 같은 전통적 인식의 틀을 벗어나 공간, 환경, 사물 등과 같은 비-인간적인 요인들과의 다차원적인 상호작용 속에서 공동체의 형성을 이해할 필요가 있다.

3) 제주도의 섬 경관 및 생계활동

앞서 논의했던 도서성이나 공동체에 대한 이해를 본 연구에 접목시키기 위해서는 제주도 섬 경관이나 생계활동과 관련된 검토가 선결되어야 한다. 따라서 본 항에서는 제주도 환경과 관련된 논의들을 검토해보도록 하겠다.

지리적 위치

제주도의 주변에는 북쪽에 한반도, 동쪽에 일본열도, 서쪽에 중국대
륙이 위치한다. 주지하듯이 이 중 가장 가까운 거리에 위치하는 지역
은 한반도이다. 한반도에서 가장 남쪽에 위치하는 해남 땅끝마을과 제
주도의 거리는 약 85㎞이며 남해안에 위치하는 보길도와는 65㎞, 추자
도와는 50㎞, 여서도와는 47㎞ 정도이다. 반면 일본열도에서 제주도와

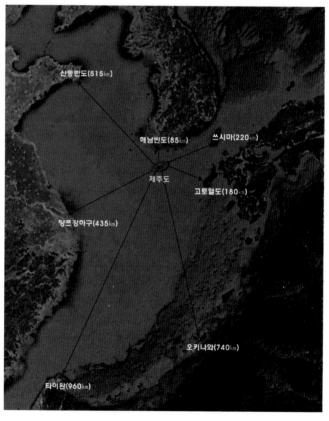

그림 3-1. 제주도와 주변지역의 거리(Google Earth 참조)

가장 가까운 고토(五島)와의 최단거리는 대략 180㎞이며, 중국대륙에서의 최단거리인 양쯔강 하구와는 435㎞ 정도 떨어져 있다.

가시거리가 좋은 날에는 제주도에서도 남해안 지역에서도 육안으로 상호 관찰이 가능한데 1,950m로 우뚝 솟은 한라산 덕분에 남해안 지역에서 제주도를 관찰하기 더 유리할 것 같다. 실제 강진군 우두봉에서도 한라산이 육안으로 보인다고 한다. 따라서 제주도와 남해안 지역은 서로 인지 가능한 거리에 있다고 할 수 있는데 이는 당연히 선사시대에도 마찬가지였을 것이다.

실제 동력선이 출현하기 전까지 강진과 제주를 잇는 뱃길은 천 년 이상 사용되었는데 증언에 따르면 1980년대까지도 옹기를 실은 돛배가 양 지역을 오고 갔다고 한다[17]. 이 뱃길이 오랫동안 이용된 데에는 양 지역이 서로 관찰가능해서 별다른 항해기술 없이도 이동할 수 있었기 때문이었을 것이다.

1980년대 제주도 전통 뗏목인 테우로 제주와 강진을 잇는 원시 뱃길을 재현하였는데 평균 1.5-2.0노트(Knot)로 항해하였을 때 제주에서 추자도까지 15-18시간 걸리는 것으로 나타났다. 따라서 해류나 풍향 등에 따라 달라지겠지만 추자도를 기착지로 삼는다면 늦어도 3일 정도면 양 지역 간의 이동이 가능했을 거라 생각된다(李淸圭 1995: 23-24). 환경조건이 다를 수도 있겠지만 지중해의 시칠리아에서 몰타에 이르는 100㎞의 해협은 에트나산을 시야에 두고 노와 돛을 이용하여 빠르면 24시

---

17 http://www.nsori.com/news/articleView.html?idxno=7484에서 참조

간 내에도 건널 수 있음이 증명되기도 하였다(Robb 2001: 176). 따라서 상호 가시거리에 있는 바닷길은 비교적 부담 없는 항해였을 수 있다. 오히려 때로는 바다가 지형이 험난하고 적대적인 집단들이 있는 육지보다 이동이 용이할 수 있다.

또한 한라산의 존재로 인해 제주도 주변을 항해하거나 표류하는 사람들은 어렵지 않게 제주도를 인지할 수 있었을 것이다. 따라서 과거 동북아시아에서 비교적 장거리 해양이동을 하는 사람들은 제주도를 항해지표나 기착지로 삼았을 가능성이 있다. 그리고 그 와중에 교류 대상지가 되기도 했을 것이다.

지형·지질

제주도는 대략 동서 73㎞, 남북 31㎞로 평면형태가 타원형에 가까우며 총 면적은 1,820㎢로 서울특별시 면적의 세 배에 이른다. 한반도 부속도서 중에는 가장 큰 섬이며 일본의 오키나와섬이나 쓰시마섬보다도 넓은 면적을 보이고 있다.

제주도 중앙에는 한라산이라는 순상화산이 자리한다. 해안에서부터 중앙에 있는 한라산으로 점차 해발고도가 높아지는 양상을 보이는데 이에 따라 크게 해안저지대, 중산간지대, 산록지대로 구분되기도 한다. 해안저지대는 해발 200m미만의 비교적 평탄한 지대를 지칭한다. 음용수로 이용되는 용천수가 주로 분포하며 해양자원과 육지자원을 모두 이용할 수 있는 장점이 있다. 따라서 이 지대는 사람들이 모여살기 유리하며 실제 대부분의 선사취락도 이 해안저지대에 자리하고 있다. 해

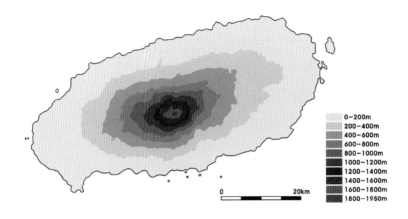

그림 3-2. 제주도 지형도(제주도지편찬위원회 2006a: 48, 그림 2 수정 후 인용)

발 200-400m의 중산간지대는 기생화산인 오름이 주로 분포하며 해안 저지대에 비해 급격한 경사를 보인다. 큰 취락이 조성되기 불리한 환경으로 주로 하천 주변에 신석기시대 단기 거주 성격의 유적이 확인되는 사례가 많다. 400m 이상의 산록지대는 매우 급격한 경사면을 보이는데 사람이 거주하기에는 여러 가지 측면에서 매우 열악한 환경이라 할 수 있다.

200m 미만 해안저지대의 지형은 해안에서 한라산방향으로 급격한 경사를 보이며 높아지다 편평한 완경사면으로 전환되는데 어느 정도 이상의 규모를 보이는 선사취락유적 대부분은 바로 이 완경사면에 위치한다. 따라서 이러한 지형 상에 입지하는 유적들은 평탄면에 위치한 다는 것 이외에도 해풍의 직접적인 피해를 막을 수 있으며 또한 해안가보다 한단 올라와 있기 때문에 바다를 조망하기에도 유리하다는 장점이 있다.

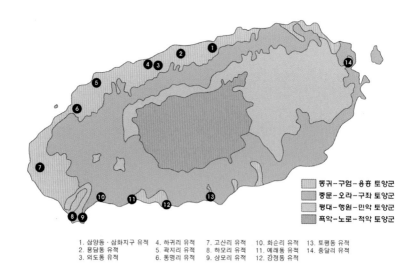

그림 3-3. 제주도 토지개황도 및 유적분포도(金慶柱 2010: 55, 그림 2 수정 후 인용)

섬 중앙에 있는 한라산 때문에 제주도 각 해안저지대에 살고 있는 사람들끼리의 체감 거리는 더 멀게 느껴진다. 제주도 북부지역에서 남부지역으로 이동시 한라산을 돌아가야 하기 때문에 직선거리보다 실제 이동거리는 더 멀다. 한라산을 기준으로 한 산북과 산남이라는 지역명이 사용되기도 하는데 양 지역의 기후와 날씨는 다소 상이한 양상을 보인다. 또한 양 지역에서 사용되는 방언과 같은 문화적 요소들도 조금씩 다르다.

제주 북부지역에 위치하는 용담동 유적에서 남부지역에 위치하는 예래동 유적까지 일주도로를 따라 이동하면 80㎞ 정도이며 중산간지대를 가로지르는 평화로를 따라 이동하면 40㎞ 정도이다. 80㎞ 정도면 도보로 거의 하루가 소요되며 40㎞는 반나절 정도 소요되겠지만 이것은 어디까지나 잘 정비된 도로를 따라 걸었을 때 가능한 시간이다. 1900년대 초까지 제주도에 도로다운 도로가 없어 사람과 물건의 이동을 윤선(기관선)에 의존했다(제주도지편찬위원회 2006b: 653)는 사실로 미루어 선사시대의 지역 간 이동이 수월하지만은 않았을 것이라 생각된다.

제주도는 화산활동에 의해 형성된 섬으로 대부분의 토양이 화산회토의 특성을 보인다. 하지만 그 화산활동이 오랜 기간 지속적으로 이어졌기 때문에 제주도의 토양은 지역마다 양상이 다르게 나타난다. 특히 이른 시기의 화산활동에 의해 형성된 토양은 화산회토가 일반토양에 가깝게 변화하는데 식물 생육과 작물 재배에 있어 화산회토보다 유리한 특성을 보인다. 이 토양은 비화산회토로 동귀-구엄-용흥 토양군으로 분류되는데 주로 제주 북부와 서부의 해안 저지대에 분포하며(農村振興廳農業技術硏究所 1976) 선사취락이 입지하는 지역과 거의 일치한다. 따라서 선사시대 취락 입지에 토양 조건이 고려되었다는 것을 추정할 수 있으며 이는 제주도 선사인들이 식물의 생육 조건을 중요하게 생각했다는 것을 간접적으로 보여준다.

식생

이러한 상황을 봤을 때 제주도 선사취락에서 작물이 재배되었거나 야생식물이 의도적으로 관리되었을 가능성을 검토해볼 필요가 있다. 현재 작물재배에 대한 증거가 많은 편은 아니다. 다만 최근 용담동 2704-5번지 유적에서 맥류인 보리와 잡곡류인 기장이 탄화종자로 확

인되었는데 재배종으로 추정된다. 이 탄화종자에 대한 탄소연대 측정
이 이뤄지지 않았지만 출토 맥락상 무문토기시대의 것일 가능성이 매
우 높다[18]. 이러한 가정이 인정될 수 있다면 제주도에서도 무문토기시
대에 작물 재배가 이뤄졌다고 봐도 무방하다. 이는 지금까지 추측에 의
존했던 제주도 무문토기시대의 농경활동을 뒷받침해주는 중요한 증거
라 할 수 있다[19]. 그리고 이 외에도 기장족, 콩과, 다래속의 작물들이 확
인되었는데 이는 야생식물로 이 유적에서 식물채집활동의 병행 가능
성을 보여준다.

또한 무문토기시대로 편년되는 삼화지구 가 I 유적 수혈과 소성유
구에서도 두류로 추정되는 탄화곡물이 확인되었지만 공식적인 분석이
이뤄지지 않아 재배종인지는 분명하지 않다(안현중 2019: 333). 하지만
이것이 재배종이 아닐지라도 당시 식물자원이 중요하게 활용되고 있
었음을 보여주는 사례는 될 수 있을 것 같다.

제주도에서 농경활동의 증거는 통일신라시대에 해당하는 탐라후기
에 이르러서야 증가하기 시작한다. 특히 이 시기에는 그동안 분명하지
않았던 쌀의 출토가 눈에 띄는데 종달리, 예래동, 삼도동 등에서 주로
확인되고 있다(전영원 2016: 180). 이 사실이 본격적인 수전 농경의 시작
을 보여주는 것이라고 단언할 수는 없지만 적어도 제주도 작물재배에

---

18 보고서에는 추정집석유구에서 출토된 것으로만 게재되었는데 당시 조사단에게 직접
   확인한 결과 무문토기시대의 마연토기 내부에서 출토되었다는 사실을 알 수 있었다.
19 이 재배종들은 수입품일 가능성도 있기 때문에 자료가 추가되기 전까지 신중하게 접
   근해야할 필요도 있다.

일련의 변화가 있었을 가능성은 있다고 생각된다. 이 시기에도 도토리 등의 야생식물이 확인되는 것으로 보아 식물채집활동도 중요한 생계 수단이었을 것으로 추정된다.

이 외에 식물자원 활용에 대한 증거는 관련 석기들을 통해 검토해 볼 수 있다. 우선 대표적인 수확용 석기인 석도는 출토량이 매우 적다. 석겸도 무문토기시대 후기로 편년되는 용담동 유적(2718-1번지) 1호 불다짐소성유구에서 출토되기는 했지만 추가 사례는 뚜렷하게 확인되지 않는다. 이러한 양상은 수확용 석기가 증가하는 한반도의 무문토기시대와 상반된 모습이라 할 수 있다.

제주도 선사취락에서 가장 많이 확인되는 석기류는 고석, 연석, 지석이다. 이러한 석기류는 민족지 사례를 통해 식물성 식료의 탈곡이나 분쇄, 근경·구근류의 녹말 추출, 어패류 가공, 석재 가공 등의 용도를 추정해 볼 수 있다(孫晙鎬·上條信彦 2011: 4). 전기무문토기시대의 패총유적인 상모리 유적에서 확인되는 상당량의 고석은 조개껍질 등의 파쇄용으로 사용되었을 가능성이 있지만(濟州大學校博物館 1990: 69) 그 외의 취락유적에서는 패각류가 함께 확인되지 않아 대부분 식량 가공이나 석재 가공 등에 이용되었을 것으로 추정된다.

특히 앞서 살펴본 바와 같이 선사 취락의 입지 선택에 식물 생육에 유리한 비옥한 토양이 고려되었다는 점을 상기한다면 식물류의 탈곡이나 제분을 목적으로 위의 석기들이 사용되었을 가능성이 높다. 무문토기시대의 갈돌·갈판 사용흔 분석과 잔존녹말분석을 진행한 孫晙鎬·上條信彦(2011)에 따르면 벼과류나 두류 식물의 탈곡·제분 및 견과류의 가공 등이 이러한 석기들의 주요 용도였을 것으로 볼 수 있다. 제주도에서 식량 가공용 석기에 대한 분석은 거의 전무하기 때문에 용도를 특정하기는 힘들지만 이러한 孫晙鎬·上條信彥의 연구를 참고한다면 식물성 자원이 제주도 선사취락에서도 중요한 부분을 차지하고 있었을 가능성이 높다.

물론 이러한 사실들이 제주도 선사취락에서 작물재배가 성행했다는 것을 직접적으로 말해주지는 않는다. 하지만 석기 조성비 중 가장 많은 비율을 차지하는 식량처리구들은 제주도 선사취락이 식물성 자원에 크게 의존했을 수 있음을 시사하며 이는 적어도 순화된 것이든 야생이든 체계적으로 식물성 자원이 관리되고 있었을 가능성을 보여준다.

식물관리 이외에 생계활동으로 어로와 패류의 채집을 들 수 있다. 제주도에서 확인되는 선사시대의 패총유적은 상모리 유적, 곽지 패총, 종달리 패총이 대표적이다. 상모리 유적은 전기무문토기시대로 편년되며, 곽지 패총은 무문토기시대부터 삼국시대까지 지속적으로 사용된 것으로 추정된다. 그리고 종달리 패총은 무문토기시대 후기부터 통일신라시대까지 점유되었다. 이러한 유적의 점유 기간은 선사시대든 역사시대든 제주도에서 해양 자원이 매우 중요하게 여겨졌음을 보여준다고 할 수 있다. 물론 수혈주거지의 군집화가 두드러지는 대부분의 취락 유적에서는 어패류의 흔적이 뚜렷하지 않다. 하지만 제주도의 취락 유적들이 패총만큼은 아니더라도 해안 접근성이 나쁘지 않기 때문에 해양 자원의 이용도 가능했으리라 생각된다.

해양 자원 중 패류는 효율성이 높은 식료로 평가하기 힘들다. 왜냐하면 채취되는 양에 비해 실제 먹을 수 있는 부분은 일부에 지나지 않으며 80%가량이 껍데기로 폐기되기 때문이다. 물론 이 패각을 이용해 장신구나 칼과 같은 도구를 만들 수도 있지만 버려지는 양이 훨씬 많아 자원의 효율성이 높다고 보기는 힘들다. 또한 패류는 열량도 동물이나 물고기에 비해 상당히 떨어지기 때문에 주식(主食)으로 활용하기 위해서는 다량으로 섭취할 수밖에 없다(스즈키, 이준정·김성남 역 2007: 92-93).

이러한 단점에도 불구하고 패총유적에서 확인되는 다량의 패각은 해안가 거주민들에게 패류가 중요한 식량 자원 중 하나였음을 보여준다. 그 이유로는 아마도 채집이 용이하며 계절에 크게 구애받지 않는다는 장점 때문일 것이다. 상모리 패총에서는 둥근전복, 소라, 그리고 다양한 고둥류의 패류가 확인되었는데 이들은 대체로 조간대나 얕은 바다에 서식하기 때문에 잠수를 하지 않아도 채집이 가능하거나 약간의 잠수 기술만 습득하면 어렵지 않게 얻을 수 있다. 실제 오스트레일리아의 안바라족은 취락을 선택할 때 패류 채집이 용이한 위치를 중요하게 생각하는데 이는 모래톱에서 2시간가량의 작업만으로도 많은 양의 식량을 획득할 수 있고 작업동안 아이들을 방치하여도 큰 위험이 없다는 장점 때문이었다(스즈키, 이준정·김성남 역 2007: 94).

아마도 선사시대 제주도에서도 안바라족과 유사한 이유로 해안가가 중요한 식량획득 장소로 여겨졌을 가능성이 높다. 즐문토기시대로 편년되는 하모리 유적 II구역의 패류 분석을 살펴보면 눈알고둥, 개울타리고둥, 명주고둥 등 고둥류가 대부분을 차지하는데 이 종들은 잠수를 하지 않아도 손쉽게 채취할 수 있는 장점이 있다. 따라서 제주도에서 이 조간대의 패류들은 위험을 무릅쓰지 않고도 어렵지 않게 구할 수 있는 식량 자원이었을 것이다.

또한 이와 함께 어로활동도 병행했을 것으로 추정된다. 어로활동에 대한 증거 역시 하모리 유적 Ⅱ구역에서 확인되었는데 결합식 낚시바늘과 함께 상어류, 멸치, 능성어, 보리멸, 감성돔, 참돔, 돌돔, 혹돔 등이 출토되었다. 이 종들 중 대부분은 제주도에서 사시사철 포획이 가능하나 주로 늦가을에서 겨울에 포획량이 많은 것으로 보아 계절적인 영향을 받았을 것으로 추정된다(제주문화예술재단 2006: 85-95).

동물 사냥도 주요 생계활동이었을 것이다. 수렵에 대한 증거로 사냥도구나 함정유구 등이 뚜렷하게 확인되지는 않지만 주로 패총유적에서 동물 뼈가 잔존하는 경우가 많다. 곽지 패총의 동물 뼈 분석을 참고하면 무문토기시대부터 삼국시대까지 사슴, 멧돼지, 소, 말, 개 및 고양잇과 동물들이 제주도에 서식하였고 그 중 주로 사냥된 동물은 사슴과 멧돼지로 추정할 수 있다. 사냥물들은 주로 사냥 후 유적지까지 이동된 후 해체된 것으로 보이는데 뼈 속의 골수와 뇌 조직까지 분리하여 식용하였던 것으로 예상되고 있다. 또한 주 사냥감인 사슴과 멧돼지는 현재 제주도에서 멸종상태이고 소와 말의 일부 뼈는 재래 한우와 재래마의 골격보다 큰 것도 있는 것으로 밝혀졌다(신태균 외 1997: 270-274). 즉, 당시의 세부적인 동물상은 지금과 조금 달랐을 가능성이 있다.

또한 종달리 패총의 동물 뼈 분류를 참고하면 기원전 2세기 무렵부터 기원후 2세기 무렵까지 사슴, 소, 멧돼지, 식육목의 뼈가 확인되는데 그 중 주된 사냥물은 사슴과 멧돼지인 것으로 추정되고 있다. 사슴과 멧돼지를 주로 사냥하는 양상은 곽지 패총과 유사하다고 할 수 있는데 이 두 동물은 김해 패총이나 일본의 패총에서도 출토비율이 높아 선사와 고대인들이 주로 이용하던 동물 자원으로 생각된다(신태균 외 2006: 387-388).

동물 뼈는 패총뿐만 아니라 취락유적에서도 확인된다. 특히 취락 내의 수혈유구나 소성유구에서는 멧돼지나 사슴과의 동물 뼈가 빈번하게 출토되고 있기 때문에 유적의 입지와 상관없이 멧돼지와 사슴의 사냥은 중요한 생산 활동 중 하나였을 것으로 추정된다. 다만 사냥도구가 뚜렷하게 확인되지 않기 때문에 썩기 쉬운 목재나 동물 뼈 등의 유기물질이 사냥도구 제작에 주로 사용되었을 것으로 생각된다.

이상 살펴본 바와 같이 제주도 선사시대의 생계 활동은 밭작물 중심의 작물재배, 야생식물관리, 수렵, 어로, 패류 채집 등이 복합적으로 이뤄졌을 가능성이 높으며 각각의 활동은 유적의 입지나 규모, 점유기간 등과 지속적으로 상호작용했을 것이라 생각된다.

Ⅳ. 제주도 선사취락의
물질문화와 편년

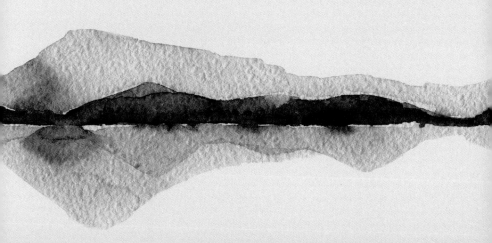

본 장에서는 제주도 선사취락에서 확인되는 각 물질문화 요소의 시간적 순서를 파악해 보고자 한다. 이를 위해 우선 어떠한 물질문화 요소들이 존재하는지 검토하고 다양한 형태를 갖는 물질문화 요소에 대해서는 형식 분류를 시도한다. 그리고 이 작업을 바탕으로 편년작업을 진행하는데 이 작업은 크게 두 가지 방식으로 나누어 진행할 예정이다. 첫 번째는 방사성탄소연대를 활용하여 각 물질문화 요소들의 시간적 범위를 파악할 것이고 두 번째는 유구와 유물의 동반 관계를 검토하여 시간적으로 의미 있는 유구·유물의 조합을 추출해 낼 것이다.

1. 물질문화 요소의 검토

1) 유구

(1) 주거지의 형식 분류

주거지는 크게 (장)방형 주거지와 (타)원형 주거지로 구분할 수 있다.

(장)방형 주거지는 대부분 15㎡ 미만의 면적을 갖는 소형의 주거지이다. 제주도의 (장)방형 주거지는 한반도 무문토기시대에 등장하는 것들과는 달리 내부에서 노지가 확인되지 않는 특징을 보이고 있다. 이 주거지는 평면 형태나 내부 주혈의 배치 등에 따라 세부적으로 구분할 수도 있겠지만 이러한 세부 요소들이 출토유물, 유적 내 분포, 면적 등에서 유의미한 차이를 보이지 않기 때문에 본서에서는 굳이 분류하지 않겠다(박경민 2017: 96).

(타)원형 주거지는 한국고고학에서 소위 송국리형주거지로 불리는 것인데 내부 중앙 타원형 수혈과 양단 주혈의 배치 관계를 통해 총 8가지로 분류할 수 있다. A식은 타원형 수혈 내부에 두 개의 주혈이 배치된 내주공식이고 B식은 타원형 수혈 양단에 주혈 두 개가 각각 걸쳐 있는 형태이다. C식은 타원형 수혈 밖에 주혈들이 배치된 외주공식이며 D식은 두 개의 중심주혈 없이 타원형 수혈만 존재하는 무주혈식이다. E식은 타원형 수혈 없이 두 개의 중심 주혈만 존재하는 무수혈식으로 소위 동천동식(兪炳录 2010: 22)으로 불리기도 한다. F식은 두 개의 중심 주혈 중 하나는 타원형 수혈 내부에, 또 다른 하나는 타원형 수혈 외부에 배치된 형식이며 G식은 타원형 수혈과 중심 주혈이 모두 존재하지 않는 형식이다. 마지막으로 H식은 주거지 벽체에 구가 설치되어 있고 중앙 타원형 수혈과 이 벽체 구를 잇는 또 다른 구가 존재하는 다소 독특한 형식이다. 이 주거지는 외도동식주거지(金慶柱 2010: 82)로 불리기도 한다.

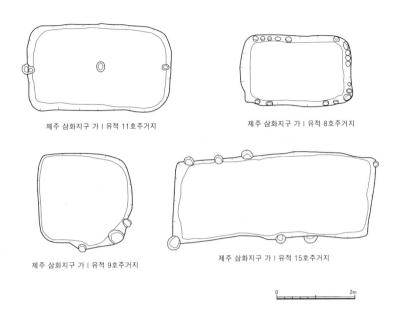

제주 삼화지구 가 I 유적 11호주거지

제주 삼화지구 가 I 유적 8호주거지

제주 삼화지구 가 I 유적 9호주거지

제주 삼화지구 가 I 유적 15호주거지

0   2m

그림 4-1. 제주도 (장)방형주거지(朴京敏 2013: 41, 도면 25)

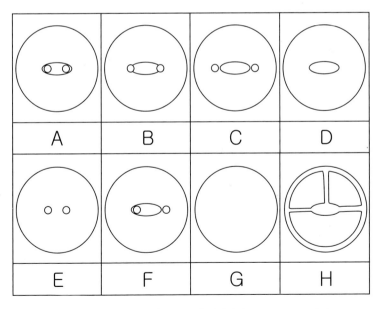

그림 4-2. (타)원형주거지 분류모식도(박경민 2018a: 61, 그림 6)

(2) 기타 시간성을 반영하는 유구

주거지 이외에 시간성을 반영하는 것으로 추정되는 유구가 몇 가지 있다. 우선 첫 번째로 불다짐소성유구가 있다. 불다짐소성유구는 내부바닥면을

그림 4-3. 제주 용담동 유적(2697번지 외) 불다짐소성유구
(제주문화유산연구원 2016: 363, 도판 113-①)

단단하고 편평하게 불다짐 처리하였는데 평면 형태는 장방형이거나 부정형인 경우가 많다. 면적은 모두 제각각으로 정형성을 띠지 않지만 대체로 주거지보다 넓다. 내부에는 토기, 석기, 골편 등이 무질서하게 출토되고 있다. 발굴 조사된 현상(現狀)으로 미루어 대체로 당시 지표면에 굴착행위 없이 그대로 불다짐을 조성했을 가능성이 높다고 판단된다. 하지만 수혈식으로 조성된 불다짐소성유구도 확인되기 때문에 유구의 조성방식은 일률적이지 않았을 수도 있다. 특히 수혈식은 기존에 사용하던 주거지 등의 유구가 폐기된 후 그 바닥면을 활용하여 재사용했을 가능성도 있다. 이 유구의 용도는 특정하기 쉽지 않은데 유구의 특징과 출토유물의 양상으로 보아 난방, 취사, 토기소성, 폐기장 등 다양한 역할을 했을 것으로 추정된다(박경민 2016: 198).

두 번째로 우물이 있다. 우물의 평면 형태는 원형이나 타원형이 대

다수이며 말각방형이나 말각장방형, 다각형의 형태도 확인된다. 굴착된 단면형태는 대체로 'U'형인데 바닥이 편평하게 조성되는 경우도 적지 않으며 이단으로 굴광된 형태도 확인된다. 벽체는 천석이나 할석을 쌓아올려 보강한 경우가 많으며 이러한 벽석의 흔적이 확인되지 않는 경우도 있다. 또한 우물 내부에서 목재의 흔적이 발굴되는 사례도 간혹 있어 목판으로 벽체를 보강했을 가능성도 있다. 우물의 용도는 급수기능과 집수기능으로 구분하기도 하지만 실제 발굴 조사 과정에서 그 기능을 명확하게 구분하기는 쉽지 않을 것으로 판단된다(박경민 2018a: 66-67; 양용진 2014). 우물의 형태적 요소들이 구분되기는 하지만 그 구분을 통해 시간성을 판단하는데 유의미한 결과를 도출하기 쉽지 않기 때문에 별도의 형식 분류는 생략하도록 하겠다.

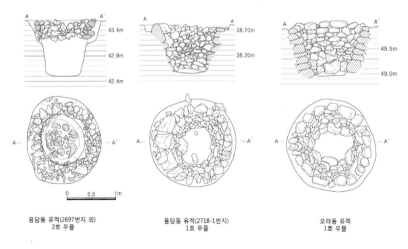

그림 4-4. 제주도 선사시대 우물(박경민 2018a: 66, 그림 13)

2) 유물

(1) 토기문양요소

무문토기는 구연부를 이중으로 처리하거나 구연부나 동체부에 문양을 새기는 독특한 특징을 가지고 있다. 본서에서는 이러한 현상을 모두 토기문양요소로 규정하고 문양요소와 그것들의 결합 양상을 통해 형식 분류를 진행하였다.

A는 돌대문, B는 단사선문, C는 이중구연단사선문, D는 공렬문, E는 구순각목문, F는 횡대구획문, G는 동체점렬문, H는 원형 점토대, I는 삼각형 점토대이다. 그리고 각 문양요소들이 하나의 토기에 결합되는 양상은 각 기호를 결합하여 사용하였다. 예를 들어 CDE는 이중구연단

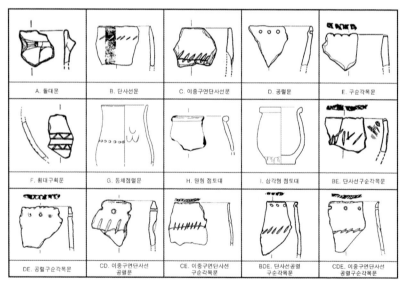

그림 4-5. 토기문양표(박경민 2017: 94, 그림 3 수정 후 인용)

사선공렬구순각목문을 지칭한다.

제주도에서 확인되는 문양요소의 특징을 몇 가지 들자면 우선 CDE 의 문양 비중이 높다는 것이다. 이 문양요소는 소위 흔암리식으로 불리는 토기의 특징으로 알려져 있는데 남한지역의 흔암리식토기에서 CDE의 문양요소가 모두 하나의 토기에 결합되는 양상의 비중은 그리 높지 않다. 하지만 제주도, 특히 상모리 유적에서는 상대적으로 CDE의 문양 비중이 상당히 높다는 점을 특징으로 들 수 있다.

그리고 두 번째는 이중구연의 처리방식이다. 제주도의 이중구연은 점토띠나 점토판을 덧대어 이중구연화한 것이 아니라 점토판 접합부의 흔적을 그대로 이용하여 이중구연의 효과를 낸 것이 대부분이다.

세 번째는 공렬문의 투공방향이다. 남한지역에서는 경기 북서부의 각형토기 분포권이나 금강 중상류역을 제외하고는 대부분의 투공방향이 안에서 밖으로 시문되는 경향이 강한데(高旻廷 2003: 54; 金權中 2010: 80; 황재훈 2014: 171-172; 黃炫眞 2004: 35) 제주도에서는 밖에서 안으로 시문되는 사례가 대다수를 차지한다.

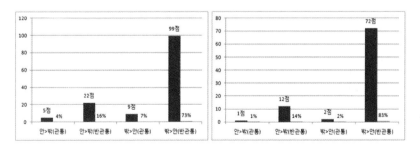

그림 4-6. 공렬문 토기의 관통유무와 투공방향: 左 상모리 유적, 右 삼화지구 유적
(박경민 2017: 94, 그림 2)

네 번째는 동체점렬문의 존재이다. 동체점렬문은 한반도에서 잘 확인되지 않는 문양요소로 문양을 가로방향으로 찍어서 시문했다는 점에서 동남해안지역의 낟알문과 비교해 볼 수도 있다. 하지만 낟알문은 주로 심발형 토기의 구연하부에 시문되는 것에 비해 동체점렬문은 주로 옹형 토기의 동체 중위나 중상위에 시문된다는 점에서 차이가 있다.

(2) 토기의 형태

제주도 선사취락에서 확인되는 토기들은 무문토기와 적갈색경질토기 등으로 불리고 있다. Ⅰ장에서도 설명했듯이 무문토기와 적갈색경질토기는 그 경계점이 모호하여 따로 분리해서 분석하기가 쉽지 않다. 따라서 본서에서는 모두 하나의 분석단위로 설정하여 형식 분류를 진행하도록 하겠다.

토기를 형식 분류할 때 기종을 먼저 구분하고 같은 기종 내에서 기형을 분류하는 경우가 대다수이다. 하지만 제주도에서는 특정 기종의 경우 그 형태를 파악할 수 있는 완형의 개체수가 많지 않아 기종을 선분류하는 것은 크게 이득이 없다고 판단된다. 특히 본서의 형식 분류는 토기의 기능적 분석을 목적으로 하는 것이 아니라 유물의 형태와 시·공간성의 상관관계를 따지는 데 중점을 두고 있기 때문에 굳이 기종을 구분하지 않아도 크게 문제는 없을 거라 생각된다.

형식 분류는 기형적 형태를 직관적으로 관찰하여 구분하였다. 이는 자의적인 판단이 개입될 여지가 크다는 단점이 있기는 하지만 계량적 방법으로는 추출하기 어려운 속성들을 판단하는 데 오히려 유리하기 때문이다.

총 10개의 형식으로 구분하였다. Ⅰ식은 직립 내지 내만 구연의 심발형토기이다. 심발형토기는 구연부 형태나 저부의 축약여부를 통해 세분할 수 있지만 분석 가능한 완형 개체수가 많지 않아 본서에서는 하나의 형식으로 모두 통일하도록 하겠다. Ⅱ식은 경부가 직립 내지 외경하는 호형토기이다. Ⅲ식은 소위 송국리식 외반구연토기로 동최대경에 비해 구경이 작고 완만하게 외반되는 특징을 보인다. Ⅳ식은 구연부가 축약 또는 외반되고 저부 접합부가 축약되어 있다. 소위 삼양동식토기로 불리기도 한다. Ⅴ식은 Ⅳ식과 유사하지만 기고와 동체대경의 비율이 거의 1:1로 유사해 Ⅳ식에 비해 토기 내부가 깊지 않다. Ⅵ식은 구연부 외반과 저부 축약 여부에서 Ⅳ, Ⅴ식과 유사하지만 동최대경이 중·하위에 위치해 아랫배가 부른 느낌이 있다. Ⅶ식은 Ⅵ식에 비해 저부가 넓어 안정적인 기형을 보이는 특징을 보인다. Ⅷ식은 저부 접합부가 'ㄴ'자에 가깝게 꺾여 축약이 거의 이뤄지지 않은 것으로 보인다. Ⅸ식은 Ⅷ식에 비해 구연부 외반도가 강해져 동최대경보다 구경이 큰 경우가 많다. Ⅹ식은 Ⅸ식에 비해 외반도가 더 강해지며 외반되는 구연부의 범위도 더 넓다. 그리고 동체부에서 구연부로 꺾이면서 이어지는 경향을 보인다.

이 10개의 형식 중 특히 Ⅲ식부터 Ⅹ식까지의 외반구연토기는 사실 기형의 변화가 비교적 점진적이라 명확한 구분점을 특정하기가 쉽지 않다. 그리고 이 10가지 형식에 속하지 않는 토기 기형도 분명 존재한다. 다만 본서에서 행하는 토기의 기형상 형식 분류는 전체적인 흐름을 파악하기 위한 것으로 비교적 반복적으로 확인되는 토기 기형을 중심으로 진행하였음을 미리 밝힌다.

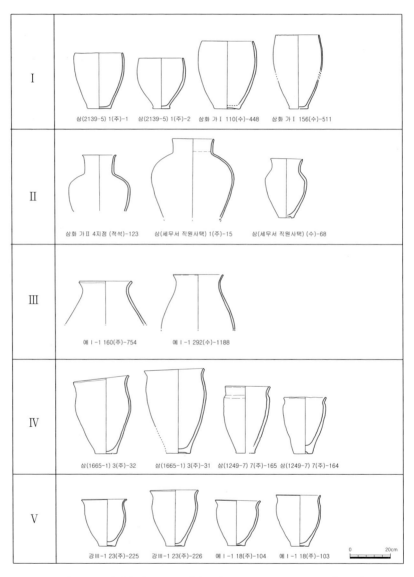

I	삼(2139-5) 1(주)-1　삼(2139-5) 1(주)-2　삼화 가 I 110(수)-448　삼화 가 I 156(수)-511
II	삼화 가 II 4지점 (적석)-123　삼(세무서 직원사택) 1(주)-15　삼(세무서 직원사택) (수)-68
III	예 I -1 160(주)-754　예 I -1 292(수)-1188
IV	삼(1665-1) 3(주)-32　삼(1665-1) 3(주)-31　삼(1249-7) 7(주)-165　삼(1249-7) 7(주)-164
V	강 III-1 23(주)-225　강 III-1 23(주)-226　예 I -1 18(주)-104　예 I -1 18(주)-103

그림 4-7. 토기기형 형식 분류-1(박경민 2018a: 56, 그림 2 수정 후 인용)

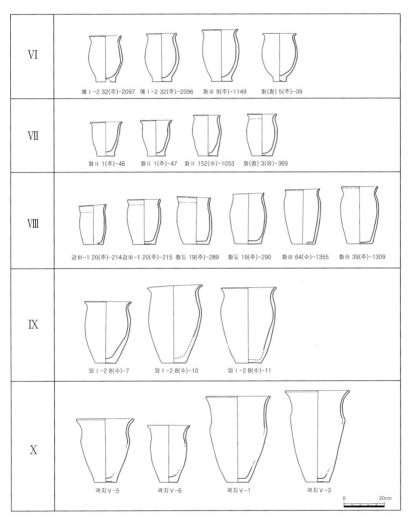

그림 4-8. 토기기형 형식 분류-2(박경민 2018a: 56, 그림 2 수정 후 인용)

(3) 파수의 형태

파수부토기의 형식 분류는 파수의 형태뿐만 아니라 파수가 부착된 토기의 기형도 함께 판단해야 하지만 제주도 선사취락에서는 대체로 파수편만 확인되는 사례가 많아 토기 기형에 관한 형식 분류는 쉽지 않은 상황이다. 따라서 본서에서는 파수의 형태를 기준으로 형식 분류를 하고 기형은 대략적인 추론만 진행하도록 하겠다.

파수의 형태는 크게 투공형파수, 고리형파수, 봉상파수의 세 가지로 구분할 수 있다. 점토대토기문화의 환상파수편이나 우각형파수편이 확인되기도 하지만 정확한 형태를 추정하기가 어렵고 출토량도 많지 않아 본서의 형식 분류에서는 제외하도록 하겠다.

투공형파수는 점토를 기벽에 부착한 후 횡방향으로 투공하였다. 주로 기고가 낮은 단지모양의 토기에 부착되는 것으로 추정된다. 간혹 이 파수부토기를 한반도에서 출토되는 점토대토기단계의 환상파수와 동일 선상에 있는 것으로 판단하기도 하지만(金慶柱 2010: 63) 그림 4-9와 같이 구멍의 방향이나 파수가 부착된 토기 기형 등 다양한 면에서 차이가 있어 동일 토기로 판단하기에는 무리가 있다(박경민 2017: 103).

고리형파수는 점토 띠로 고리를 만들어 토기 기벽에 부착하는 형태이다. 고리의

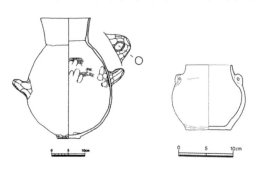

그림 4-9. 안성 반제리 출토 파수 장경호(左)와 제주 삼양동 출토 투공형파수부 토기(右)(박경민 2017: 103, 그림 12)

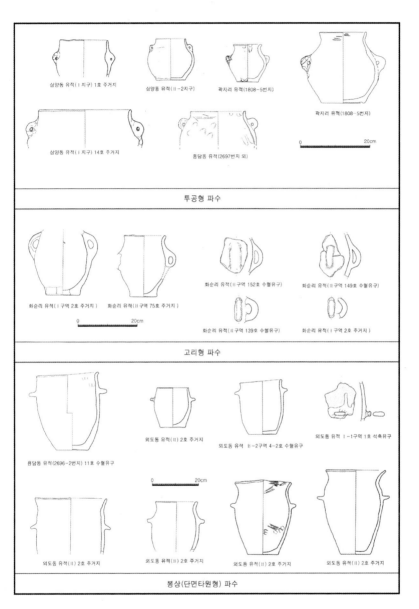

삼양동 유적(Ⅰ지구) 1호 주거지 · 삼양동 유적(Ⅱ-2지구) · 곽지리 유적(1808-5번지) · 곽지리 유적(1808-5번지) · 삼양동 유적(Ⅰ지구) 14호 주거지 · 용담동 유적(2697번지 외)

0   20cm

투공형 파수

화순리 유적(Ⅰ구역 2호 주거지) · 화순리 유적(Ⅱ구역 75호 주거지) · 화순리 유적(Ⅱ구역 152호 수혈유구) · 화순리 유적(Ⅱ구역 149호 수혈유구) · 화순리 유적(Ⅱ구역 139호 수혈유구) · 화순리 유적(Ⅰ구역 2호 주거지)

0   20cm

고리형 파수

용담동 유적(2696-2번지) 11호 수혈유구 · 외도동 유적(Ⅱ) 2호 주거지 · 외도동 유적 Ⅱ-2구역 4-2호 수혈유구 · 외도동 유적 Ⅰ-1구역 1호 석축유구 · 외도동 유적(Ⅱ) 2호 주거지 · 외도동 유적(Ⅱ) 2호 주거지 · 외도동 유적(Ⅱ) 2호 주거지 · 외도동 유적(Ⅱ) 2호 주거지

0   20cm

봉상(단면타원형) 파수

그림 4-10. 파수의 형태(박경민 2018a: 57, 그림 3)

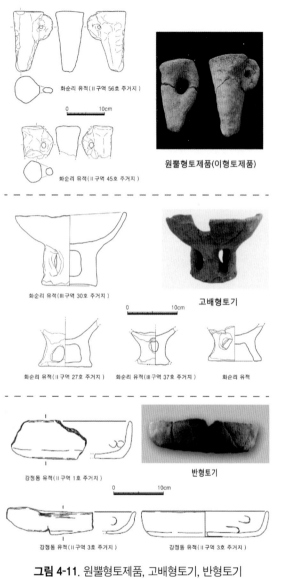

원뿔형토제품(이형토제품)

화순리 유적(Ⅱ구역 56호 주거지)

0   10cm

화순리 유적(Ⅱ구역 45호 주거지)

고배형토기

화순리 유적(Ⅲ구역 30호 주거지)

0   10cm

화순리 유적(Ⅱ구역 27호 주거지)   화순리 유적(Ⅲ구역 37호 주거지)   화순리 유적

반형토기

강정동 유적(Ⅱ구역 1호 주거지)

0   10cm

강정동 유적(Ⅱ구역 3호 주거지)   강정동 유적(Ⅱ구역 3호 주거지)

그림 4-11. 원뿔형토제품, 고배형토기, 반형토기

형태만으로는 이 또한 환상파수와 비견될 수 있지만 고리가 종방향으로 부착되었다는 점에서 횡방향으로 부착된 점토대토기단계의 환상파수와는 다르다. 그리고 남한지역의 환상파수는 보통 장경호에 부착되지만 고리형파수는 짧게 외반되는 옹형토기에 부착되는 것으로 추정된다. 고리형파수가 부착된 옹형토기는 앞의 투공형파수가 부착된

토기보다 대체로 기고가 높은 것으로 추정된다.

봉상파수는 구멍 없이 단순하게 점토를 부착하였다. 파수부의 단면

형태는 횡방향의 타원형을 띠는 경우가 많다. 소위 명사리식토기라고 불리는 봉상파수와는 단면 형태나 두께 등에서 차이가 있다. 외반구연 토기나 발형토기에 부착되는 사례가 많은데 투공형파수토기나 고리형 파수토기에 비해 중·대형의 토기가 많다(박경민 2018a: 56).

(4) 기타 시간성을 반영하는 유물

앞서 살핀 것 의외에 표본수 등의 문제로 형식 분류는 어렵지만 시간 성을 갖고 있을 것으로 추정되는 기타 유물들을 살펴보도록 하겠다.

우선 원뿔형토제품이 있다. 이형(異形)토제품으로 불리기도 하는데 원뿔 모양의 형태에 한쪽 측면에 구멍이 뚫리거나 투공형파수가 부착 되어 있는 모습을 보인다. 화순리나 강정동 등 제주도 서남부 취락유적 에서 주로 확인된다.

두 번째는 고배형토기이다. 완형(盌形)의 토기에 대각이 부착되었는 데 대각에는 다양한 형태의 투창과 같은 구멍이 형성되어 있다. 산화염 소성으로 한반도에서 확인되는 고배와는 많은 차이를 보인다. 이 토기 역시 화순리 등의 서남부 취락에서 주로 확인된다.

세 번째는 반형(盤形)토기이다. 대체로 둥근 대야 모양으로 편평한 저부를 가지고 있다. 저부와 동체부의 연결부위가 비교적 부드럽게 꺾 이는 경우가 많지만 간혹 뚜렷한 각을 이룬 사례도 있다. 이 토기 역시 산화염소성이고 서남부 취락유적에서 주로 확인된다.

네 번째는 산형(山形) 방추차이다. 이 방추차는 토제품으로 단면 모양 이 산모양이거나 마름모형을 띠는데 다른 형태의 방추차에 비해 납작하다는 느낌이 강하다. 중심에서 가장자리로 갈수록 두께가 얇아지는 특징을 보이는데 대체로 양 끝 각이 45° 미만이다. 다른 방추차들은 특별한 시간성이 보이지 않지만 이 형태의 방추차는 주로 타날문토기와 동반되는 사례가 많아 특정 시간대에 집중 출토되는 것으로 추정된다.

이 외에도 타날문토기와 철기류를 시간성을 반영하는 요소로 설정할 수 있다. 환원염소성의 타날문토기는 수입품으로 인식되는데 제주도 취락유적에서 적지 않게 확인된다. 하지만 대부분 파손되어 작은 편으로 출토되기 때문에 형태나 기능을 명확하게 파악하기 힘들다. 따라서 이 토기들을 외래계토기로 통칭하여 편년작업에 활용하고자 한다. 또한 제주도에서 출토되는 철기류 역시 외부에서 유입된 유물이다. 철기류는 출토량이 많지 않고 잔존상태도 불량해서 이 역시 그 형태나 기능을 유추하기 쉽지 않다. 따라서 이러한 철기류도 철제품으로 통칭하여 대략적인 시간대를 파악하는데 참고하고자 한다.

2. 방사성탄소연대를 이용한 각 물질문화 요소의 순서배열

1) 방법적 검토

이상과 같이 분류된 물질문화의 각 요소들과 이와 동반하는 시료의 방사성탄소연대를 순서배열해 보도록 하겠다. 탄소연대는 제주도 전역에서 확인되는 것 중 수혈주거지 군집현상이 나타나는 유적에서 검출된 연대 값을 중심으로 하였다.

우선 탄소연대의 순서배열에는 시간적 서열이 존재한다는 가정을 해야 한다. 사실 ^{14}C BP 연대가 반드시 시간적 서열을 나타내는 것은 아니다. 우리가 연대보정 시 이용하는 교정곡선을 살펴보면 곳곳에 위글(wiggle)과 평탄면이 존재하는데 이는 ^{14}C BP 연대의 시간적 서열이 실제 연대에서는 뒤집힐 수 있음을 보여준다. 예를 들어 ^{14}C BP연대상에서 시간적 순서를 갖는 A와 B는 그림 4-12에서와 같이 위글이 심한 교정곡선 부분에 플롯될 수 있는데 이를 통한 cal BC 연대는 각각 a1과 a2, b1과 b2의 범위로 나타나게 된다. 그런데 만약 A의 실제 연대가 a2의 범위에 속하고 B의 실제 연대가 b1의 범위에 속한다면 ^{14}C BP연대의 시간적 서열은 실제연대에서 뒤집히는 결과를 낳게 된다. 이러한 경우는 매우 극단적인 사례이긴 하지만 전혀 불가능한 일은 아니기 때문에 분명 주의해야 한다(셰리드 보면, 이선복 역 2014: 146~148에서 참조).

위와 같이 ^{14}C BP 연대의 순서를 이용한 상대편년에는 분명 문제가 있지만 그렇다고 해서 전혀 실효성이 없는 것은 아니다. 특히 본서에서와 같이 통시적인 시간적 흐름을 파악하고자 할 때는 앞의 문제가 큰 영향을 미치지는 않을 것으로 생각된다. 교정곡선은 위글과 평탄

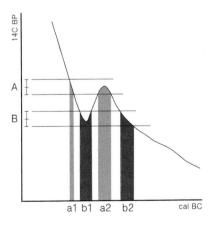

그림 4-12. 교정곡선의 위글(셰리드 보면, 이선복 역 2014: 147, 그림 25 수정 후 인용)

면이 존재하기는 하지만 기본적으로 45° 경사를 보이며 내려가기 때문에 ^{14}C BP 연대의 상대순서는 크게 달라지지 않는다(李昌熙 2011: 286에서 참조). 따라서 본서에서는 ^{14}C BP 연대의 순서가 시간적 서열을 가지고 있다는 잠정적인 가정을 토대로 편년작업을 진행하도록 하겠다.

분석대상에 이용된 ^{14}C BP 연대 측정값들은 다음과 같은 이유와 목적으로 일부 제외하였다. 우선 3500 ^{14}C BP보다 이르거나 1500 ^{14}C BP 보다 늦으면 연구 대상으로 삼은 시간적 범위와 지나치게 차이가 나기 때문에 유구와의 소속관계에 문제가 있거나 이상측정치로 판단하여 배제하였다.

두 번째로 탄소연대 오차가 ±100년 이상 되는 것은 순서배열 작업에서 신뢰도가 떨어지기 때문에 배제하였다.

세 번째로 δ13C 값이 -20‰보다 높거나 -31‰보다 낮은 값은 제거하였다[20]. 분석에 이용된 시료가 대부분 목탄이거나 목탄으로 추정되기 때문에 해양리저브 효과는 크게 고려하지 않아도 되겠지만 가속기 상태의 문제 등으로 인해 측정오류가 발생했을 가능성이 높다.

네 번째로 한 유구 내에서 확인되는 복수의 탄소연대는 다음과 같이 선별하여 대푯값을 얻었다. 세 개 이상의 탄소연대가 있는 경우 지나치게 동떨어진 소수의 측정치를 우선 제거하고 비슷한 탄소연대를 나타내는 나머지 측정치 중 늦은 측정치를 선택하였다. 두 개의 탄소연대만 있는 경우에는 두 연대의 측정치가 비슷하면(100년 이하) 그 중 낮은

---

20 δ13C값의 적정범위는 성기석((주)카본에널리시스랩)의 자문을 받았다.

측정치를 선택하였고 차이가 크면(100년 초과) 그 측정치들과 동반하는 유구나 유물이 많이 몰려있는 측정치와 가까운 것을 선택하였다[21]. 최근 복수의 탄소연대를 베이지안통계학(김명진 외 2005: 37~57)이나 R_Combine(황재훈 2014:109~139) 등의 통계적 기법을 이용하여 결합하기도 하지만[22] 굳이 이러한 방법들을 이용하지 않더라도 편년의 큰 흐름에는 지장이 없을 것으로 생각된다.

2) 물질문화 요소의 순서배열

^{14}C BP연대와 동반하는 각 물질문화 요소를 살펴보도록 하겠다. 표 4-1은 ^{14}C BP연대를 가장 오래된 연대부터 순서배열하고 각 측정치와 동반하는 물질문화 요소들을 배치한 것이다.

우선 주거지부터 살펴보면 (장)방형 주거지는 2860±50 ^{14}C BP부터 확인된다. 하지만 2800 ^{14}C BP대(代)는 제주 삼화 나지역 유적의 Ⅲ-4

---

21 예를 들어 원형점토대토기가 동반되는 유구에서 2500±50 ^{14}C BP와 2300±50 ^{14}C BP의 두 측정치가 검출되었다면 원형점토대토기가 2500 ^{14}C BP대(代)보다는 2300 ^{14}C BP대(代)에서 주로 확인되므로 후자의 측정치를 선택했다는 것이다.

22 목탄의 출토 맥락상 복수의 시료 중 가장 늦은 연대를 선택하는 것이 합리적이라는 의견(安承模 2012: 194)도 있다. 필자가 앞에서 언급했던 여러 문제점들을 생각한다면 연대선별과정에서 충분히 고려해야 하는 문제임이 틀림없다. 다만 목탄시료가 갖는 이러한 문제점에도 불구하고 일련의 유구·유물세트가 유사한 탄소연대치를 반복적으로 보여준다면 이 또한 분명 의미 있는 현상일 것이다. 따라서 하나의 유구에서 확인된 복수의 탄소연대치 중 하나의 값을 선별해야 하는 상황이라면 그와 유사한 유구·유물세트가 집중분포하고 있는 탄소연대와 가까운 값을 선택하는 것도 중요한 선별기준으로 삼을 수 있을 것이다.

구역 청동기시대 5호 주거지가 유일하며 빈도수가 높아지는 시기는 2700 ^{14}C BP대(代)라고 할 수 있다. 따라서 (장)방형 주거지의 출현연대는 현재로써 2700 ^{14}C BP대가 안정적이라고 할 수 있다. 가장 늦은 연대는 제주 삼양동 유적[2136-9번지] 1호주거지의 2100±50 ^{14}C BP를 들 수 있는데 이 연대는 다른 (장)방형 주거지들에 비해 지나치게 낮아 현재로써 안정적인 (장)방형주거지의 연대 값이라 보기 어렵다. 또한 2200^{14}C BP대(代)의 연대도 두 건 확인되었다. 그 중 하나인 제주 오라동 유적[2401-7번지] 1호방형주거지(2280±40 ^{14}C BP)는 중앙에 타원형 수혈이 설치되어 있고 바닥에 불다짐이 조성되어 있으며 내부에서는 원형 점토대토기가 출토된다. 따라서 공렬문과 구순각목문토기가 주로 확인되는 무문토기시대 전 · 중기의 (장)방형주거지와는 다소 다른 성격의 유구로 판단된다. 그리고 다른 한건인 제주 삼양1동 1249-7번지 유적 2호장방형주거지(2250±50 ^{14}C BP)는 중복관계상 송국리형주거지에 후행하고 있고 주거지 규모도 제주도의 다른 (장)방형주거지에 비해 큰 것으로 확인되고 있어 이 역시 무문토기시대 전 · 중기의 (장)방형주거지와는 다른 성격의 유구로 판단해야 할 듯하다. 이는 같은 유적의 4호장방형주거지(2300±40 ^{14}C BP)에도 유사하게 적용될 수 있다. 따라서 공렬문, 구순각목문과 동반되는 소형 (장)방형 주거지의 안정된 하한 연대는 제주 삼화지구 가 I 유적 1호주거지와 8호주거지에서 보이는 바와 같이 2400 ^{14}C BP대(代) 전반부로 설정하는 것이 현재로써 합리적일 듯하며 제주 용담2동 694-3번지 1호주거지에서 확인되는 2370±40 ^{14}C BP까지 내려갈 가능성도 배재할 수 없다고 생각된다.

표 4-1. ¹⁴C BP연대 순서배열

연번	14C 연대	14C 오차	보정연대 (1σ)	보정연대 (2σ)	d13C
1	2860	50	1120(68.2%) 940 BC	1210(95.4%) 900 BC	-23.61
2	2780	60	1010(68.2%) 840 BC	1090(95.4%) 800 BC	-26.97
3	2780	40	1000 BC	1020 BC	-27.5
4	2750	40	970(68.2%) 850 BC	1010(95.4%) 830 BC	-24.7
5	2720	60	920(68.2%) 810 BC	1010(95.4%) 790 BC	
6	2700	30	910(68.2%) 810 BC	910(95.4%) 800 BC	-22.24
7	2700	50	895(68.2%) 810 BC	980(95.4%) 790 BC	-25.88
8	2670	50	895(68.2%) 795 BC	910(95.4%) 790 BC	-26.9
9	2670	40	895(68.2%) 795 BC	930(95.4%) 770 BC	-24.65
10	2660	50	895(68.2%) 790 BC	900(95.4%) 760 BC	-26.22
11	2650	40	840(68.2%) 790 BC	900(95.4%) 780 BC	-21.9
12	2650	50	840(68.2%) 790 BC	900(95.4%) 760 BC	-29.26
13	2650	50	840(68.2%) 790 BC	930(95.4%) 780 BC	-20.14
14	2640	60	900(68.2%) 770 BC	910(95.4%) 550 BC	
15	2630	50	900(68.2%) 760 BC	930(95.4%) 550 BC	-30.49
16	2630	50	840(68.2%) 765 BC	910(95.4%) 590 BC	

순번	유적명(연도)	유구명(연번)	시설종류	14C연대	14C오차	보정연대(1σ)	보정연대(2σ)	d13C	주거지 정방형·장방형 수혈주거지	주거지 타원형·원형 수혈주거지	토기형식 II	토기형식 III	문양요소 C	문양요소 BE·DE	파수형태 Ⅱ
17	제주 고산리 유적 (1874-16)	I구역 1호 주거지	목탄	2620	50	840 (68.2%) 760 BC	910 (95.4%) 560 BC	-25.79	O	A			O		
18	제주 육계리 1808-5번지 유적	부속건물성격 유구	목탄	2600	60	840 (68.2%) 590 BC	900 (95.4%) 530 BC	-20.92							
19	제주 삼양2동 2181-29번지 유적	1호주거지	목탄	2590	40	810 (68.2%) 670 BC	830 (95.4%) 590 BC	-20.73	O		O		O		
20	제주 성화기구아- 피구 유적	55호수혈야 구덩(竪) 유적	목탄	2570	50	810 (68.2%) 590 BC	830 (95.4%) 530 BC	-23.20			O				
21	제주 삼양2동 2715-1번지 유적	4호주거지	목탄	2550	40	800 (68.2%) 590 BC	810 (95.4%) 530 BC	-24.91		A			O		
22	제주 용담2동 2710-8번지 유적	1호溝 다장 소성유구	목탄	2550	30	800 (68.2%) 590 BC	810 (95.4%) 550 BC	-23.20			O		O		
23	제주 한림리 유적 (839-2)	1호주거지	목탄	2540	50	800 (68.2%) 570 BC	810 (95.4%) 500 BC	-28.27		A	O		O		
24	제주 삼양동 유적 (2177-10)	2호수혈유구	목탄	2530	30	800 (68.2%) 540 BC	800 (95.4%) 540 BC	-24.29	O		O				
25	제주 삼화 나지구 유적	I구역 청동기시대 12호 수혈유구	목탄	2530	50	790 (68.2%) 550 BC	810 (95.4%) 410 BC	-27.17				O			
26	제주 예래동 유적	I-1구역5호 주거지	목탄	2520	40	780 (68.2%) 550 BC	800 (95.4%) 510 BC	-25.37	O	E					
27	제주 예래동 유적 (2139-5)	I-1구역79호 주거지	목탄	2520	40	780 (68.2%) 550 BC	800 (95.4%) 540 BC	-23.03	O			O			
28	제주 삼양동 유적 (2181-45)	1호주거지	목탄	2510	40	780 (68.2%) 540 BC	800 (95.4%) 420 BC	-27.33		A					O
29	제주 삼양동 유적 (2177-10)	1호장방형 주거지	목탄	2510	40	780 (68.2%) 540 BC	800 (95.4%) 500 BC	-25.76	O	A					
30	제주 삼양동 유적 (711의 2필지)	5호수혈유구	목탄	2500	30	770 (68.2%) 550 BC	790 (95.4%) 530 BC	-22.64					O		
31	제주 장전리 유적 (648)	11호수혈유구	목탄	2500	60	780 (68.2%) 540 BC	780 (95.4%) 430 BC								
32	제주 동화동 유적	27호수혈유구	목탄	2490	30	770 (68.2%) 540 BC	790 (95.4%) 510 BC	-24.73			O			O	

순번	유적명 (연번)	유구명 (면적)	시료종류	14C연대	오차	보정연대(1σ)	보정연대(2σ)	d13C
33	제주 외도동 유적 (125-2)	4호주거지	목재	2480	40	760 (68.2%) 540 BC	780 (95.4%) 430 BC	-23.18
34	제주 삼양동 유적 (2181-45)	2호석곽묘	목탄	2480	30	760 (68.2%) 540 BC	780 (95.4%) 430 BC	-26.7
35	제주 도련동 유적	1호주거지 소성부	목탄	2480	30	760 (68.2%) 540 BC	780 (95.4%) 430 BC	-30
36	제주 삼양동 유적 (2181-36)	2호토광묘	목재	2470	40	760 (68.2%) 510 BC	770 (95.4%) 430 BC	-27.71
37	제주 성읍자구기 I 유적	1호주거지	목탄	2470	60	760 (68.2%) 510 BC	770 (95.4%) 410 BC	-23.9
38	서귀포 예술의 538번지 유적	1호주거지	목탄	2470	40	760 (68.2%) 510 BC	770 (95.4%) 410 BC	-21.05
39	제주 성화자구가 II 유적	65요수혈유구(6차3혈)	목탄	2460	60	760 (68.2%) 410 BC	770 (95.4%) 400 BC	
40	제주 성화자구기 I 유적	8호주거지	목탄	2460	50	760 (68.2%) 410 BC	770 (95.4%) 400 BC	
41	제주 성화자구기 I 유적	156호주거지	목탄	2460	60	760 (68.2%) 410 BC	770 (95.4%) 400 BC	
42	제주 용담2동 2715-1번지 유적	1호주거지2호	목탄	2460	40	760 (68.2%) 410 BC	760 (95.4%) 410 BC	-27.88
43	제주 도련동 유적	1호 주거지 유구	목탄	2450	30	750 (68.2%) 430 BC	760 (95.4%) 410 BC	-29.9
44	제주 고내리 유적 (1874-16)	피구덩이 9호 주거지	목탄	2440	50	750 (68.2%) 400 BC	760 (95.4%) 400 BC	-28.39
45	제주 삼양동 유적 (2181-45)	2호 원형주거지	목탄	2440	30	740 (68.2%) 420 BC	760 (95.4%) 400 BC	-24.65
46	제주 용담동 유적 (2631-1)	2호주거지	목탄	2430	30	730 (68.2%) 410 BC	750 (95.4%) 400 BC	-28.15
47	제주 삼양동 1249-7번지 유적	3호 원형주거지	목탄	2420	50	730 (68.2%) 400 BC	760 (95.4%) 390 BC	-28.17
48	제주 하원리 도시계획도로 유적	21호주거지	목탄	2420	30	540 (68.2%) 410 BC	750 (95.4%) 400 BC	-24.6

연번	유구명(번호)	유구구분(번호)	시료종류	14C 연대 대	14C 연대 오차	보정연대(1σ)	보정연대(2σ)	d13C	경사면 평면 방향 거지	주거형식	비고
49	제주 선월동 유적 (2181-36)	1호 토광묘	목탄	2410	40	710 (68.2%) 400 BC	760 (95.4%) 390 BC	-25.4			
50	제주 용담동 유적 (2718-1)	3호 주거지	목탄	2410	30	520 (68.2%) 400 BC	740 (95.4%) 400 BC	-25.16	O	B	
51	제주 용담동 유적 (2631-1)	1호 주거지	목탄	2410	30	520 (68.2%) 400 BC	740 (95.4%) 400 BC	-27.76	O	A	
52	제주 외도동 유적 2231-2번지 유적	1호 주거지	목탄	2410	30	520 (68.2%) 400 BC	740 (95.4%) 400 BC	-26.24	O	A	
53	제주 외도동 유적 2231-2번지 유적	2호 주거지	목탄	2410	40	710 (68.2%) 400 BC	760 (95.4%) 390 BC	-25.44	O	A	
54	제주 외도동 유적 2231-2번지 유적	1호 주거지 구	목탄	2410	40	710 (68.2%) 400 BC	760 (95.4%) 390 BC	-26.51			
55	제주 고산리 유적 (3148-1)	3호 수혈유구	목탄	2400	40	540 (68.2%) 400 BC	750 (95.4%) 390 BC	-24.28		A	
56	제주 삼화지구(가-II) 유적 (제첨)	적석유구(수혈지경)	목탄	2380	50	540 (68.2%) 390 BC	760 (95.4%) 370 BC	-28.42			
57	제주 삼양동 유적 (2139-5)	5호 주거지	목탄	2380	40	520 (68.2%) 390 BC	740 (95.4%) 380 BC	-25.5	O		
58	제주 용담동 유적 (2696-2)	1호 다면적 소성유구	목탄	2380	50	540 (68.2%) 390 BC	760 (95.4%) 370 BC	-29.19	O	A	
59	제주 삼양1동 1249-7번지 유적	6호 원형주거지	목탄	2370	50	520 (68.2%) 380 BC	750 (95.4%) 360 BC	-22.15	O	A	
60	제주 용담2동 유적 (2697외)	20호 주거지	목탄	2370	30	490 (68.2%) 390 BC	540 (95.4%) 380 BC	-24.06			
61	제주 아라1동 유적 (2631-1)	1호 다면적 소성유구	목탄	2370	40	510 (68.2%) 390 BC	740 (95.4%) 370 BC	-26.9			
62	제주 용담2동 694-3번지유적	1호 주거지	목탄	2370	40	510 (68.2%) 380 BC	740 (95.4%) 380 BC	-23.38			
63	제주 고산리 유적 (3148-1)	1호 주거지	목탄	2350	40	480 (68.2%) 380 BC	740 (95.4%) 360 BC	-24.53	O	A	
64	제주 용담동 유적 (2631-1)	3호 주거지	목탄	2340	40	480 (68.2%) 370 BC	730 (95.4%) 230 BC	-25.97	O	A	

순번	유적명 (연월)	유구명 (연월)	시료 종류	보정전 14C 연대	14C 연대 오차	보정연대 (1σ)	보정연대 (2σ)	d13C	주거지	평면형	토기형식	용·옹요소	피수형태	기타
65	제주-성읍리구(가)口 유적	5년호수혈유구(6차(평)	목탄	2330	60	520(68.2%) 230 BC	750(95.4%) 200 BC	-25.89						
66	제주-예래동 유적	1-1구역 556호수혈유구	목탄	2330	40	490(68.2%) 260 BC	520(95.4%) 230 BC	-25.15			III ○			
67	용담이동 2704-15번지 단독주택신축부지 내 유적	1호중복다형유구	목탄	2330	40	490(68.2%) 260 BC	520(95.4%) 230 BC	-24	○	A		E ○		
68	제주-고산리 유적 (1874-16)	6호 주거지	목탄	2320	50	490(68.2%) 230 BC	540(95.4%) 200 BC	-21.46	○	B	I ○			
69	제주-강정동 유적	3호 주거지	목탄	2320	40	420(68.2%) 250 BC	520(95.4%) 210 BC	-23.46	○	A				
70	제주-용담동 유적 (2697외)	2호주거지	목탄	2320	40	420(68.2%) 260 BC	520(95.4%) 210 BC	-30.6	○		IV ○	E ○		
71	제주-용담2동 2625-16번지 유적	1호중복다형수성유구	목탄	2320	50	490(68.2%) 230 BC	540(95.4%) 200 BC	-23.69		A				
72	서귀포 화순리 541번지 유적	6호주거지	목탄	2320	40	420(68.2%) 260 BC	520(95.4%) 210 BC	-23.80	○		IV ○			
73	제주-용담동 유적 (2631-1)	1호중복다형수성유구	목탄	2310	30	410(68.2%) 370 BC	420(95.4%) 230 BC	-26.68		A			두 ○	
74	제주-용담동 유적 (2596-2)	19호주거지	목탄	2310	50	410(68.2%) 230 BC	520(95.4%) 200 BC	-25.46	○					
75	제주-삼양1동 1249-7번지 유적	4호상형방주주거지	목탄	2300	40	410(68.2%) 230 BC	490(95.4%) 190 BC	-22.39	○	A				
76	제주-삼양1동 1249-7번지 유적	4호원형주거지	목탄	2290	50	410(68.2%) 230 BC	410(95.4%) 200 BC	-25.88	○	A				
77	제주-용담동 유적 (2718-1)	1호주거지	목탄	2290	40	410(68.2%) 230 BC	410(95.4%) 200 BC	-29.57	○	A			두 ○	H ○
78	제주-오라동 유적 (2401-7)	1호방형주거지	목탄	2280	40	400(68.2%) 230 BC	410(95.4%) 200 BC	-23.2		D				H ○
79	제주-용담동 유적 (2697외2)	12호주거지	목탄	2280	30	410(68.2%) 250 BC	410(95.4%) 210 BC	-21.97	○	B	II ○		두 ○	H ○
80	제주-화전리 1808-5번지 유적	1호주거지	목탄	2280	40	400(68.2%) 230 BC	410(95.4%) 200 BC	-20.71		D	II·III ○	E ○	두 ○	G ○

순번	유적명(편년)	유구명(편년)	시료의 종류	14C의 연대	14C 오차	보정연대(1σ)	보정연대(2σ)	d13C	정방형 함정 주거지	타원형 수혈형 주거지	토기형식	입지유형	파수형태	기타유물
81	제주 예래동 유적	I-1-ㄱ역20호주거지	목탄	2270	40	400 (68.2%) 230 BC	400 (95.4%) 200 BC	-23.49	O	B				
82	제주 예래동 유적	I-1-ㄱ역66호주거지	목탄	2270	40	400 (68.2%) 230 BC	400 (95.4%) 200 BC	-20.87	O	C				
83	제주 예래동 유적	I-2-ㄱ역14호주거지	목탄	2270	40	400 (68.2%) 230 BC	400 (95.4%) 200 BC	-24.62	O	B	O			
84	제주 하가리유적 (ㄷ구역)	3?2호수혈유구	목탄	2260	50	400 (68.2%) 210 BC	400 (95.4%) 230 BC	-23.14		A	O		O	
85	제주 하가리유적 2715-1번지	5호주거지	목탄	2260	40	400 (68.2%) 230 BC	400 (95.4%) 200 BC	-26.78	O	A				
86	사귀포 화순리 541번지 유적	37호수혈유구	목탄	2260	40	400 (68.2%) 230 BC	400 (95.4%) 200 BC	-25.60		A		O		O
87	제주 삼양1동 1249-7번지 유적	2호생활면 주거지	목탄	2250	50	390 (68.2%) 210 BC	400 (95.4%) 200 BC	-25.68	O	A				
88	제주 용담동 유적 (2697외)	19호주거지	목탄	2250	30	390 (68.2%) 230 BC	400 (95.4%) 200 BC	-23.09	O	A			O	O
89	제주 화순리 도시계획도로 유적	24호주거지	목탄	2250	30	390 (68.2%) 230 BC	400 (95.4%) 200 BC	-27.5	O	A				
90	제주 화순리 544-1,2번지	1호주거지	목탄	2250	40	390 (68.2%) 230 BC	400 (95.4%) 200 BC	-23.99	O	A		O		
91	제주 삼양동 유적 (2136-9)	4호구상유구	목탄	2240	50	390 (68.2%) 200 BC	400 (95.4%) 190 BC	-21.50		B				
92	제주 용담동 유적 (2697외)	22호주거지	목탄	2240	40	390 (68.2%) 210 BC	400 (95.4%) 200 BC	-29.75	O	A				
93	제주 화순리 도시계획도로 유적	3호주거지	목탄	2240	30	380 (68.2%) 210 BC	390 (95.4%) 200 BC	-22.8	O	A				
94	제주 예래동 유적	I-1-ㄱ역21호주거지	목탄	2230	40	380 (68.2%) 200 BC	390 (95.4%) 200 BC	-25.76	O	A				
95	제주 예래동 유적	I-1-ㄱ역74호주거지	목탄	2220	40	370 (68.2%) 200 BC	390 (95.4%) 190 BC	-26.1	O	F				
96	제주 예래동 유적	II구역46호수혈유구	목탄	2220	40	370 (68.2%) 200 BC	390 (95.4%) 190 BC	-28.08						

순번	유적명(연접)	유구명(연접)	시료종류	14C연대	14C오차	1σ 보정연대(1σ)	2σ 보정연대(2σ)	d13C
97	제주 어음동 유적(2401-10)	1호원형주거지	목탄	2220	40	370(68.2%) 200 BC	390(95.4%) 190 BC	-24.6
98	서귀포 화순리 541번지 유적	1호석곽진순성유구	목탄	2220	40	390(68.2%) 200 BC	390(95.4%) 170 BC	-25.00
99	제주 화순리 도시계획도로 유적	1호도시계획도로구	목탄	2210	30	390(68.2%) 200 BC	390(95.4%) 170 BC	-23.4
100	제주 삼양동 유적 VI지구	3호주거지	목탄	2200	50	360(68.2%) 200BC	380(95.4%) 190 BC	-28.63
101	제주 삼양동 유적(1239)	9호원형주거지	목탄	2200	40	360(68.2%) 200 BC	390(95.4%) 170 BC	-28.11
102	서귀포 화순리 527,528번지 유적	1호주거지	목탄	2200	40	360(68.2%) 200 BC	390(95.4%) 170 BC	-29.5
103	서귀포 화순리 717,718번지 유적	4호주거지	목탄	2200	30	360(68.2%) 200 BC	400(95.4%) 190 BC	-24.7
104	제주 고산리 7호 주거지(1874-16)	II구역7호주거지	목탄	2190	50	360(68.2%) 200 BC	370(95.4%) 190 BC	-24.93
105	제주 예래동 유적 162번지	행수혈	목탄	2190	40	360(68.2%) 190 BC	390(95.4%) 160 BC	-26.13
106	제주 용담동 유적(2697외)	7호수혈	목탄	2190	30	370(68.2%) 190 BC	370(95.4%) 170 BC	-25.72
107	제주 삼양동 유적(1239)	2호원형주거지	목탄	2190	40	360(68.2%) 190 BC	380(95.4%) 120 BC	-26.22
108	제주 하가리 유적	3호구	목탄	2190	30	360(68.2%) 190 BC	370(95.4%) 190 BC	-22.4
109	서귀포 화순리 715,716번지 유적	12호주거지	목탄	2190	40	360(68.2%) 190 BC	380(95.4%) 120 BC	-25.9
110	서귀포 화순리 541번지 유적	9호주거지	목탄	2190	40	360(68.2%) 190 BC	380(95.4%) 120 BC	-24.90
111	I-1-구역45외주거지	I-1-구역 513호수혈	목탄	2180	40	360(68.2%) 170 BC	380(95.4%) 110 BC	-24.07
112	제주 예래동 유적 513호수혈	513호수혈	목탄	2180	40	360(68.2%) 170 BC	380(95.4%) 110 BC	-26.43

순번	유적명 (연번)	유구명 (연번)	시료 종류	14C 연대 값	14C 연대 오차	보정연대 (1σ)	보정연대 (2σ)	d13C	장방형·말각방형 주거지	타원형·원형·방형 평면형식	토기형식	문양구성	파수형태	기타유물
113	제주 용담동 유적 (2718-1)	2호주거지	목탄	2180	30	360(68.2%) 190 BC	370(95.4%) 160 BC	-27.4	O	A	I		부	
114	제주 예래동 유적	I-1구역68호주거지	목탄	2170	40	360(68.2%) 160 BC	370(95.4%) 100 BC	-20.11	O	A			부	
115	제주 예래동 유적	I-1구역 195호수혈	목탄	2170	40	360(68.2%) 160 BC	370(95.4%) 100 BC	-27.96	O				부	
116	제주 화순리 유적	II-1구역23호주거지	목탄	2170	40	360(68.2%) 160 BC	370(95.4%) 100 BC	-25.7	O	B	V		부	
117	서귀포 화순리 538번지 유적	6호주거지	목탄	2170	40	360(68.2%) 160 BC	370(95.4%) 100 BC	-20.6	O	C	VI		구	
118	제주 삼양동 유적 VJ지구	5호주거지	목탄	2160	50	360(68.2%) 110BC	370(95.4%) 50 BC	-23.88	O	B	III			
119	제주 고산리 유적 (874-16)	고구역8호주거지	목탄	2160	50	360(68.2%) 110 BC	370(95.4%) 50 BC	-21.46	O	C		D	부	
120	서귀포 표선리 유적	5호주거지	목탄	2160	20	360(68.2%) 160 BC	360(95.4%) 110 BC	-24.1	O					
121	서귀포 화순리 537-3번지 유적	4호주거지	목탄	2160	40	360(68.2%) 160 BC	370(95.4%) 90 BC	-25.66	O	G		G	부	
122	서귀포 화순리 715, 716번지 유적	9호주거지	목탄	2160	30	360(68.2%) 160 BC	360(95.4%) 100 BC	-26.1	O					
123	서귀포 화순리 544-1, 2번지	4호주거지	목탄	2160	40	350(68.2%) 110 BC	360(95.4%) 90 BC	-25.95	O	A				
124	서귀포 화순리 537-3번지 유적	5호주거지	목탄	2150	40	350(68.2%) 110 BC	360(95.4%) 50 BC	-25.32	O	A	V			
125	제주 삼양동 1249-7번지 유적	2호주거지	목탄	2140	50	350(68.2%) 110 BC	360(95.4%) 40 BC	-27.41	O	B				
126	서귀포 표선리 유적	6호주거지		2140	30	350(68.2%) 110 BC	360(95.4%) 50 BC	-29.3	O	C				
127	서귀포 표선리 유적	15호주거지	목탄	2140	30	350(68.2%) 110 BC	360(95.4%) 50 BC	-25.3	O	E				
128	제주 예래동 유적	I-1구역48호주거지	목탄	2130	40	350(68.2%) 90 BC	360(95.4%) 40 BC	-22.89	O	A				O

순번	유적명 (연번)	유구명 (칸번)	시료 종류	¹⁴C 연대 BP	오차	보정연대 (1σ)	보정연대 (2σ)	d13C	장방형·타원형·수혈주거지	형식	토기형식 O	기타 O
129	용담동 월성로 유적	1호주거지	목탄	2130	60	350 (68.2%) 50 BC	370 BC (95.4%) 10 AD	-20.7	O	A	IV	
130	제주 용담2동 2715-1번지 유적	2호주거지	목탄	2130	40	350 (68.2%) 90 BC	360 (95.4%) 40 BC	-26.67	O	B	H	
131	제주 용담2동 2715-13번지 유적	2호주거지	목탄	2130	40	350 (68.2%) 90 BC	360 (95.4%) 40 BC	-28.69	O	A	H	
132	제주 외래동 유적	I-1구역54호주거지	목탄	2120	40	200 (68.2%) 50 BC	360 (95.4%) 40 BC	-30.17	O	B	II	매장 O
133	제주 외래동 유적	1-1구역520호수혈	목탄	2120	40	200 (68.2%) 50 BC	360 (95.4%) 40 BC	-25.25	O		H	
135	서귀포 화순리 677-1번지 유적	1호주거지	목탄	2110	50	200 (68.2%) 50 BC	360 BC (95.4%) 40 BC	-21.88	O	F		
136	제주 예래동 유적 II구역 27호 수혈유구 (1874-16)		목탄	2110	40	200 (68.2%) 50 BC	360 BC (95.4%) 40 BC	-21.46	O		III	
137	제주 예래동 유적 I-1구역46호주거지		목탄	2110	30	190 (68.2%) 50 BC	350 (95.4%) 30 BC	-22.94	O	B	III	
143	제주 예래동 유적 생토기 3호주거지		목탄	2110	40	190 (68.2%) 90 BC	210 (95.4%) 40 BC	-25.63	O	A	III	
146	제주 용담2동 2715-13번지 유적	1호주거지	목탄	2110	40	190 (68.2%) 50 BC	350 (95.4%) 30 BC	-26.67	O	A		
147	서귀포 화순리 538번지 유적	7호주거지	목탄	2100	40	200 (68.2%) 50 BC	360 (95.4%) 1 BC	-21.7	O	A		
148	제주 삼양동 유적 (2136.9)	1호주거지	목탄	2100	50	180 (68.2%) 50BC	360 BC (95.4%) 50BC	-22.34	O		H	
149	제주 용담2동 유적 (2695-4)	6호주거지	목탄	2100	40	180 (68.2%) 50 BC	360 (95.4%) 1 BC	-26.23	O	A	V	
150	제주 삼양동 유적 (1239)	3호주거지	목탄	2100	40	180 (68.2%) 50 BC	350 (95.4%) 1 BC	-31.15	O	A		
151	제주 삼양동 유적 (1239)	4호주거지	목탄	2100	40	180 (68.2%) 50 BC	350 (95.4%) 1 BC	-27.38	O	A	V	
152	서귀포 화순리 715,716번지 유적	7호수혈유구	목탄	2100	40	180 (68.2%) 50 BC	350 (95.4%) 1 BC	-25.6	O	A	VI	

순번	유적명 (한글)	유구명 (한글)	시료 종류	14C 연대	14C 오차	보정연대 (1σ)	보정연대 (2σ)	d13C	주거지
154	제주 고산리 유적 (1874-16)	口구역 1호 주거지	목탄	2090	50	180 (68.2%) 40 BC	350 BC (95.4%) 30 AD	-24.06	○ / B
156	제주 예래동 유적	I·1구역56 호주거지	목탄	2090	50	180 (68.2%) 40 BC	350 BC (95.4%) 30 AD	-24.46	○ / B
158	제주 외도동 유적 III	1지점 44호 수혈유구	목탄	2090	40	170 (68.2%) 50 BC	210 BC (95.4%) 10 AD	-25.28	○ / B
161	서귀포 하손리 유적 715, 716번지 유적	10호주거지	목탄	2090	30	170 (68.2%) 40 BC	200 BC (95.4%) 40 AD	-23.9	○ / A
162	서귀포 하손리 유적 717, 718번지 유적	13호주거지	목탄	2090	30	170 (68.2%) 50 BC	200 BC (95.4%) 40 AD	-28.1	○ / A
163	제주 용담동 유적 (2622-1)	점토기 1호 주거지	목탄	2080	30	160 (68.2%) 50 BC	200 BC (95.4%) 1 BC	-27.71	○ / A
164	제주 용담2동 2637-1번지 유적	1호주거지	목탄	2080	30	160 (68.2%) 50 BC	200 BC (95.4%) 1 BC	-27.53	○ / A
166	서귀포 하손리 유적 717, 718번지 유적	17호주거지	목탄	2080	30	160 (68.2%) 50 BC	200 BC (95.4%) 1 BC	-24.7	○ / A
167	제주 용담동 유적 2625-16번지 유적	3호주거지	목탄	2070	50	170 (68.2%) 30 BC	210 BC (95.4%) 60 AD	-22.09	○ / A
169	제주 삼양동 유적 V지구	1호주거지	목탄	2060	50	170 (68.2%) AD	200 BC (95.4%) 60 AD	-26.36	○ / A
171	제주 삼양동 유적 (3412)	3호주거지	목탄	2060	40	160 (68.2%) 30 BC	190 BC (95.4%) 30 AD	-28.52	○ / A
172	서귀포 하손리 유적 717, 718번지 유적	16호주거지	목탄	2060	30	160 (68.2%) 30 BC	170 BC (95.4%) 10 AD	-28.1	○ / A
173	제주 예래동 유적	I·1구역 476호수혈유구	목탄	2050	40	150 (68.2%) 1 BC	180 BC (95.4%) 50 AD	-25.98	○ / F
177	제주 용담동 유적 (2718-1)	6호주거지	목탄	2050	20	110 (68.2%) 1 BC	170 BC (95.4%) 20 AD	-26.37	○ / D
178	제주 하손리 유적	I구역 92호 주거지	목탄	2050	60	110 (68.2%) 20 AD	210 BC (95.4%) 80 AD	-26.1	○ / F
179	제주 삼양동 유적 (1239)	5호움집유구	목탄	2040	40	110 (68.2%) 20 AD	170 BC (95.4%) 60 AD	-27.04	○ / D

순번	유적명 (한글)	유구명	시료종류	14C 연대	14C 연대 오차	보정연대 (1σ)	보정연대 (2σ)	d13C	타원형 수혈
181	서귀포 하예리 537-3번지 유적	7호주거지	목탄	2040	40	110 BC (68.2%) 20 AD	170 BC (95.4%) 60 AD	-25.65	C
183	제주 외도동유적 II	5호주거지	목탄	2030	60	150 BC (68.2%) 60 AD	200 BC (95.4%) 90 AD	-21.03	G
184	제주 하예리 유적	ㅍ구역 24호 주거지	목탄	2030	60	150 BC (68.2%) 60 AD	200 BC (95.4%) 90 AD	-27.68	A
197	제주 하예리 537-5번지 유적	57호수혈유구	목탄	2030	40	100 BC (68.2%) 30 AD	170 BC (95.4%) 90 AD	-29	
199	제주 용담동 유적 (2697외)	16호주거지	목탄	2020	40	90 BC (68.2%) 60 AD	160 BC (95.4%) 70 AD	-27.61	B
200	서귀포 하예리 도시계획도로 유적	5호주거지	목탄	2020	30	50 BC (68.2%) 30 AD	110 BC (95.4%) 60 AD	-27.9	G
203	서귀포 하예리 541번지 유적	4호주거지	목탄	2020	40	90 BC (68.2%) 50 AD	160 BC (95.4%) 90 AD	-25.50	B
204	서귀포 하예리 창고 정비적	5호주거지	목탄	2010	50	90 BC (68.2%) 60 AD	170 BC (95.4%) 90 AD	-21.41	F
205	서귀포 하예리 677-1번지 유적	2호주거지	목탄	2010	40	50 BC (68.2%) 55 AD	160 BC (95.4%) 80 AD	-21.64	D전
206	제주 창천리 953-5번지 유적	1호주거지	목탄	2010	40	50 BC (68.2%) 80 AD	160 BC (95.4%) 80 AD	-26.71	A
207	탐라전기 1 호주거지	탐라전기 1호주거지	목탄	2000	30	40 BC (68.2%) 50 AD	90 BC (95.4%) 80 AD	-26	D전
208	제주 용담동 유적 (2622-1)	42호수혈유구	목탄	2000	40	43 BC (68.2%) 55 AD	110 BC (95.4%) 80 AD	-28.4	
210	서귀포 하예리 717, 718번지 유적	8.8호주거지	목탄	2000	30	40 BC (68.2%) 50 AD	90 BC (95.4%) 80 AD	-26.1	A
211	제주 예래동 유적	1-1구역40호주거지	목탄	1990	50	50 BC (68.2%) 50 AD	160 BC (95.4%) 80 AD	-23.6	F
243	제주 용담동 유적 (2695-4)	4호주거지	목탄	1990	30	40 BC (68.2%) 60 AD	50 BC (95.4%) 80 AD	-24.54	D
245	제주 용담동 유적 (2718-1)	5호주거지	목탄	1980	30	30 BC (68.2%) 80 AD	50 BC (95.4%) 80 AD	-26.2	D

다음은 회전된 표의 주요 판독 가능한 데이터입니다.

순번	유적명(번호)	유구명(번호)	시료종류	14C 연대	14C 오차	보정연대(1σ)	보정연대(2σ)	d13C
248	용담이동 2704-15번지 단독주택신축 축부지 내 유적	1호주거지	목탄	1980	50	40 BC (68.2%) 70 AD	110 BC (95.4%) 130 AD	-26
250	서귀포 화순리 758-5번지 유적	1호주거지	목탄	1980	40	40 BC (68.2%) 70 AD	90 BC (95.4%) 130 AD	-25.34
251	서귀포 화순리 677-1번지 유적	1호수혈유구/제석유구	목탄	1980	40	40 BC (68.2%) 70 AD	90 BC (95.4%) 130 AD	-29.09
252	제주 용담동 유적 (2695-4)	2호주거지	목탄	1960	40	20 BC (68.2%) 90 AD	50 BC (95.4%) 130 AD	-29.01
278	제주 용담동 유적 (2695-4)	7호주거지	목탄	1960	30	1 (68.2%) 80 AD	40 BC (95.4%) 130 AD	-26.64
280	제주 외도동 유적 (106-1)	9호수혈유구	목탄	1960	40	20 BC (68.2%) 90 AD	50 BC (95.4%) 130 AD	-28.47
283	서귀포 화순리 690번지 유적	6호수혈유구	목탄	1960	40	20 BC (68.2%) 90 AD	50 BC (95.4%) 130 AD	-27.25
284	제주 삼양동 유적 (2136-9)	6호주거지	목탄	1950	50	20 BC (68.2%) 130 AD	60 BC (95.4%) 220 AD	-24.37
285	제주 용담동 유적 (2695-4)	3호주거지	목탄	1950	30	10 BC (68.2%) 90 AD	30 BC (95.4%) 130 AD	-24.2
286	서귀포 화순리 715, 716번지 유적	1호주거지	목탄	1950	30	10 (68.2%) 90 AD	30 BC (95.4%) 90 AD	-22.2
287	제주 삼양동 유적 (2136-9)	7호주거지	목탄	1940	50	AD (68.2%) 130 AD	50 BC (95.4%) 220 AD	-28.13
288	서귀포 화순리 541번지 유적	3호주거지	목탄	1940	30	20 (68.2%) 90 AD	20 BC (95.4%) 130 AD	-22.20
289	서귀포 화순리 677-1번지 유적	4호주거지	목탄	1940	40	10 (68.2%) 130 AD	50 BC (95.4%) 140 AD	-20.59
290	용담이동 2704-15번지 단독주택신축 축부지 내 유적	2호주거지	목탄	1930	30	25 (68.2%) 125 AD	40 BC (95.4%) 210 AD	-26
298	제주 외도동 유적 (125-2)	23호수혈유구	목탄	1920	40	50 (68.2%) 130 AD	20 (95.4%) 210 AD	-23.66
304	제주 화순리 544-1, 2번지	7호주거지	목탄	1920	40	20 (68.2%) 130 AD	20 (95.4%) 220 AD	-25.23

주거지 관련(장방형 노지 주거지) 열은 모든 순번에서 O 표시.

타원형 노지 수혈군 형식 열: 248=F, 250=B, 252=D, 278=B, 284=A, 285=D조, 286=D, 288=B, 289=A.

출전	유적명 (연번)	유구명 (연번)	시료 종류	14C의 연대	14C 오차	보정연대 (1σ)	보정연대 (2σ)	d13C	주거지	주거지 평면형식
305	제주 용담동 유적 (2695-4)	5호주거지	목탄	1910	30	60 (68.2%) 130 AD	20 (95.4%) 210 AD	-27.11	○	D
319	제주 화순리 유적	Ⅱ구역 1호 주거지	목탄	1910	60	20 (68.2%) 210 AD	40 BC (95.4%) 240 AD	-25.36	○	A
320	제주 용담동 유적 (2697외)	18호주거지	목탄	1900	90	60 (68.2%) 130 AD	20 (95.4%) 220 AD	-25.64	○	A
322	제주 용담동 유적 (2696-2)	3호수혈	목탄	1900	40	50 (68.2%) 210 AD	20 (95.4%) 230 AD	-24.47		
334	제주 강정동 유적	Ⅲ-1구역88 수혈유구	목탄	1890	40	60 (68.2%) 210 AD	20 (95.4%) 230 AD	-22.98		
335	제주 용담동2동 2627-4번지 유적	1호주거지	목탄	1890	60	30 (68.2%) 220 AD	40 BC (95.4%) 260 AD	-25.89	○	B
340	제주 용담동 유적(2697외)	14호주거지	목탄	1880	30	70 (68.2%) 210 AD	20 (95.4%) 220 AD	-23.75	○	G
350	제주 외도동 유적	1저경 2호주거지	목탄	1880	40	70 (68.2%) 240 AD	50 (95.4%) 240 AD	-30.26	○	D조
351	제주 화순리 544-1,2번지	6호주거지	목탄	1870	40	80 (68.2%) 220 AD	50 (95.4%) 240 AD	-24.02		
352	제주 강정동 유적	196호수혈	목탄	1850	40	120 (68.2%) 230 AD	60 (95.4%) 250 AD	-29.07		
353	제주 용담동 유적 (2622-1)	장흥기 1호 모다진소성 유구	목탄	1840	30	130 (68.2%) 220 AD	50 (95.4%) 250 AD	-25.06		
354	제주 화순리 유적	Ⅲ-1구역 56호 주거지	목탄	1840	60	80 (68.2%) 250 AD	50 (95.4%) 340 AD	-27.01	○	D
355	제주 화순리 창고 정유역	3호주거지	목탄	1830	40	130 (68.2%) 230 AD	60 (95.4%) 320 AD	-27.49	○	D
356	용담이동 2704-15번지 단독주택건 축부지 내 유적	7호주거지	목탄	1830	50	120 (68.2%) 250 AD	60 (95.4%) 330 AD	-24	○	A조
357	제주 화순리 유적 45호 주거지		목탄	1820	60	90 (68.2%) 320 AD	60 (95.4%) 350 AD	-21.38	○	A조
358	제주 오라동 유적 (2401-12)	1호유물	목탄	1810	40	130 (68.2%) 250 AD	80 (95.4%) 340 AD	-22.8		

순번	유적명(연번)	유구명(연번)	시료종류	14C연대(BP)	14C연대오차	보정연대(1σ)(2σ)	보정연대(2σ)(2σ)	d13C
360	제주 용담동 유적(2697외)	15호주거지	목탄	1790	30	140 (68.2%) 330 AD	130 (95.4%) 330 AD	-24.1
362	제주 용담동 유적(2696-2)	1호주거지	목탄	1790	40	130 (68.2%) 320 AD	120 (95.4%) 350 AD	-30.86
363	제주 강정동 주거지	피구역8호주거지	목탄	1780	40	140 (68.2%) 330 AD	130 (95.4%) 380 AD	-25.89
364	서귀포 하손리 538번지 유적	4호주거지	목탄	1770	40	220 (68.2%) 340 AD	130 (95.4%) 380 BC	-25.2
365	제주 강정동 주거지	피구역3호주거지	목탄	1760	40	220 (68.2%) 340 AD	130 (95.4%) 390 AD	-28.05
366	제주 용담동 2627-8번지 유적	1호수혈유구	목탄	1760	40	220 (68.2%) 340 AD	130 (95.4%) 390 AD	-29.16
368	제주 용담동 유적(2697외)	4호유물	목탄	1750	30	240 (68.2%) 390 BC	220 (95.4%) 390 BC	-27.08
378	제주 강정동 유적	3호유물	목탄	1750	30	240 (68.2%) 340 AD	220 (95.4%) 390 AD	-25.07
380	제주시 외도동 유적	피구역6-1호수혈유구	목탄	1740	60	230 (68.2%) 390 AD	130 (95.4%) 430 AD	-23.4
381	제주 외도1동 130번지 유적	7호수혈유구-내구유물	목탄	1730	40	250 (68.2%) 380 AD	220 (95.4%) 420 AD	-27.46
382	제주 강정동 주거지	피구역2호주거지	목탄	1720	40	250 (68.2%) 390 AD	230 (95.4%) 420 AD	-27.85
383	제주 외도1동 118호유물유구	피구역118호유물유구	목탄	1720	60	250 (68.2%) 400 AD	250 (95.4%) 440 AD	-27.79
384	제주 외도1동 130번지유적	2호수혈유구	목탄	1720	40	250 (68.2%) 390 AD	250 (95.4%) 420 AD	-20.7
386	제주 용담동 2627-8번지 유적	우물	목탄	1720	50	250 (68.2%) 390 AD	160 (95.4%) 430 AD	-26.76
390	제주 용담동 유적(2718-1)	2호우물	목탄	1710	30	260 (68.2%) 390 BC	250 (95.4%) 400 BC	-25.75
392	제주 외도1동 130번지유적	4호수혈유구	목탄	1710	40	250 (68.2%) 390 AD	240 (95.4%) 420 AD	-27.33

순번	유적명 (한글)	유구명 (한글)	시료종류 (재질)	14C연대 BP	14C 오차	보정연대 (1σ)	보정연대 (2σ)	d13C	주거지	형식
393	제주 외도동 유적(106-1)	1호주거지	목탄	1700	40	250(68.2%)400 AD	240(95.4%)420 AD	-25.22	O	G
394	제주 용담동 유적(2697외)	113호수혈유구	목탄	1690	30	330(68.2%)400 AD	250(95.4%)420 AD	-26.49		
395	서귀포 표림동유적 Ⅱ	1호주거지		1690	30	330(68.2%)400 AD	250(95.4%)420 AD	-21.9	O	D
396	제주 외도동 130번지 유적	폐기장	목탄	1690	40	330(68.2%)410 AD	260(95.4%)430 AD	-26.25		
397	제주 용담동 유적(2696-2)	26호주거지	목탄	1680	60	250(68.2%)430 AD	230(95.4%)540 AD	-27.47	O	C
398	곽지리패총 송림밭일대 신엄리해안 유적	9층	목탄	1670	50	260(68.2%)430 AD	240(95.4%)540 AD	-26.53	O	D조
400	제주 강정동 유적	구역4호 주거지	목탄	1660	40	260(68.2%)430 AD	250(95.4%)540 AD	-24.24	O	B
401	제주 강정동 유적	구역7호 주거지	목탄	1660	50	260(68.2%)510 AD	250(95.4%)540 AD	-27.26	O	B
402	저분리하천변 삼양일대 독무시내 유적		목탄	1650	50	260(68.2%)530 AD	250(95.4%)540 AD	-26.23	O	D
404	제주 용담동유적 2625-16번지 유적	2호주거지	목탄	1650	50	340(68.2%)530 AD	260(95.4%)540 AD	-22.74	O	D
405	제주 용담동 유적(2696-2)	5호주거지	목탄	1640	40	340(68.2%)530 AD	260(95.4%)540 AD	-27.21	O	F
407	제주 용담동 유적(2696-2)	113호수혈유구	목탄	1640	40	340(68.2%)530 AD	260(95.4%)540 AD	-22.9		
410	서귀포 하원리 538번지 유적	8호주거지	목탄	1630	40	380(68.2%)540 AD	330(95.4%)540 AD	-23.8	O	F
411	제주 여래동 유적	1구역25호 수혈유구	목탄	1620	40	390(68.2%)540 AD	340(95.4%)540 AD	-29.27	O	
412	제주 강정동 유적	1구역7호 주거지	목탄	1620	40			-21.44		B
413	제주 외도동유적(한천동길 22)	3호주거지	목탄	1620	40	380(68.2%)540 AD	340(95.4%)550 AD	-25.98	O	H

순번	유적명 (한글)	유구분류 (한글)	시료종류	14C 연대	14C 오차	보정연대 (1σ)	보정연대 (2σ)	d13C
414	제주 용담동 유적 (374)	1호 주거지	목탄	1610	40	390 (68.2%) 540 AD	350 (95.4%) 550 AD	-27.48
416	용담저장진하차장 및 자연저장시설 신축부지내 유적	57호 수혈유구	목탄	1600	50	410 (68.2%) 540 AD	340 (95.4%) 580 AD	-28.26
417	서귀포 화순리 538번지 유적	5호 주거지	목탄	1600	40	400 (68.2%) 540 BC	380 (95.4%) 560 BC	-30.5
418	제주 용담2동 2625-1,6번지 유적	무음	목탄	1590	50	420 (68.2%) 540 AD	340 (95.4%) 590 AD	-21.41
426	제주 화순리 청수리 진양폭	1호 매립터유구	목탄	1580	40	430 (68.2%) 540 AD	400 (95.4%) 570 AD	-21.22
428	용담물진하장 및 자연저장시설 신축부지내 유적	22호 수혈유구	목탄	1580	60	410 (68.2%) 550 AD	340 (95.4%) 610 AD	-27.78
430	제주 삼양동 유적 (2181-36)	폐사유구	목탄	1560	30	420 (68.2%) 550 AD	420 (95.4%) 570 AD	-23.77
433	제주 화지리 유적 (2113)	16호 수혈유구	목탄	1560	30	420 (68.2%) 550 AD	420 (95.4%) 570 AD	-24.76
434	제주 신도동유적 (신도등길 22)	2호 주거지	목탄	1530	40	430 (68.2%) 590 AD	420 (95.4%) 610 AD	-24.95

(타)원형주거지는 2600 ^{14}C BP대(代)부터 확인된다. 제주 삼화 나지역 유적의 I구역 청동기시대 1호주거지(2670±50 ^{14}C BP)와 III-4구역 청동기시대 3호주거지(2660± 50 ^{14}C BP)에서 2600 ^{14}C BP대(代) 전반부의 연대가 측정되었고 제주 삼양동 유적[2181-45번지] 3호원형주거지에서 2630±60 ^{14}C BP의 연대가 검출되었다. 따라서 현재로써 2600 ^{14}C BP대(代)에 (타)원형주거지, 즉 송국리형 주거지가 제주도에 등장한 것으로 봐도 문제가 없을 거라 생각한다. 그리고 이 연대는 (장)방형주거지의 연대 폭과 중복되기 때문에 (장)방형주거지와 (타)원형주거지가 공존하던 시기가 있었던 것으로도 추정해 볼 수 있다.

(타)원형주거지의 가장 늦은 연대는 제주 삼도동 유적[북초등길 22] 2호주거지의 1530±40 ^{14}C BP이지만 아직 이 1500 ^{14}C BP대(代)의 측정치가 많지 않다. 따라서 현재로써 다수의 ^{14}C BP연대가 몰려있는 1600 ^{14}C BP 후반부가 (타)원형주거지의 안정적인 하한연대로 볼 수 있을 것 같다. 소위 송국리형주거지로 불리는 이 (타)원형주거지가 1600 ^{14}C BP대(代)까지 확인되는 것은 대부분 기원전에 사라지는 한반도의 상황과 비교했을 때 분명 차별화된 현상이라고 볼 수 있다.

타원형수혈의 형식은 시간에 따라 유의미한 현상을 보여준다(그림 4-13). 우선 (타)원형주거지 등장 초기에는 주로 A형주거지 즉, 내주공식 주거지가 대부분을 차지한다. 본서의 분석상에서 내주공식 주거지는 2600 ^{14}C BP대(代)~2300 ^{14}C BP대(代)까지 70-90%를 차지하고 있어 당시의 주류 형식이라고 할 수 있다. 2200 ^{14}C BP대(代)부터 이 내주공식은 50% 밑으로 떨어지고 2000 ^{14}C BP대(代)부터는 30% 인근까지 그 수치

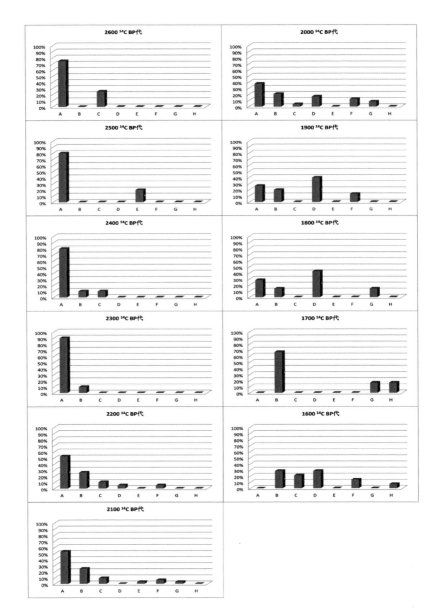

그림 4-13. 탄소연대별 (타)원형주거지 형식 분포

가 떨어진다. 그러다가 1700 ^{14}C BP대(代)에 접어들면 A형의 내주공식은 거의 자취를 감춘다. 2200 ^{14}C BP대(代) 이후로는 특정한 하나의 형식이 주류를 점한다기보다는 다양한 형식이 공존하는 양상으로 변화한다. 그 중 그나마 특별히 비중이 높다졌다

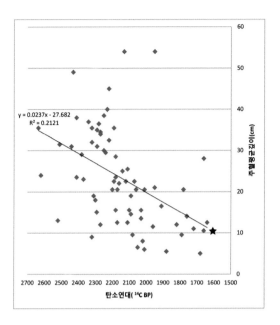

그림 4-14. ^{14}C BP연대와 주혈평균깊이의 회귀분석(박경민 2018b: 20, 도면4), ※. ★은 p<0.05의 결과를 나타낸다.

고 할 수 있는 형식은 타원형 수혈 양단에 두 개의 주혈이 걸쳐 있는 B형과 주혈 없이 타원형수혈만 존재하는 D형이라 할 수 있다. 특히 D형은 2000 ^{14}C BP 이후 비중이 다소 증가한 것으로 보인다.

제주도에서는 타원형 수혈 내부에 두 개의 초석이 설치된 사례도 확인되는데 본서의 분석 상 2000 ^{14}C BP 전후한 시점에 등장한 것으로 파악된다[23]. ^{14}C BP 연대가 확인된 사례 중 가장 빠른 것은 서귀포 화순리 677-1번지 유적 2호주거지의 2010±40 ^{14}C BP이다. 초석 주거지는 A

---

23 표. 4-1의 타원형수혈형식에서 형식기호 뒤에 '초'가 덧붙은 것은 초석이 존재함을 의미한다(예: D초).

형, C형, D형 등 다양한 형식과 결합되고 있어 특정한 형식하고만 연결되는 양상은 아닌 것으로 판단된다.

^{14}C BP연대에 따른 (타)원형주거지의 형태와 관련된 변화 중 표 4-1에서 파악되지 않는 것이 양단 주혈의 깊이이다. 필자는 지난 졸고를 통해 송국리형주거지의 특징 중 하나인 두 개의 중심주혈 깊이변화를 관찰하였다(박경민 2018b: 20). 당시 회귀분석을 통해 ^{14}C BP연대와 중심주혈 깊이[24]의 상관관계를 따져봤는데 그 결과 ^{14}C BP연대가 낮아질수록 주혈의 깊이도 얕아지는 현상을 관찰할 수 있었다. 정확히 어느 시점에 얕아졌다고 말하기는 힘들지만 적어도 2200 ^{14}C BP 이후에 30㎝ 이상의 깊이를 갖는 주혈이 급격하게 줄어드는 현상은 유의미하다고 볼 수 있다.

불다짐소성유구는 분석대상의 표본수가 많지 않아 시간대를 특정하기가 쉽지 않다. ^{14}C BP연대 범위는 2600±60 ^{14}C BP(제주 곽지리 1808-5번지 유적 불다짐소성유구)부터 1840±60 ^{14}C BP(제주 용담동 유적[2622-1번지] 청동기 1호불다짐소성유구)까지 비교적 폭넓은 시간대에서 확인된다. 하지만 1840±60 ^{14}C BP는 다른 연대들과 지나치게 떨어져 있어 그대로 신뢰하기는 어렵다. 불다짐소성유구는 2300 ^{14}C BP대(代)에 집중적으로 분포하고 있기 때문에 이 시기에 가장 성행했던 것으로 추정되며 등장 시기는 그보다 더 빨랐을 것으로 보인다. 그 이유로 드물긴 하지만 2600 ^{14}C BP대(代)부터 연속적으로 확인되고, 비교적 이른 연대를 보이는 제주 삼화지구 가Ⅰ 유적 (장)방형주거지군 근처에 배치되기도

---

24 분석은 중심주혈 두 개의 평균깊이를 산출하여 진행하였다.

하며, 또 (타)원형주거지와의 중복관계에서 주로 선행하고 있다는 점 등을 들 수 있다.

우물의 가장 이른 ^{14}C BP연대는 제주 외도동 유적[125-2번지] 4호우 물의 2480±40 ^{14}C BP이다. 하지만 이 연대는 다른 우물의 연대보다 지 나치기 빠르기 때문에 신뢰도가 떨어진다. 그 다음으로 이른 연대는 제 주 용담동 유적[2696-2번지] 3호우물의 1900±40 ^{14}C BP이며 주로 집중 되는 시간대는 1700 ^{14}C BP대(代)인 것으로 파악된다. 따라서 현재로 써 우물의 등장 시기는 1900 ^{14}C BP 전후로 판단되며 성행 시기는 1700 ^{14}C BP대(代)였던 것으로 볼 수 있다.

토기의 형태 분석은 어느 정도 형태가 남아 있어 비교적 명확하게 식 별할 수 있는 것들만 대상으로 하였고 각 형식이 명확하게 구분되지 않 는 사례도 있기 때문에 ^{14}C BP연대를 통해 각 형식의 정확한 출현과 소 멸 시기를 특정하는 것은 크게 의미가 없다. 다만 대략적인 각 토기형 태의 사용범위와 순서를 살펴보기 위한 목적은 어느 정도 달성할 수 있 을 것이다. 가장 먼저 사용되기 시작한 토기형태는 직립구연 내지 내만 구연의 심발형토기(Ⅰ식)다. 한반도의 무문토기시대 양상으로 보아 심 발형토기는 호형토기 등과 함께 사용되기 시작했을 것으로 보이지만 제주도에서 Ⅱ식의 호형토기는 형태를 파악할 수 있는 개체수가 많지 않아 분석상에서 두드러지지는 않는다. Ⅰ식 심발형토기의 가장 늦은 연대는 제주 용담2동 2715-13번지 유적의 2130±40 ^{14}C BP이다. 이 연 대를 그대로 심발형토기의 소멸시기로 볼 수는 없지만 대략 이 시기 이 후 심발형토기의 사용이 급격히 줄어든 것으로 봐도 큰 무리는 없을 듯하다. Ⅲ식의 외반구연토기는 송국리식토기이거나 그것에 영향을 받은 토기로 호형토기와 마찬가지로 개체수가 많지 않아 정확한 양상을 파악하기 쉽지 않다. 다만 대체로 2200 ^{14}C BP 이전에 확인되는 사례가 많기 때문에 그 이후로는 거의 소멸된 것으로 추정된다.

Ⅳ, Ⅴ, Ⅵ, Ⅶ식과 같이 구연부가 축약 내지 살짝 외반하고 저부접합부가 축약되는 토기들은 2500 ^{14}C BP대(代)부터 확인되기 시작한다. 즉, Ⅰ식의 심발형토기와 어느 시점부터는 함께 사용했던 것으로 보인다. 하지만 이 토기들은 심발형토기가 거의 사용되지 않는 2180 ^{14}C BP 이후에도 지속된다. 이 부류의 토기들은 늦어도 2000 ^{14}C BP대(代) 까지는 빈번하게 사용된 것으로 보이며 그 이후로는 그 빈도가 확연하게 줄어드는데 특히 Ⅳ식과 Ⅵ식은 거의 확인되지 않는다.

Ⅷ, Ⅸ식과 같이 외반도가 심해지거나 저부접합부의 축약이 거의 사라지는 토기들은 1900 ^{14}C BP대(代)부터 그 빈도가 점점 증가하기 시작한다. 주로 1800 ^{14}C BP대(代)에서 1600 ^{14}C BP대(代) 사이에 주로 성행한 것으로 판단되며 1500 ^{14}C BP대(代)부터 그 빈도가 줄어들었을 것으로 추정된다.

다음으로 토기 문양요소의 ^{14}C BP연대를 검토해보도록 하겠다. 우선 복합문양이 가장 발달한 상모리 유적은 ^{14}C BP연대가 전무하기 때문에 이에 대해서는 한반도에서 확인되는 ^{14}C BP연대를 참고하도록 하겠다.

표 4-2는 한반도에서 확인되는 문양복합사례를 ^{14}C BP연대와 함께 순서 배열한 것이다. 세 개 이상의 문양요소가 결합되는 사례와 공렬문이 이중구연이나 단사선문과 결합되는 사례가 확인되는 유구를 대상

으로 하였다. 이 표는 복합문양 사례를 전수 조사한 것이 아니기 때문에 실제 더 다양한 시간대의 연대가 있을 수 있음을 미리 밝힌다.

표 4-2. 복합문양의 탄소연대(박경민 2017: 112, 표 2 참조)

순번	유구명	탄소연대 (yrs BP)	연대오차 (yrs BP)	δ13C (‰)	교정연대	시료	CDE	BDE	CD	BD	CE	BE	C	DE	D	E
1	천안 백석동 고재미골 3-21	2910	40	-27.7	1260calBC~980calBC(95.4%)	목탄	○	○	○					○	○	○
2	보령 관산리유적(1) KC-013	2910	70	-28.1	1305calBC~910calBC(95%)							○		○	○	
3	경주 문산리 3-2	2900	60	-29.34	1270calBC~910calBC(95.4%)			○							○	
4	보령 관산리유적(1) KC-004	2890	60	-28	1260calBC~905calBC(95%)		○				○					
5	당진 석우리, 소소리 2-2 A 1	2880	50	-23.2	1220calBC~920calBC(94%)		○							○		
6	천안 백석동 고재미골 4-4	2880	40	-28.9	1210calBC~920calBC(95.4%)	목탄	○		○					○	○	
7	포항 대련리 1-4	2850	60	-28.82	1120calBC~890calBC(93.0%)	목탄				○						
8	평택 소사동 가 10	2840	50	-28.29	1200calBC~890calBC(93.4%)	목탄			○					○	○	○
9	명일리 밖지므레 2-1 9	2820	50	-26.5	1130calBC~840calBC(95.4%)				○			○		○		
10	천안 백석동 고재미골 3-4	2810	40	-27.1	1090calBC~840calBC(95.4%)	목탄	○						○	○		
11	아산 용화동 가재골 1-13	2810	50	-25.61	1120calBC~830calBC(95.4%)	목탄				○						
12	아산 용두리 산골 2-1 5	2810	50	-27	1120calBC~830calBC(95.4%)	목탄	○		○	○	○			○		
13	천안 백석동 고재미골 2-3	2800	40	-26.6	1120calBC~830calBC(95.4%)	목탄	○	○	○					○		○
14	관산리유적(1) KC-012	2780	70	-27.5	1110calBC~805calBC(95%)					○				○	○	
15	아산 기지리 19	2780	50	-26.66	1050calBC~810calBC(95.4%)	목탄				○				○		○
16	천안 백석동 고재미골 2-18	2770	40	-25	1010calBC~820calBC(95.4%)	목탄				○				○	○	
17	보성 옥평리 1	2770	50	-23.21	1040calBC~810calBC(95.4%)	목탄						○	○			
18	천안 백석동 고재미골 3-8	2750	40	-24.5	1000calBC~810calBC(95.4%)	목탄	○	○						○	○	
19	경주 천군동 1-21	2750	50	-29.3	1010calBC~800calBC(95.4%)	목탄		○								
20	아산 기지리 1	2740	60	-27	1020calBC~790calBC(95.4%)	목탄							○		○	○
21	평택 소사동 라 4	2740	50	-29.42	1000calBC~800calBC(95.4%)	목탄							○			○
22	아산 기지리 27	2700	70	-30.12	1050calBC~760calBC(95.4%)	목탄						○	○	○		
23	당진 석우리, 소소리 2-1 B 1	2680	40	-23.2	910calBC~790calBC(95.4%)								○			

※ 이중구연단사선문과 이중구연은 모두 기호 C로 표시하였음

한반도에서 출토되는 복합문양의 시간대는 주로 2900 ^{14}C BP대(代)에서 2600 ^{14}C BP대(代)까지 확인되는데 집중되는 시간대는 2800 ^{14}C BP대(代)와 2700 ^{14}C BP대(代)라고 할 수 있다. 그 중에서 특히 상모리 유적에서 높은 비중을 차지하는 복합문양 요소인 이중구연단사선공렬구순각목문(CDE)은 2900-2800 ^{14}C BP사이에 집중되는 현상을 볼 수 있다. 물론 이러한 상황은 ^{14}C BP연대가 더 축적되면 달라질 수도 있겠지만 현 상황에서 상모리 유적에서 주로 확인되는 이중구연단사선공렬구순각목문(CDE), 이중구연단사선공렬문(CD), 이중구연단사선구순

각목문(CE), 단사선공렬구순각목문(BDE)과 같은 문양요소들은 한반도에서 성행했을 시기인 2900-2700 ^{14}C BP사이에 상모리 유적에 유입되었을 가능성이 높다고 생각된다.

표 4-1에서 확인되는 가장 이른 문양요소의 ^{14}C BP연대는 제주 삼화나지역 유적 Ⅲ-4구역 청동기시대 5호주거지의 2860±50 ^{14}C BP로 구순각목문이 단독으로 시문된 토기이다. 하지만 비교적 집중되는 시간대는 2700 ^{14}C BP대(代)부터이고 대체로 공렬문(D), 구순각목문(E), 공렬구순각목문(DE)이 확인된다. 이러한 현상은 2400 ^{14}C BP 전반부까지 지속되며 그 이후로는 구순각목문(E)만 간간이 확인된다.

한편 제주 삼양동 유적(2136-9번지) 6호주거지의 1950±50 ^{14}C BP와 함께 단사선문(B), 공렬문(D), 구순각목문(E)이 확인되기도 하였지만 다른 연대들과 차이가 크기 때문에 현재로써 신뢰도는 떨어진다고 할 수 있다. 다만 구순각목문(E)은 2100 ^{14}C BP 전반부에도 적지 않게 확인되고 있기 때문에 다른 요소들 보다 200-300년 정도 더 지속되었을 것으로 추정된다.

동체점렬문(G)은 2280±40 ^{14}C BP(제주 곽지리 1808-5번지 유적 1호주거지)가 가장 이르며 2100 ^{14}C BP대(代)까지 확인되고 있다. 하지만 동체점렬문(G)은 아직 ^{14}C BP연대가 많이 축적되지 않았기 때문에 대략적인 범위를 추정하기도 쉽지 않다. 다만 이 동체점렬문이 주로 Ⅲ식의 송국리식토기에 시문되는 것으로 추정되기 때문에 이 토기의 ^{14}C BP연대와 어느 정도 병행할 가능성이 높다고 생각된다.

원형점토대토기(H)는 2400 ^{14}C BP대(代) 후반부터 확인되는데 가장 이른 ^{14}C BP연대는 제주 용담동 유적[2631-1번지] 2호주거지의 2430±30 ^{14}C BP이다. 집중 분포하는 구간은 2300 ^{14}C BP대(代)와 2200^{14}C BP대(代)이다. 가장 늦은 연대는 용담2동 2704-15번지 유적 7호주거지의 1830±50 ^{14}C BP지만 이 ^{14}C BP연대는 다른 것들과 큰 차이를 보이고 있어 그대로 신뢰하기 어렵다. 이 ^{14}C BP연대를 제외하면 용담동 먹돌로 유적 1호주거지와 제주 용담2동 2715-1번지 유적 2호주거지에서 확인되는 2100 ^{14}C BP대(代) 후반이 안정적인 하한으로 볼 수 있다.

삼각형점토대토기의 연대는 제주 용담동 유적[2718-1번지] 2호주거지의 2180±30 ^{14}C BP 밖에 확인된 바 없기 때문에 현재로써는 추가적인 자료를 기다릴 수밖에 없다.

파수형태 중 투공형파수는 2500 ^{14}C BP대(代)부터 1500 ^{14}C BP대(代)까지 장기간 사용된 것으로 확인된다. 비교적 늦은 연대, 특히 2100 ^{14}C BP대(代) 후반부터는 투공형파수의 빈도수가 확연하게 줄어들기는 하지만 이상 측정치나 후대 교란으로 판단하기에는 무시할 수 없는 양이다. 또한 투공형파수가 기원후 유물로 판단되는 타날문토기나 철제품들과 동반하는 사례도 반복 확인되기 때문에 실제 이 파수가 기원후까지 이용되었을 가능성은 배제할 수 없다. 다만 이 형식분류는 파수의 형태만으로 진행한 것이기 때문에 파수가 부착되는 토기의 형태에서는 비교적 이른 것들과 늦은 것들 사이에 차이가 있을 가능성이 있다.

고리형파수는 분석대상이 되는 개체수가 적기 때문에 뚜렷한 양상을 파악하기는 힘들다. 가장 이른 것은 서귀포 화순리 538번지 유적 6

호주거지의 2170±40 ^{14}C BP이며 가장 늦은 것은 제주 외도1동 130번지 유적 폐기장의 1690±40 ^{14}C BP이다. 아직까지 특정 시간대에 집중되지 않고 있기 때문에 두 시기 사이에 주로 사용했던 것으로 추정하고자 한다. 봉상파수는 2000 ^{14}C BP에 등장했을 가능성이 있으며 주로 1700 ^{14}C BP대(代)와 1600 ^{14}C BP대(代)에 성행했던 것으로 판단된다.

다음으로는 기타 유물인데 우선 원뿔형토기는 1900 ^{14}C BP대(代) 한 건과 1800 ^{14}C BP대(代) 후반부의 두 건이 확인되며 고배형토기는 1900 ^{14}C BP대(代)의 한 건이 확인된다. 따라서 현재로써 시간적 범위를 특정하기는 쉽지 않은 상황이다.

반형토기는 서귀포 화순리 715·716번지 유적 10호주거지의 2090±30 ^{14}C BP를 필두로 제주 강정동 유적 Ⅱ구역 2호주거지의 1720±40 ^{14}C BP까지 확인되고 있다. 특별하게 집중되는 시간대는 뚜렷하게 확인되지 않기 때문에 대략 이 300-400년 정도의 시간대에 사용되었던 것으로 추정된다.

산형방추차는 제주 화순리 도시계획도로 유적 1호집석유구에서 2210±30 ^{14}C BP가 확인되기는 했지만 다른 ^{14}C BP연대와 차이가 있고 해당 집석유구의 특성상 다양한 시기의 유물이 혼합될 수 있다는 점을 감안한다면 이 ^{14}C BP연대를 그대로 신뢰하기는 어렵다. 그 다음으로 2000 ^{14}C BP대(代)와 1900 ^{14}C BP대(代)에서 확인되고 있는데 그 수량은 많지 않다. 비교적 집중 분포하는 구간이 1700 ^{14}C BP대(代) 후반부터 1600^{14}C BP대(代)인 것으로 보아 산형방추차가 성행하던 시기는 이 시간대로 추정하는 것이 합리적일 듯하다.

외래계토기, 즉 타날문토기는 2380±50 ^{14}C BP(제주 용담동 유적 2696-2번지)와 함께 확인된 사례가 있는데 이 시간대는 한반도에서도 타날문토기가 거의 확인되지 않을 때이기 때문에 그대로 신뢰하기는 어렵다. 이는 서귀포 화순리 541번지 37호수혈유구의 2260±40 ^{14}C BP 도 마찬가지일 것이다. 이후 2000 ^{14}C BP대(代)부터 간간이 확인되기 시작하며 주로 집중되는 시기는 1700 ^{14}C BP대(代) 전반부터 1500 ^{14}C BP대(代)까지이다. 이러한 현상으로 보아 타날문토기가 본격적으로 유입되었던 시기는 1700 ^{14}C BP대(代)부터로 판단된다.

청동제품의 경우 제주도에서 발견 사례 자체가 워낙 적기 때문에 그 양상을 파악하기가 쉽지 않다. 다만 2200 ^{14}C BP대(代)후반에서 2100 ^{14}C BP대(代)까지에서 일부 확인되기 때문에 이 시기가 청동제품이 주로 유입, 사용되던 시기라고 판단된다.

철제품도 ^{14}C BP연대가 많이 축적되지는 않았기 때문에 유입시기 등을 추정하는데 어려움이 많다. 가장 빠른 것으로 확인되는 제주 삼양1동 1249-7번지 유적 3호원형주거지 2420±50 ^{14}C BP는 다른 철제품의 ^{14}C BP연대에 비해 차이가 크기 때문에 그대로 신뢰하기는 힘들 것 같다. 이는 제주 용담동 유적(2697번지 외) 19호주거지의 2250±30 ^{14}C BP 도 마찬가지라고 생각된다. 그 다음으로는 2000 ^{14}C BP대(代)에 세 건이 몰려 있는데 철제품과 관련된 ^{14}C BP연대가 많이 없다는 점을 감안했을 때 적지 않은 양이라 생각된다. 따라서 철제품이 유입된 시기가 2000 ^{14}C BP대(代)일 가능성을 배재할 수 없다고 판단된다. 철제품의 ^{14}C BP연대만으로 예상하기는 어렵지만 제주도에서 철제품이 주로 타날문토기와 동반한다는 현상을 근거로 한다면 철제품이 주로 사용되던 시기도 타날문토기의 ^{14}C BP연대와 크게 다르지 않을 것으로 추정된다.

3. 물질문화 요소들의 동반관계 검토

^{14}C BP연대는 모든 유구에서 추출된 것이 아니기 때문에 아무래도 그 대표성에 문제가 있을 수 있다. 실제 2000년대 이전에 발굴 조사된 유적들은 ^{14}C BP연대 측정이 거의 이뤄지지 않았기 때문에 ^{14}C BP연대만을 가지고서는 제대로 된 편년작업을 수행하는 데 한계가 있다. 따라서 좀 더 정교한 편년작업을 위해서 추가적으로 유구와 유물의 동반관계를 파악하여 물질문화의 세트관계를 명확히 할 필요가 있다.

표 4-3은 주거지에서 확인되는 유물들의 동반관계를 나타낸 표이다. 제주도에서 확인되는 (장)방형주거지와 (타)원형주거지 1,100여 동을 검토대상으로 하였고 그 중 유의미한 동반관계를 보이는 175동에 대하여 비슷한 유물 조합끼리 배열하였다. 배열순서는 앞서 분석한 ^{14}C BP연대의 순서배열을 참고로 하였지만 이 배열이 절대적으로 시간적 순서를 나타내는 것은 아니다. 예를 들어 동체점렬문(G)의 경우는 원형점토대토기(H)보다 대체로 위에 배열하였지만 이는 단지 비슷한 유물 조합을 가까운 곳에 배열하다보니 나타난 현상일 뿐 동체점렬문(G)이 시간적으로 앞선다는 의미는 아니다.

표 4-3. 주거지 출토 동반유물표

순번	유적명(연번)	유구명(연번)	주거지	장	단	면적	토기형식 I	토기형식 II	출토양상	출토양상	출토양상
1	제주도련동유적	2호주거지	○	243	194	4.7					○
2	제주삼화지구 I 유적	48호주거지	○	245	240	5.9			○	○	○
3	제주삼화지역 2 유적	III-4구역 2호주거지	○	298	222	6.6	○	○	○	○	○
4	용담2동 2716-11 번지유적	1호수혈유구	○	310	190	5.9	○		○	○	○
5	제주삼양동유적	1호주거지	○	324	280	9.1	○		○	○	○
6	제주삼화지구 I 유적	III 3구역 2호주거지	○	242	219	5.3	○		○	○	○
7	제주삼화지역 유적	10호주거지	○	314	260	8.2	○		○	○	○
8	제주삼화지역 유적	17호주거지	○	270	234	6.3	○		○	○	○
9	제주삼화지역 유적	III-3구역 19호주거지	○	226	168	3.8	○		○	○	○
10	제주예래동 유적	1호주거지	○		240		○	○	○	○	○
11	제주예래동 유적	2호주거지	○				○	○	○	○	○
12	제주삼화지구 I 유적	11호주거지	○	370	214	7.9			○	○	○
13	제주삼화지역 유적	36호주거지	○	344	214	7.4	○	○	○	○	○
14	제주삼화지역 유적	III-4구역 5호주거지	○	302					○	○	○
15	제주삼화지역 유적	36호주거지	○	211	205	4.3	○		○	○	○
16	제주예래동 직원 사택부지내유적	수혈유구	○	270	180	4.9	○	○	○	○	○

순번	유적명 (遺蹟)	유구명 (遺構)	공반유구 환호주거지	주거지 규모 長	短	면적	토기형식 I·Ⅱ	유물요소 C	D
17	제주삼화지구가 I 유적	30호주거지	○	460	270	12.4	○	○	○
18	제주삼화지구가 I 유적	35호주거지	○	280	250	7.0	○	○	○
19	제주삼화지구가 I 유적	44호주거지	○	240	120	2.9	○	○	○
20	제주삼화지구가 I 유적	12호주거지	○	234	180	4.2	○	○	○
21	제주삼양동유적	2호주거지	○					○	○
22	제주삼화지구가 I 유적	27호주거지	○	430	194	8.3		○	○
23	제주삼화지구가 I 유적	28호주거지	○	310	175	5.4		○	○
24	제주삼화나지역 유적	Ⅲ-1구역 3호주거지	○	272	272	7.4		○	○
25	제주삼화지구가 I 유적	16호주거지	○	230	195	4.45		○	○
26	제주삼화나지역 유적	Ⅲ-1구역 4호주거지	○	298	286	8.5		○	○
27	제주 삼양동 2181-29번지 유적	주거지	○					○	○
28	제주삼화나지역 유적	Ⅲ-1구역 5호주거지	○	240	240	5.8		○	○
29	제주삼화나지역 유적	Ⅲ-3구역 7호주거지	○	364				○	○
30	제주삼화나지역 유적	Ⅲ-3구역 16호주거지	○	284	273	7.8		○	○
31	제주삼화지구가 I 유적	6호주거지	○	330	250	8.3	○	○	○
32	제주삼화지구가 I 유적	32호주거지	○	250	240	6.0	○	○	○

연번	유적명 (연도)	유구명 (연도)	장	단	면적	주혈 직/장/단/방/원형	총	평균/길이	토기형식 I	토기형식 Ⅱ	출토유물 D	출토유물 E
33	삼양이동 2132-1번지유적	1호수혈유구	341	263	9.0						○	○
34	제주 용담2동 2621-22, 2586-2번지유적	1호수혈유구	250	244	6.1						○	○
35	제주 삼화지구가 Ⅰ유적	7호주거지	410	236	9.7				○			○
36	제주 삼화지구가 Ⅰ유적	33호주거지	290	204	5.9				○			○
37	제주 삼화지구가 Ⅰ유적	5호주거지	332	260	8.6				○			○
38	제주 삼화지구가 Ⅰ유적	1호주거지	300	222	6.7				○			○
39	제주 삼화지구가 Ⅰ유적	47호주거지	277	276	7.6				○	○		○
40	제주 삼화지구가 Ⅰ유적	3호주거지	441	294	13.0					○		○
41	제주 삼화지구나지역 유적	Ⅱ-3구역1호주거지	360	290	10.4					○		○
42	제주 삼화지구나지역 유적	Ⅲ-3구역9호주거지	280	260	7.3					○		○
43	제주 삼화지구나지역 유적	15호주거지	208	188	3.9					○		○
44	제주 삼화지구나지역 유적	Ⅲ-3구역18호주거지	618	267	16.5							○
45	제주 용담2동 694-3번지유적	1호주거지	408	274	11.2				○			○
46	제주 삼양2동 2117-4번지유적	주거지	276	256	7.1				○	○	○	
47	제주 삼양동 유적 (2136-9)	6호주거지	472			22	20	21	○	○	○	○
48	제주 삼양동 유적 (2136-9)	5호주거지	440	400	13.8						○	○

순번	유적명(안골)	유구명(안골)	주거지 평면형태 벽주거지	타원형수혈 형식	주거지 규모 장	주거지 규모 단	주거지 규모 면적	주혈열수 단/서	주혈열수 장/동	주혈열수 없음	노지형식						주형형식						파수형태	기타유물
49	제주삼양동유적	I지구 1호주거지	O	A	445	443	15.5				IV:O						C·D:O						없:O	
50	서귀포강정동유적	5차점 2호주거지	O	A	354	358	9.9										C·D:O							
51	제주삼양동유적	I지구 7호주거지	O								I·II:O						C·D:O						없:O	
52	제주 용담2동 2715-1번지유적	1호주거지	O	C	450	360	14.1	38	27	33	I·II:O O						C·D:O							
53	제주 용담2동 2715-1번지유적	4호주거지	O	A	330	400	8.0	33	40	37							C·D:O							
54	제주 고산리 유적 (1874-16)	II-3호주거지	O	F	283	310		13	16	15	IV:O						C·D:O							
55	제주화순리도시 계획도로유적	2호주거지	O	A	360	300	8.5	20	11	16							C·D:O						없:O	
56	제주 고산리 유적 (1874-16)	I8호주거지	O	B	422	432		23	16	20	III:O						C·D:O						없:O	
57	제주 목지리 1808-5번지유적	주거지	O	D	420	430	14.2															F:O	없:O	
58	제주 예래동 유적 24호주거지	I-1구역 24호주거지	O	B	375	342	10.1	36	36	36	III:O											G·H·I:O		
59	제주 예래동 유적 171호주거지	I-1구역 171호주거지	O	B	402	390	12.3	24	42	33												G·H·I:O		
60	제주 예래동 유적 152호주거지	I-1구역 152호주거지	O	B	384	398	12.0	39	42	41	III:O											G·H·I:O		
61	제주 예래동 유적 160호주거지	I-1구역 160호주거지	O	B			0.0	21	27	24	IV:O											G·H·I:O		
62	제주 삼양동 유적 (1665-1)	3호주거지	O	B				26	15	21	III:O											G·H·I:O		
63	제주삼양동유적	I지구 6호주거지	O	A	435	417	14.2				I·II:O												없:O	
64	제주삼양동유적	I지구 5호주거지	O	A	422	418	13.8				I·II:O												없:O	

순번	유적명(遺蹟)	장축방향 주거지	타원형 복원주혈 방수 주혈	주거지 규모 장(長)	단(短)	면적	주혈배치 주/총	주/평균	토기형식	마수형태 분	기타유물
65	제주삼양동유적 I지구 8호주거지	○		609	444	27.0				○	
66	제주 삼양동 유적 (2139-5번지) 1호주거지	○	A	403	402	12.7	38	25	V	○	
67	제주하귀리유적 II-2구역 15호주거지	○	A	422	450	14.9	30	34	IV	○	
68	제주 예래동 유적 I-1구역 59호주거지	○	A	357	368	10.3	37	36	III·IV	○	아사정 ○
69	제주하귀리유적 II-2구역 7호 주거지	○	A	410	410		34	34		○	
70	서귀포 예술의 거리 유적 6호주거지	○	A	354	350	9.7	15	20		○	점토대토기 ○
71	제주 화정동 유적 II-1구역 III호주거지	○		306	261	8.0	32	25	IV	○	
72	제주 도련동 유적 23호주거지 4호주거지	○	A				13	30	V	○	
73	제주 신암동 1662-17번지 외 6호주거지	○	A	357	357		39	14 / 27	III·IV·V	○	
74	제주 외도동 유적 (2401-5번지) 1호행정주거지	○	A	497	506	19.7	48	45		○	
75	제주 도련동 유적 (61-4-1) 2호주거지	○	B	444	414	14.4	18	18		○	
76	제주 외도동 유적 (2401-5번지) 2호행정주거지	○	B				20	22		○	
77	제주삼양동유적 (2697번지외) 12호주거지	○	B	410	413	13.3	35	37		○	
78	제주삼양동유적 (2697번지외) 20호주거지	○	A	366	333	9.6	18	23		○	
79	제주신양동유적 (239번지외) 9호행정거지	○	A	464	440	16.0	33	28		○	
80	제주삼양동유적 II-1지구 2호주거지	○	A	510	453	18.1	40	37		○	

순번	유적명 (유구)	유구명 (연대)	주거지 평면형태 (원형·방형)	규모 장	단	면적	주혈깊이 장	단	서	복기형식	출입요소 H	파수형태 파
81	제주삼양동유적	1지구 25호주거지	○	372	366	10.7	11	9	13	I	○	○
82	제주 오라3동 2231-2번지유적	2호주거지	○								○	○
83	제주삼양동유적	1지구 19호주거지	○							I	○	
84	제주 용담2동 773번지유적	1호주거지	○	486	498	19.0	29	24	34	I / III	○	
85	제주 용담2동 773번지유적	2호주거지	○	518	493	20.0	32	35	29	I / III	○	
86	제주삼양동유적 (266-2번지)	19호주거지	○	410	359	11.6	19	15	23	I	○	
87	제주삼양동유적	1지구 28호주거지	○							I	○	
88	제주삼양동유적	1지구 26호주거지	○								○	
89	제주 용담2동 2715-13번지	2호주거지	○	456	407	18.6	31	33	29	III / I	○	
90	제주 오라동 유적 (2401-5번지)	1호방형주거지	○	386		12.1	38			IV	○	
91	제주 용담2동 (2631-1번지)	1호주거지	○		399			41	35		○	
92	제주 용담2동 2715-13번지	1호주거지	○		444		21	18	24		○	
93	용담2동 2704-15번지유적	7호주거지	○	390	390	11.9	12	11	12	IV	○	
94	제주 삼양동 1662-7번지 유적	3호주거지	○	342	363	9.7					○	
95	제주용담동유적	16호주거지	○		464					V		
96	제주삼양동유적 (2696-2번지)	II-2지구 7호주거지	○	660	590	30.6				IV / I	○	

순번	유적명 (한글)	유구명 (한글)	장방형 결정 평면 주거지	장방형 평면 주거지	타원형 평면 주거지	장	단	면적	주혈 내/열	내/외	외/열
97	제주삼양동유적	고2지구8호주거지	○			570	450	15.9			
98	용담동엘동유적	1호주거지		○	A	450	450	15.9	16	16	16
99	제주 삼양동 1249-7번지 유적	3호경방형주거지		○		749	429	32.1			
100	제주용담동유적 (2697번지외)	19호주거지		○	A	581	429	25.5	29	31	30
101	제주용담동유적 (2696-2번지)	6호주거지		○	A	499	484	19.0	22	22	
102	제주삼양동유적	고-1지구 14호주거지		○	A	480	444	16.7			
103	제주용담동유적	고2역84 호주거지		○	C	288	302	6.8	3	5	4
104	제주용담동유적 (2718-1번지)	2호주거지		○	A	474	452	16.8	10	21	16
105	제주용담동유적 (2696-2번지)	2호주거지		○	G	372	370	10.8			
106	제주삼양리유적	고-2역 8호 주거지		○	A	429	436	14.7	12	12	12
107	서귀포강정택지도시 계획도 24호 주거지	43지점24호 주거지		○	D	355	367				
108	제주삼양리유적	17호주거지		○	A	370	367	10.7	31	13	22
109	제주삼양리1249-7번지 유적	고2역 10 호주거지		○	A	402	400	12.6	7	10	8.5
110	제주용담동유적	3호주거지		○	A	418		0.0			
111	서귀포 화순리 717,718번지 유적	3호주거지		○	A				24	18	21
112	제주용담리정일관 유적	4호주거지		○	D	358	335	9.4			

순번	유적명(일련)	유구명(일련)	장방형평면 방형원형주거지	타원형방형장방형평면	장	단	면적	주혈깊이 (밀/동)	주혈깊이 (평균/동)
113	서귀포 하순리 541번지 유적	1호주거지	○	A	336	366	9.7	7	10
114	제주 예래동 유적	I-1구역 156호주거지	○	B	351	423	11.7	12	14
115	제주 예래동 유적	I-1구역 176호주거지	○	B	400	410	12.9	8	7.5
116	제주화순리유적	II구역 43호주거지	○	F	303	318	7.6	7	7
117	제주 예래동 유적	I-1구역 64호주거지	○	B	376	402	11.9	29	31
118	서귀포 하순리 715,716번지유적	10호주거지	○	B	276	330	7.1	32	32
119	제주 강정동 유적	III-1구역 24호주거지	○	B	423	407	13.5	10	9.5
120	제주 강정동 유적	II구역 1호 주거지	○	B	447	459	16.1	6	8
121	서귀포 하순리 537-3번지유적	7호주거지	○	C	426	396	13.2		
122	제주화순리(도시계획도로)유적	8호주거지	○	D	395				
123	제주화순리유적	I구역 2호 주거지	○	D	370	372	10.8	16	15
124	제주화순리유적	II구역 86호주거지	○	F	360	378	10.7	7	8
125	제주화순리유적	II구역 5호 주거지	○	E	372	371	10.8	20	28
126	서귀포 하순리 717,718번지 유적	10호주거지	○	E	322	316	8.0	10	9
127	제주화순리유적	II구역 64호 주거지	○	A	332	292	7.6	8	
128	서귀포 하순리 538번지유적	6호주거지	○	B	375	368	10.8		

순번	유적명(한글)	유구명(한글)	장방형·방형 주거지	외형평면형태	장	폭	면적	주혈(폭/장)	주혈(길이)
129	제주화순리유적	II구역 44호주거지	○		396	400		6	4
130	제주화순리유적	II구역 75호주거지	○		334	333	12.4	12	2
131	제주 예래동 유적	1-2구역 32호주거지	○	B	345	346	8.7	7	9.5
132	제주화순리유적	II구역 71호주거지	○		436	400	9.4	10	7
133	제주화순리유적	II구역 31호주거지	○	A	436	436	13.7	7	8.5
134	제주화순리유적	II구역 1호 주거지	○	A	458	436	15.7	17	16
135	제주 강정동 유적	II-1구역 14호주거지	○	B	406	391	12.5	14	17
136	제주 강정동 유적	II-1구역 20호주거지	○	F	268	247	5.2	16	17
137	제주화순리유적	II구역 30호주거지	○	F	249	240	4.7	9	8
138	제주화순리유적	II구역 56호주거지	○	D	360	365	10.3	8	13
139	제주화순리유적	II구역 79호주거지	○	C	472	422	15.6	7	5.5
140	서귀포 하원리 717,718번지 유적	2호주거지	○	A	388	330	8.8	10	8.5
141	제주 가파리 유적	II구역 26호주거지	○		340	418	13.7	15	16
142	제주화순리유적	IIa구역 13호주거지	○	A	418	364	11.9	17	
143	제주화순리유적	II구역 38호주거지	○	C	416	192	3.2	18	19
144	제주화순리유적	II구역 38호주거지	○	A	212	385		7	8
					385			29	24

순번	유적명 (연월)	유구명 (연월)	장방형·방형·원형 주거지	타원형·복정수혈 형식	장	면적	처/병	병/흥	장/흥	토기형식	석기형식	매수형태	기타유물
145	제주화순리유적	II구역26호주거지	○	B	422	390	12.9	5	11	8			무	
146	제주화순리도시계획도로내유적	16호주거지	○	G	367									
147	제주화순리544-1번지유적	6호주거지	○	D	403	456	14.4							
148	제주강정동유적	III구역6호주거지	○	B	269	262	5.5	8	10	9				
149	서귀포강정동유적	4지점6호주거지	○	D	296	265	6.2							
150	서귀포강정동유적	4지점26호주거지	○	O	249	214	4.2							
151	서귀포화순리541번지유적	3호주거지	○	B	358	541	11.7	8	7.5				무	
152	서귀포화순리541번지유적	10호주거지	○	A	400	372		46	39	43			무	
153	제주화순리도시계획도로내유적	13호주거지	○	G	310	297	7.2						무	
154	서귀포강정동유적	4지점7호주거지	○	E	276	265	5.7	8	7	5			무	
155	조선왕조지역정및제로지역대발굴지내유적	1호주거지	○	D	420	390	12.9	9					무	
156	제주도롱동유적II	2호주거지	○	G	490	490	18.8						무	
157	제주외도1동130번지유적	2호주거지	○										무	
158	제주도롱동유적II	5호주거지	○	G	396								무	
159	제주화순리유적	III구역1호주거지	○	D	281	300	6.6						무	
160	제주강정동유적	III구역7호주거지	○	B	225			13	6	9.5			무	

순번	유적명(한글)	유구명(한글)	장방형수혈주거지	평면형태 타원형수혈주거지	장	단	면적	장/장	단/단	I열
161	제주외도동유적 (106-1번지)	1호주거지	○	G	346	324	8.8			
162	제주용담동유적 (2696-2번지)	5호주거지	○	F	477			13	12	13
163	제주용담2동 2625-16번지 유적	2호주거지	○	D	395	386	12.0			
164	화산동화천강창 지암자장·월성산 축조지내유적	3호주거지	○	D	413	412	13.4			
165	제주화순리도시 계획도내유적	19호주거지	○		246					
166	제주화순리유적	큰구멍39호주거지	○	C	348		10.0	5	9	7
167	제주 화지리 2030-1번지유적	1호주거지	○	E	369	346	17.3	8	10	9
168	제주외도동유적 II	1호주거지	○	H	470	470	6.5			
169	제주화순리유적	뜨구역 8호주거지	○	D	300	274				
170	제주화순리도시 계획도내유적	20호주거지		○						
171	제주화순리도시 계획도내유적	6호주거지	○	G	327	305	7.8	17	14	16
172	제주용담동유적 (2697번지)	4호주거지	○	B	396	396	0.0			
173	제주용담동유적 (2696-2번지)	1호주거지	○	H	385	400	12.1			
174	제주 삼양1동 1249-7번지 유적	7호주거지	○	A	438		0.0			
175	서귀포강정동유적	4지점1호주거지	○							

표 4-3을 참고하면 뚜렷하게 되풀이되는 유물 조합 양상을 보이는 부분도 있는 반면 이보다는 뚜렷하지 않지만 무시할 수 없을 정도의 동반 횟수를 보이는 양상도 있다. 그리고 특정한 물질문화 요소가 다양한 유물 조합 양상을 가로지르며 확인되는 사례도 관찰된다.

우선 두드러지는 양상 중 첫 번째는 (장)방형주거지와 심발형토기(Ⅰ)·호형토기(Ⅱ)의 토기형식, 그리고 공렬문(D)·구순각목문(E)·공렬구순각목문(DE)의 문양요소가 동반되는 양상이다. 이 양상에 이중구연단사선문(C)이 포함되기도 하지만 단 두 차례(1, 2)밖에 확인되지 않아 첫 번째 양상의 주요 요소는 아닌 것으로 판단된다. 동반관계 배열 분석에는 빠져 있지만 마연토기도 함께 확인되는 사례가 적지 않다.

공렬문(D)과 구순각목문(E)은 (장)방형주거지만큼은 아니지만 (타)원형주거지에서도 일부 출토사례가 확인된다. 공렬문(D)과 구순각목문(E)이 (타)원형주거지에서 함께 출토되는 사례는 세 차례(47, 48, 49)이며 공렬문(D)만 출토되는 사례는 두 차례(50, 51), 구순각목문(E)만 출토되는 사례는 여섯 차례(순번 52~57)이다. 이 정도의 동반 사례면 (타)원형주거지와 공렬문(D)·구순각목문(E)이 일정 기간 실제 함께 사용되었을 가능성이 높다고 생각된다. 특히 (타)원형주거지와 총 아홉 차례(47-49, 52-57) 동반되는 구순각목문(E)은 ^{14}C BP연대의 순서배열에서 확인되는 것처럼 공렬문(D) 보다도 존속기간이 길어 제주도에서 가장 오래 사용된 전기무문토기시대 문양 요소로 판단된다.

또한 (타)원형주거지에서 출토되는 사례가 7차례 밖에 확인되지 않았지만 동체점렬문(G)의 동반관계도 검토할 필요가 있다. 동체점렬문 (G)은 한반도에서 아직까지 출토사례가 불분명하기 때문에 제주도에 서만 확인되는 독특한 문양 요소일 가능성이 높다. 이 문양은 완형의 토기에서 확인된 예가 없어 시문되는 토기의 정확한 기종이나 기형을 알 수는 없지만 대체로 외반 구연의 옹(甕)에 시문되는 것으로 추정된 다. 앞서 밝혔듯이 원형의 송국리형 주거지에서 주로 출토되며 Ⅰ, Ⅲ, Ⅳ식의 토기형식과 동반된다. 이 외에도 구순각목문(E)과 동반된 사례 가 두 차례(56, 57)이며, 투공형파수부토기와 동반 사례는 세 차례(56-58) 확인된다. 특이한 점은 ^{14}C BP연대상 시간대가 중복되는 원형점토 대토기(H)와는 한 차례도 동반사례가 없다는 점이다. 이는 물론 동체 점렬문(G)의 출토 사례가 아직 많지 않기 때문일 수도 있다. 하지만 동 체점렬문이 출토되는 유적은 예래동, 고산리, 곽지리, 삼양동으로 삼 양동을 제외하고는 원형점토대토기가 거의 확인되지 않는 지역이라는 사실과 관련이 깊을 가능성도 있다.

두 번째 뚜렷하게 두드러지는 양상은 (타)원형주거지, Ⅰ · Ⅱ · Ⅲ · Ⅳ · Ⅴ식의 토기형식, 원형점토대토기(H), 투공형파수부토기가 동반 되는 유구 · 유물 조합이다. 특히 원형점토대토기(H)와 투공형파수부 토기는 11차례(72-82)나 동반되기 때문에 이 두 토기는 매우 밀접한 관 계에 있을 가능성이 높다. 남한지역에서 원형점토대토기(H)는 두형토 기, 환상파수나 조합우각형파수 등과 동반되는 사례가 많지만 제주도 에서는 두형토기와 한 차례(98), 우각형파수와 세 차례(72, 99, 100) 밖 에 확인되지 않는다. 따라서 제주도에서 원형점토대토기(H)와 투공형파수부토기는 남한지역과는 이질적인 조합양상을 보이고 있는 셈이다. 그리고 이 양상에서는 A식의 (타)원형주거지, 즉 내주공식이 가장 높은 비율을 차지하고 양단 주혈의 평균깊이는 대부분 20㎝ 이상이라는 특징을 보이고 있다.

한편 이 두 번째 양상에서 주로 확인되는 투공형파수부토기는 공렬문(D)이나 구순각목문(E)과도 5차례(49, 51, 55-57) 동반되고 있어 별도의 검토가 필요하다. 원형점토대토기(H)도 공렬문(D), 구순각목문(E)과 동반되는 사례가 있으나 단 두 차례(48, 49)에 불과하여 안정적이지 않다. 또한 이 투공형파수부토기는 이종철(2015: 269-207)이 양이부호로 명명한 송국리 취락 출토 토기와 유사한 형태를 보이고 있는데 남한지역에서는 제주도와 달리 원형점토대토기(H)와 이 양이부호가 동반되는 사례는 거의 없다(박경민 2017: 103). 따라서 이 투공형파수부토기와 원형점토대토기(H)는 함께 동반되는 사례가 많기는 하지만 시·공간적으로 서로 다른 맥락에서 제주도로 유입되었을 가능성이 있다.

세 번째로 두드러지는 양상은 (타)원형주거지, 기존 토기형식에 Ⅵ·Ⅶ식의 추가, 고리형파수부토기, 반형토기가 주로 동반되는 유구·유물조합이다. 이 외에도 투공형파수부토기, 원뿔형토기, 고배형토기, 토우, 철제품 등이 동반된다. 이 양상에서 (타)원형주거지는 중심 주혈의 평균 깊이가 20㎝ 미만으로 확인되는 경우가 많다. 이 세 번째 유물조합의 파수부토기는 주로 고리형이 결합되는 것으로 보이지만 투공형도 반형토기와 네 차례(114, 115, 118, 146), 토기형식 Ⅶ식과 세 차례(116, 117, 118) 동반되고 있어 비주류의 유물 조합으로 봐도 좋을 듯하다. 원뿔형토기, 고배형토기 그리고 토우는 동반사례가 많지 않지만 이 세 번째 양상에서만 확인되고 있어 의미 있는 동반사례로 판단된다. 철제품은 반형토기와 다섯 차례(112, 119, 120, 135, 153), 고리형파수부토기와 네 차례(119, 120, 135, 153) 동반 출토되고 있기 때문에 비교적 안정적인 동반양상으로 볼 수 있다. 그리고 이 세 번째 양상에서는 주거지 동반양상 배열 분석에는 빠져 있지만 토제곡옥이 함께 출토되는 사례가 적지 않다.

네 번째 두드러지는 양상은 (타)원형주거지, Ⅷ·Ⅸ식 중심의 토기형식, 봉상파수부토기, 산형방추차, 외래계토기, 철제품이 주로 동반하는 양상이다. 이 외에도 반형토기, 투공형·고리형파수부토기 등이 일부 동반되기도 한다. (타)원형주거지 중 H식의 벽구 주거지는 이 양상에만 확인되는 것으로 추정된다. 반형토기는 7차례(144, 146, 148-150, 153, 154) 동반되어 세 번째 양상만큼은 아니지만 적지 않은 횟수를 보인다. 투공형파수부토기는 두 차례(146, 147), 고리형파수부토기는 세 차례(142, 151, 152) 동반되어 이 양상에서는 모든 파수부토기 양상이 함께 확인되는 것으로 추정된다.

이상 주거지 동반관계를 통해 크게 네 가지의 유구·유물 조합양상을 간추려 보았다. 상모리 유적의 경우에는 주거지가 확인되지 않았기 때문에 이 분석에서는 제외되었다. 다음 절에서는 ^{14}C BP연대의 순서배열과 동반관계 검토를 바탕으로 제주도 취락유적의 물질문화 양상을 종합적으로 구분하고 편년작업을 진행하도록 하겠다.

4. 제주도 선사취락 물질문화양상과 편년

본서에서 진행되는 제주도 선사취락 물질문화양상과 편년은 무문토기가 등장하는 초창기부터 수혈식주거지와 무문토기제작전통이 지속되는 기원후 3-5세기까지의 기간에 대해 진행된다. 거의 1,500년에 가까운 시간대에 대한 편년인데 물질문화 양상이 단절되지 않고 계기적으로 연속되고 있어 변화의 단절기를 설정하기 쉽지 않고 온전한 상태의 유물이 드물어 세부적인 편년 안은 제시하기 어려운 상황이다.

하지만 2절과 3절을 통해 진행된 분석을 종합해서 몇 가지 특징적인 유구·유물의 조합 양상을 추출할 수 있고 시기나 지역을 관통하며 잔존하는 유구나 유물, 그리고 특정 시기나 지역에서만 국한된 유구·유물 등을 어느 정도는 구분할 수 있을 것 같다.

복합문토기 단계

가장 이른 것으로 거론될 수 있는 물질문화는 소위 혼암리식토기로 불리는 복합문토기 중심의 유구·유물 조합이다(복합문토기 단계). 사실 이 조합은 삼화지구 유적에서 주로 확인되는 장방형주거지, 공렬·구순각목문토기의 유구·유물 조합과 선후관계를 명확히 해야할 필요가 있다. 왜냐하면 제주도에서 복합문토기의 물질문화가 공렬·구순각목문토기 물질문화보다 이르다는 직접적인 증거가 없고 또한 한반도에서 공렬문이나 구순각목문은 복합문보다 출현시기가 늦지 않기 때문이다.

필자가 복합문토기 중심의 유구 · 유물 조합을 제주도에서 가장 이른 양상으로 보는 첫 번째 이유는 상모리 유적에서의 층위 분석 결과 때문이다. 상모리 유적은 층위 발굴이 행해진 유적이다. A지구의 층위별 문양요소의 출토양상을 살펴보면 복합문양의 한 축을 담당하고 있는 이중구연단사선이라는 문양요소가 상층으로 올라갈수록 출토빈도가 낮아지는 양상을 관찰할 수 있다. 즉, 하층인 IV, V, VI층에서는 이중구연단사선공렬구순각목문(CDE)토기 등 이중구연단사선이 가미된 문양조합이 상당수를 차지하는 반면 상층인 III층에서는 공렬 · 구순각목문이라는 문양 요소가 높은 비중을 차지한다(朴京敏 2013: 23-28). 이를 통해 복합문양 중심에서 공렬 · 구순각목문으로 변화했다고 추정할 수 있다.

두 번째는 삼화지구 유적에서 주로 출토되는 공렬 · 구순각목문 중심의 유구 · 유물 조합이 전기무문토기시대의 빠른 단계가 아닌 전기 말이나 중기의 문화적 요소들과 유사하다는 점이다. 남한지역에서는 전기무문토기시대에서 중기로 넘어가면서 주거지의 규모가 작아지는 현상을 보이는데 삼화지구 유적을 비롯한 제주도의 장방형주거지들은 앞에서도 밝혔듯이 대체로 15㎡ 미만의 면적으로 매우 작은 규모를 보이고 있다.

세 번째는 ^{14}C BP연대 상에서 제주도에서 확인되는 공렬 · 구순각목문 중심의 유구 · 유물 조합이 대체로 2800-2600 ^{14}C BP 사이에 집중되며 2400 ^{14}C BP대(代)까지 지속되었을 가능성이 있다는 사실이다(표 4-1참조). 황재훈(2014: 121-122)은 2700 ^{14}C BP를 기준으로 전기무문토기시대와 중기를 구분하는데 그의 견해를 따른다면 제주도에서 확인되는 공렬·구순각목문 중심의 유구·유물 조합은 남한지역의 전기 말에서 중기에 해당하게 된다. 이에 반해 복합문토기는 남한지역에서 주로 2700 ^{14}C BP 이전에 분포하며 특히 2900-2800 ^{14}C BP 사이에 집중된다(표 4-2). 제주도의 복합문토기도 이와 같은 연대로 비정할 수 있다면 적어도 삼화지구 유적을 중심으로 하는 공렬·구순각목문 중심의 유구·유물 조합보다 일찍 출현했을 가능성이 높다.

이러한 사실들을 종합한다면 물론 양 유구·유물 조합이 어느 정도 공존했을 가능성이 있지만 적어도 출현시점에 있어서는 상모리 유적 중심의 복합문토기 단계가 일렀을 가능성이 높다고 생각된다.

상모리 유적은 제주도 서남부 해안가에 위치하는 패총유적으로 대부분의 남한지역 전기무문토기시대 유적과는 입지에서 차이를 보이고 있다. 또한 뚜렷한 수혈식 주거지가 확인되지 않는다는 점도 다르다. 토기는 주로 심발형토기, 호형토기, 마연토기가 출토되는데 심발형토기 구연부에 유두상파수가 부착되기도 하며 마연토기 동체부에 횡대구획문이 시문된 것도 확인된다.

석기류 중 우선 무기로 추정되는 석기는 석검과 석촉이 확인되고 있다. 석검은 잔존 상태가 좋지 않아 정확한 형태는 알 수 없지만 유경식으로 추정된다. 석촉은 삼각만입의 무경식 석촉과 유경식 석촉이 확인된다. 보고서에 삼각만입식으로 보고된 석촉 중 한 점은 혈구가 존재했던 것으로 추정되는데 잔존상태가 불량하여 단언할 수는 없다. 유경식은 모두 두 점이 확인되었는데 한 점은 이단경식이고 한 점은 일단경

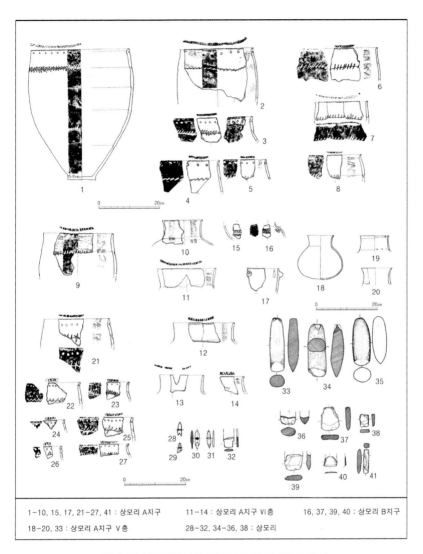

그림 4-15. 복합문토기 단계(박경민 2017: 92, 그림 1)

식이다. 벌채 및 목재 가공구로는 양인석부와 석착이 주로 확인된다. 양인석부는 비교적 대형의 합인석부인데 벌채용으로 추정된다(孫晙鎬

2006: 32). 식량처리구로 분류할 수 있는 석기는 고석류와 연석 등이 확인되는데 특히 고석류는 상모리에서 확인되는 석기 중 가장 많은 양을 차지하고 있다. 상모리 유적의 고석은 자루 끝 매우 좁은 부분에만 타격흔이 남아 있는 형태가 많은데 보고자는 조개껍질 등을 깨는데 사용했을 것으로 추정하고 있다. 이 외에 어로구로 상정되는 석재 어망추와 토제품, 방직구인 토제방추차, 장신구인 팔찌모양의 석기와 골각기, 조개 팔찌 등이 확인되고 있다.

공렬 · 구순각목문토기 단계

두 번째로 등장하는 유구 · 유물 조합은 앞서 논의한 바 있는 소형의 (장)방형주거지에 공렬문과 구순각목문토기가 조합을 이루는 양상이다(공렬 · 구순각목문토기 단계). 제주도 북부지역의 삼양동 · 도련동과 용담동 일대에 주로 분포한다. 이 유적들은 해안에서 한단 올라온 완만한 경사면에 위치한다. 또한 주거지는 뚜렷하게 확인되지 않지만 공렬문과 구순각목문의 심발형토기, 호형토기의 조합은 제주도 곳곳에서 발견되고 있다.

이 유구 · 유물 조합은 전기무문토기시대로 편년되기도 하지만 필자는 전기 말에서 중기까지 이어졌던 것으로 판단하고 있다. 그 이유로는 우선 이 양상의 ^{14}C BP연대가 2700 ^{14}C BP대(代)부터 2400 ^{14}C BP대(代) 전반부까지 확인되고 있다는 점을 들 수 있다. 이 연대는 남한지역에서 송국리 문화가 발달하던 시기로 중기무문토기시대(또는 후기)로 편년되는 ^{14}C BP 연대 측정치이다. 또한 남한지역 중기무문토기시대는 송국리문화와 더불어 전기의 물질문화 양상이 다소 변형되어 잔존하는 현상이 나타나기도 하는데 아마 제주도의 양상도 큰 틀에서 이러한 현상과 궤를 같이하는 것으로 생각된다. 이러한 현상은 주로 송국리문화가 발달하지 않은 지역에서 나타나는데 제주도의 송국리형주거지도 주로 원형점토대토기와 함께 확산되기 때문에 실제 중기무문토기시대에는 크게 발달하지 않았던 것으로 생각된다. 따라서 제주도의 (장)방형주거지와 공렬·구순각목문토기의 조합은 중기무문토기시대까지 잔존했을 가능성이 높다.

(장)방형주거지는 주로 15㎡ 미만의 소형이며 내부에 노지는 확인되지 않는다. 대신 주거지들 사이에 소성유구가 분포하고 있다. 중심 주혈과 벽 주혈 등이 확인되기도 하지만 일관성 있는 주혈 배치 패턴은 나타나지 않는다. 토기는 심발형(Ⅰ)토기, 호형(Ⅱ)토기, 마연토기가 출토되며 구연부 시문 패턴은 공렬문(D), 구순각목문(E), 공렬구순각목문(DE)이 주류를 이루고 있다. 간혹 이중구연단사선문(C)요소가 더해지기도 하지만 출토량은 매우 적다. 심발형토기에는 공렬문과 구순각목문이 함께 또는 따로 시문되는 사례가 많으며 호형토기에는 구순각목문이 시문되기도 한다.

이 유구·유물 조합의 대표적인 유적은 삼화지구 유적이다. 이 유적의 석기 출토양상을 살펴보면 고석, 연석, 요석 등의 식량 처리구와 지석과 같은 석기 가공구의 비중이 높고 목재 가공에 쓰인 것으로 추정되는 편인의 석부류도 적지 않게 확인된다. 상모리 유적과 뚜렷하게 비교되는 점은 벌채구로 추정되는 대형의 합인석부가 매우 소량만 확인된

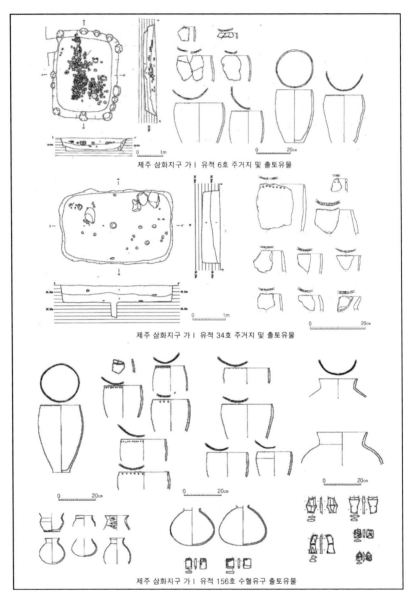

제주 삼화지구 가 I 유적 6호 주거지 및 출토유물

제주 삼화지구 가 I 유적 34호 주거지 및 출토유물

제주 삼화지구 가 I 유적 156호 수혈유구 출토유물

그림 4-16. 공렬·구순각목문토기 단계(박경민 2017: 97, 그림 6)

다는 점이다. 이러한 현상이 무엇을 의미하는지는 정확히 모르겠지만 양 유적의 생계 경제가 상당한 차이를 보였을 가능성을 검토해 볼 필요가 있을 것 같다.

석검은 5점정도 출토되었다. 잔존상태가 좋지 않아 단정할 수는 없지만 대부분 이단병식석검이다. 토광묘에서 유경식 석검이 출토되었는데 이 석검은 송국리유형에서 자주 확인되는 목병식 석검이다. 또한 이 일대의 묘제들이 대체로 송국리형 주거지와 관련된 것으로 판단되기 때문에 이 석검 역시 지금 검토하는 공렬·구순각목문토기 단계의 것은 아니라고 판단된다. 석촉, 어망추와 같이 수렵이나 어로와 관련된 석기류도 출토량이 많지 않은 편이다.

원형주거지 1단계

세 번째 유구·유물 조합단계(원형주거지 1단계)는 송국리 유형과 관련된 양상으로 다른 양상과 비교했을 때 두드러지지는 않는다. 하지만 물질문화의 변화상을 설명하기 위해 중요한 단계이기 때문에 별도의 유구·유물 조합단계로 설정할 필요가 있다. 이 유구·유물 조합은 ^{14}C BP연대의 순서배열을 통해 추출할 수 있었다. 표 4-1을 살펴보면 2700-2450 ^{14}C BP 사이에 일부 (타)원형주거지들이 확인되는데 모두 8차례로 무시하기에는 적지 않고 또 이 주거지들에서는 원형점토대토기가 확인되지 않는다는 공통점을 보이고 있다. 제주도에 원형점토대토기가 언제 유입되었는지 명확하지는 않지만 ^{14}C BP연대상 대체로 2400 ^{14}C BP대(代) 후반부터 집중되고 있는 것을 보면 2450 ^{14}C BP 이

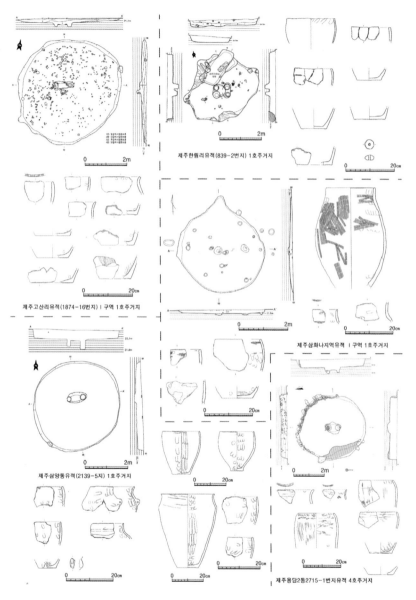

제주한림리유적(839-2번지) 1호주거지

제주고산리유적(1874-16번지) I 구역 1호주거지

제주삼화나지역유적 I 구역 1호주거지

제주삼양동유적(2139-5번지) 1호주거지

제주용담2동2715-1번지유적 4호주거지

그림 4-17. 원형주거지 1단계(박경민 2018b: 15, 도면 1)

전에는 원형점토대토기가 존재하지 않았을 가능성이 높다. 이러한 사실들을 종합하면 원형점토대토기가 제주도에 유입되기 이전 (타)원형주거지, 즉 송국리형주거지가 성행하지는 않았지만 이미 사용은 되고 있었다고 볼 수 있다.

이 이른 시기의 송국리형주거지가 확인되는 2700-2450 ^{14}C BP 사이는 앞선 공렬·구순각목문토기 단계와 시간적으로 겹치고 있기 때문에 두 물질문화 양상은 어느 정도 공존했을 가능성이 있다. 표 4-1을 참고하면 실제 이 시기의 송국리형주거지에서 구순각목문이 동반하는 사례가 세 차례 있으며, 표 4-3에서 나타나듯이 송국리형주거지에서 공렬문이 출토되는 사례도 다섯 차례가 확인되기 때문에 두 유구·유물 조합은 함께 공존했을 가능성이 높다.

이 원형주거지 1단계를 표 4-1과 표4-3을 통해 종합해보면 (타)원형주거지에 Ⅰ~Ⅳ식의 토기형식, 공렬문(D)이나 구순각목문(E)의 토기문양이 포함될 수 있을 것 같다. (타)원형주거지는 내주공식(A)이 주류이다. 또한 여기에 투공형파수부토기가 포함될 여지가 있다. 앞선 3절에서도 잠깐 검토했듯이 이 투공형파수부토기는 송국리 유형의 요소일 가능성이 있고 공렬문과는 두 차례, 구순각목문과는 세 차례 동반되기 때문에 비교적 이른 시기부터 존재했을 가능성이 높다. 또한 많은 사례는 아니지만 원형점토대토기가 등장하기 이전인 2500 ^{14}C BP대(代)와 2400 ^{14}C BP대(代) 전반에 해당하는 투공형파수부토기가 존재하고 있어 그러할 가능성에 무게를 더해준다. 물론 ^{14}C BP연대는 추가적인 측정치를 기다려 봐야 할 것 같다.

원형주거지 2단계

네 번째 유구 · 유물 조합단계(원형주거지 2단계)는 세 번째 단계에서 공렬문이 사라지고 원형점토대토기가 추가된다. 구순각목문의 동반 비율이 줄어들기는 하지만 여전히 존재한다. 표 4-1을 참고하면 2400 ^{14}C BP대(代) 전반까지는 구순각목문 출토량이 어느 정도 유지되지만 2400 ^{14}C BP대(代) 후반부터 급격하게 줄어든다. 대신 원형점토대토기 의 출토량이 증가하기 시작한다. 표 4-3를 참고하면 원형점토대토기 가 공렬 · 구순각목문과 함께 동반한 사례가 두 차례, 구순각목문과만 동반되는 사례도 두 차례 확인되기 때문에 실제 이 요소들이 공존했을 가능성이 있다. 하지만 아직은 추가적인 사례를 더 기다려 봐야 할 것 같다.

이 조합에 동반하는 토기 형식은 Ⅰ~Ⅴ식까지로 판단된다. 표 4-3의 동반관계를 살펴보면 내주공식의 (타)원형주거지 및 원형점토대토기 와 동반되는 토기형식은 Ⅰ~Ⅴ식이 확인되고 있는데 그 중 Ⅱ식 즉, 호 형토기와의 동반 횟수는 매우 적다. 파수부토기는 원형주거지 1단계 에 이어 투공형파수부토기가 주류를 이루고 있다. 앞서 설명한 것처럼 우각형파수부편과 두형토기편이 드물게 확인되고 있지만 이 조합에서 원형점토대토기와 세트를 이루는 것은 투공형파수부토기라고 할 수 있다.

이 유구 · 유물 조합단계(원형주거지 2단계)에서는 동체점렬문(G)도 포함되지만 아직 이 문양의 성격에 대해서는 불분명한 부분이 있다. 표 4-1의 ^{14}C BP연대 상에서는 원형점토대토기(H)와 중첩되는 시간대에

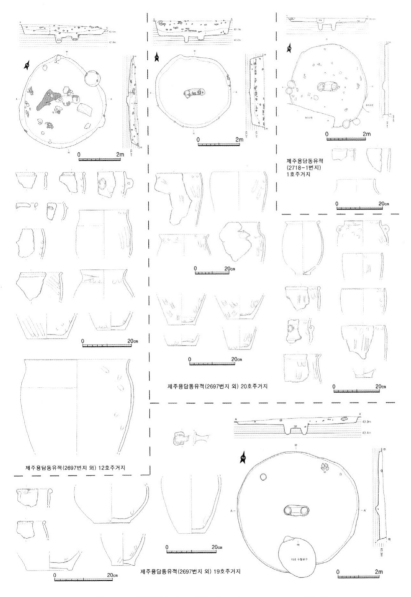

제주용담동유적
(2718-1번지)
1호주거지

제주용담동유적(2697번지 외) 20호주거지

제주용담동유적(2697번지 외) 12호주거지

제주용담동유적(2697번지 외) 19호주거지

그림 4-18. 원형주거지 2단계(박경민 2018b: 16, 도면 2)

존재하지만 표 4-3에서는 두 문양요소가 동반되는 사례가 전무하다. 이는 물론 동체점렬문의 출토사례가 아직 많지 않기 때문일 수도 있지만 동체점렬문이 원형점토대토기가 집중되는 제주도 북부지역(삼양동 유적, 용담동 유적)에서 출토량이 적다는 점에서 지역적인 차이를 보여주는 것일 가능성이 있다. 두 문양요소는 제주도 전 지역에 걸쳐 확인되는 투공형파수부토기와 각각 동반되고 있기 때문에 시간적으로 공존했을 가능성은 충분하다고 생각된다.

원형주거지 2단계에는 내주공식(A)이 압도적이고 양단 주혈의 깊이가 30㎝ 이상의 깊은 것들이 많다. 즉, 중심기둥을 비교적 깊이 묻어 주거지를 축조한 것으로 추정된다. 이러한 주거지의 양상은 2200 ^{14}C BP 이후에 변화하기 시작한다. 즉, 그림 4-13을 통해 알 수 있듯이 2100 ^{14}C BP대(代) 부터는 내주공식(A)이 줄어들기 시작하고 그림 4-14에서 확인되듯이 30㎝ 이상의 깊은 중심 주공들도 감소해 대체로 얕은 주공을 보이고 있다. 이러한 양상을 종합해 봤을 때 2100 ^{14}C BP대(代)의 어느 시점에 주거지의 형태가 조금씩 달라지기 시작한 것으로 추정해 볼 수 있다.

원형점토대토기는 2100 ^{14}C BP대(代)까지는 잔존하다 그 이후에 거의 자취를 감춘 것으로 생각된다. 내주공식(A)의 깊은 중심주공 주거지와 편년적으로 어떤 상관관계에 있는지 명확하게 밝힐 수는 없지만 원형점토대토기의 잔존기간이 조금 더 길었을 가능성이 있다. 어쨌든 이 원형주거지 2단계는 2400 ^{14}C BP대(代) 후반부터 2100 ^{14}C BP대(代)의 어느 시점까지 존재했던 것으로 판단된다.

원형주거지 3단계

다섯 번째 유구·유물 조합단계(원형주거지 3단계)의 특징적인 요소는 (타)원형주거지, Ⅵ·Ⅶ식의 토기형식, 고리형파수, 반형토기이다. 그리고 이 외에도 출토량은 많지 않지만 고배형토기, 원뿔형토기, 철기 등이 동반되며 첨저형 저부도 이 시기에 등장했을 가능성이 있다.

이 유구·유물 조합이 정확히 언제부터 시작해서 언제 소멸되는지는 정확하게 특정하기 힘들다. 그림 4-13을 참고하면 내주공식(A)의 (타)원형주거지는 2200 ^{14}C BP대(代)부터 서서히 줄어들지만 여전히 가장 많은 비중을 차지한다. 그러다가 2000 ^{14}C BP 이후로는 다른 형식의 주거지들보다 비중이 낮아지고 1800 ^{14}C BP 이후로는 거의 확인되지 않는다. 중심주공의 깊이는 2200 ^{14}C BP 이후로 확연하게 얕아진다는 사실을 그림 4-14를 통해 알 수 있다. 이를 통해 이러한 (타)원형주거지, 즉 송국리형 주거지의 변화가 적어도 2200 ^{14}C BP 이후로는 분명 그 이전과는 다른 양상을 띠기 시작했다고 할 수 있다.

내주공식(A)이 감소하면서 타원형수혈 양단에 중심주혈이 걸쳐 있는 B식과 함께 무주혈식(D)이 증가한다. 특히 무주혈식(D)은 그림 4-13과 표 4-1을 참조하면 2000 ^{14}C BP를 전후한 시점에 증가하기 시작하여 1900 ^{14}C BP대(代)와 1800 ^{14}C BP대(代)에 가장 많이 사용되었던 것으로 추정된다. 무주혈식(D)에서는 중심주혈이 사라진 대신 그 자리에 초석이 확인되는 사례가 종종 발견되어 기둥을 세우는 방식에 변화가 있었음을 암시한다. 이처럼 초석이 배치된 사례는 제주도에서 수혈식의 (타)원형주거지가 사라지는 1600 ^{14}C BP를 전후한 시점까지 지속

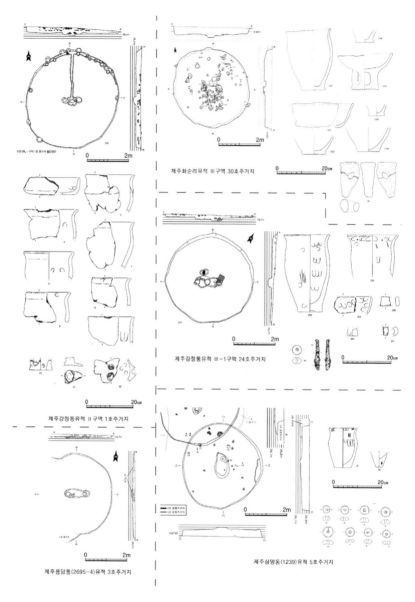

무덤 前_-구역 1호 추거지 평면/단면

제주화순리유적 III구역 30호주거지

제주강정동유적 II구역 1호주거지

제주강정동유적 III-1구역 24호주거지

제주용담동(2695-4)유적 3호주거지

제주삼양동(1239)유적 5호주거지

그림 4-19. 원형주거지 3단계

되었던 것으로 추정된다.

표 4-1을 참고하면 고리형파수부토기는 2100 ¹⁴C BP대(代)부터 확인되고 반형토기는 2000 ¹⁴C BP대(代)부터 확인된다. 두 요소 모두 ¹⁴C BP연대가 많이 축적되지 않아 정확한 출현시점을 특정하기는 어렵지만 대략 2100 ¹⁴C BP를 전후하여 등장했을 것으로 추정된다. 두 요소가 함께 출현했는지 각각 시차를 두고 출현했는지는 명확하지 않지만 두 요소의 동반사례가 적지 않기 때문에 친연성이 높다고 할 수 있다. 원뿔형토기나 고배형토기는 출토량이 적어 단정할 수 없지만 현재까지 고리형파수부토기나 반형토기와 동반하는 사례가 가장 많기 때문에 이 유구·유물 조합에 포함될 수 있다고 생각한다.

철기의 경우 2400 ¹⁴C BP대(代)와 2200 ¹⁴C BP대(代)에도 확인되기는 하지만 출토량이 매우 적고 아직 남한지역에서도 철기가 활발하게 사용되던 시기가 아니기 때문에 추가적인 자료가 확인되기 전까지는 후대 혼입된 유물로 판단하는 것이 합리적일 것 같다. 실질적인 철기의 사용은 2000 ¹⁴C BP대(代)로 생각된다. 표 4-3의 동반관계를 살펴보면 철기는 고리형파수부토기, 반형토기 등과 동반되는 사례가 적지 않기 때문에 2000 ¹⁴C BP대(代)를 철기사용의 시작시기로 설정하는 것은 무리가 없을 것 같다.

원형주거지 3단계는 제주도 북부지역과 남부지역이 다소 구분되는 양상이 확인된다. 출토량이 많지 않아 정확한 양상은 알 수 없지만 첨저형토기와 같이 저부의 바닥면적이 좁은 저부가 이 시기에 등장하는 것으로 추정된다. 하지만 이 토기는 삼양동과 용담동, 외도동 등 제주도 북부지역에서 주로 확인되며 남부지역에서는 거의 확인되지 않는다. 반면 반형토기, 원뿔형토기, 고배형토기 등은 남부지역에서만 확인되고 있어 첨저형토기와는 대조적인 양상을 보인다.

원형주거지 4단계

여섯 번째 유구·유물 조합단계(원형주거지 4단계)는 (타)원형주거지, 우물, 외래계 토기, 산형방추차, 철제품, Ⅷ·Ⅸ식의 토기형식, 봉상파수부토기의 유구·유물 조합이다. 이 조합이 성행하던 시기는 외래계 토기가 증가하는 1800 ^{14}C BP 이후로 추정된다. 특히 이 시기에는 내주공식(A)의 (타)원형주거지가 소멸하면서 그 외의 다양한 주거양식이 공존하는 가운데 주거지 내부에 벽구 등의 구가 설치된 소위 외도동식 주거지(H)가 새롭게 등장한다. 또한 우물이 성행하며 봉상의 파수부토기와 산형방추차, 철제품의 출토량이 증가한다.

파수부토기는 봉상파수가 주도적으로 확인되기는 하지만 나머지 두 가지 형식도 일부 동반된다. 표 4-3을 참고하면 투공형파수가 봉상파수와 동반된 사례는 없지만 산형방추차, 외래계 토기, 철제품 등과는 동반양상이 관찰된다. 고리형파수는 봉상파수와 두 차례의 동반이 확인된다. 분석에 사용된 파수부토기는 대부분 파수부편으로 확인되기 때문에 파수가 부착된 토기의 형태를 알기 어렵다. 하지만 가끔씩 확인되는 파수부토기 완형(完形)을 통해 유추해보면 투공형파수와 고리형파수는 작은 단지나 옹에 부착되고 봉상파수는 옹이나 발에 주로 부착되는 것으로 추정된다. 이를 통해 이 원형주거지 4단

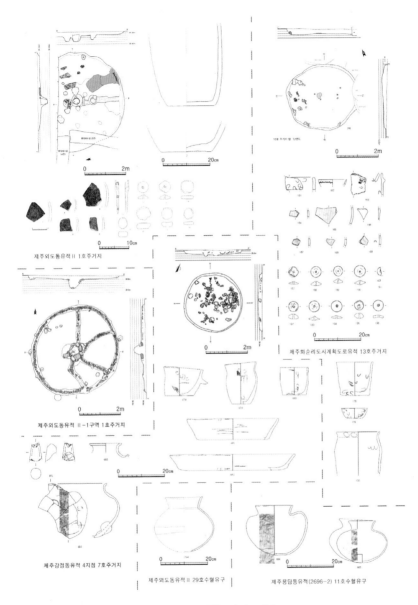

제주외도동유적Ⅱ 1호주거지

제주외도동유적 Ⅱ-1구역 1호주거지

제주강정동유적 4지점 7호주거지

제주외도동유적Ⅱ 29호수혈유구

제주화순리도시계획도로유적 13호주거지

제주용담동유적(2696-2) 11호수혈유구

그림 4-20. 원형주거지 4단계

계에서 파수부토기는 토기의 기종에 따라 파수 모양을 달리했을 가능성도 있다.

외래계 토기는 무문토기 제작수법과는 다른, 즉 환원염 소성, 물레성형, 타날기법 등이 이용된 토기를 말한다. 제주도에서 확인되는 이 새로운 제작기법의 토기들은 남한지역의 태토로 만들어졌기 때문에 모두 수입된 것으로 판단된다. 대체로 작은 편으로 확인되어 기종과 관련된 논의는 힘들겠지만 타날문 단경호나 양이부호와 같은 토기들이 주로 유입되었을 것으로 추정된다. 표 4-3을 참고하면 외래계 토기는 반형토기와 동반되는 사례도 있지만 그보다는 산형방추차, 봉상파수, 철제품 등과 세트를 이루는 경향이 두드러진다.

표 4-4. 제주도 선사취락 물질문화의 단계별 주요 내용

1. 복합문토기 단계	복합문토기(혼암리식), 횡대구획문토기, 심발형토기, 호형토기, 마연토기, 마제석검, 마제석촉, 합인석부, 고석 등
2. 공렬·구순 각목문토기 단계	(장)방형주거지, 공렬문토기, 구순각목문토기, 심발형토기, 호형토기, 마제석검, 마제석촉, 편인석부, 고석, 연석, 요석 등
3. 원형주거지 1단계	(타)원형주거지(A식 중심, 깊은 중심주혈), 공렬문토기, 구순각목문토기, 심발형토기, 호형토기, 옹형토기(Ⅲ, Ⅳ), 투공형파수부토기 등
4. 원형주거지 2단계	(타)원형주거지(A식 중심, 깊은 중심주혈), 구순각목문토기, 원형점토대토기, 동체점렬문토기, 심발형토기, 옹형토기(Ⅲ·Ⅳ식 중심), 투공형파수부토기, 고석, 연석 등
5. 원형주거지 3단계	(타)원형주거지(형식의 다양화, 얕은 중심주혈), 옹형토기(Ⅵ·Ⅶ식 중심), 반형토기, 고배형토기, 원뿔형토기, 고리형파수부토기, 철제품, 고석, 연석 등
6. 원형주거지 4단계	(타)원형주거지(H식의 등장, 얕은 중심주혈), 우물, 옹형토기(Ⅷ·Ⅸ식 중심), 봉상파수부토기, 외래계 토기(타날문 단경호 등), 산형방추차, 철제품, 고석, 연석 등

H식의 벽구 주거지와 우물은 이 원형주거지 4단계에서만 확인되는 유구이다. 다만 특이한 점은 주로 용담동과 외도동, 하귀리 등 제주도 북부지역에서 집중적으로 확인된다는 사실이다. 표 4-3을 참고하면 이 원형주거지 4단계는 화순리나 강정동 등 남부지역에서도 적지 않게 확인되고 있다. 하지만 H식 주거지와 우물은 북부지역에 주로 분포하고 있어 제주도 북부지역과 남부지역 간에 차이를 보여주는 것이라 할 수 있다.

이상과 같이 제주도 선사취락에서 확인되는 물질문화를 모두 여섯 가지 유구·유물 조합단계로 구분하여 살펴보았다. 이러한 구분은 앞에서도 밝혔듯이 ^{14}C BP연대의 순서배열과 유구와 유물의 동반관계를 종합하여 도출한 것이다. 이렇게 구분된 여섯 가지의 유구·유물 조합

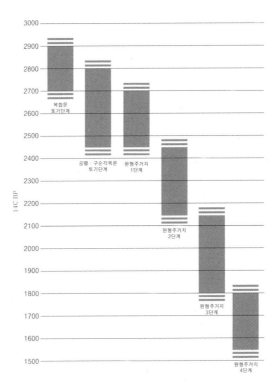

그림 4-21. 각 단계의 시간적 범위

은 어디까지나 물질문화의 시·공간적 변화를 용이하게 판단하기 위

한 것이지 각각의 조합이 뚜렷하게 구분됨을 보여주는 것은 아니다.

유구·유물 조합의 도출과정에서도 드러나듯이 각각의 물질문화를 시간의 흐름에 따라 배열하기는 했지만 명확한 시간적 구분점이 있는 것은 아니며 따라서 서로 공존하던 시기도 존재했으리라 생각된다. 또한 하나의 유구·유물 조합에 속해 있는 각각의 물질문화 요소들은 출현시기와 소멸시기가 서로 다를 수도 있으며 특정 유물은 여러 유구·유물 조합을 가로지르며 나타날 수도 있다. 예를 들어 공렬문이나 구순각목문 토기는 (장)방형주거지에서 주로 확인되지만 (타)원형주거지에서도 출토된다. 그리고 세트관계로 설정된 투공형파수부토기와 원형점토대토기는 서로 다른 기원을 갖고 있을 수 있으며 출현 시점도 각각 다를 수 있다고 설명하였다.

또한 각각의 유구·유물 조합은 집단의 차이를 나타내는 것이 결코 아니다. 물론 한반도에서 서로 다른 성격을 가진 집단이 각각 제주도에 정착했을 수 있다. 하지만 필자가 구분한 유구·유물 조합들 중에는 경계가 모호한 물질문화 요소들이 다수 확인되기 때문에 이러한 실체적 사건을 그대로 보여준다고 할 수 없다. 뿐만 아니라 이 조합들은 연구자나 연구목적에 따라 다르게 설정될 수 있고 더 세분될 수도 있다. 따라서 본서에서 구분한 이 유구·유물 조합들을 집단 정체성에 대입하는 것은 매우 비합리적인 작업일 될 가능성이 높다.

필자가 이러한 논의를 강조하는 것은 각 유구·유물 조합들을 분리된 실체로 인식하지 않도록 하기 위해서이다. Ⅱ장과 Ⅲ장을 통해 논의한 것처럼 기존의 연구들은 분석단위로 구분한 고고학적 유형이나 문화에 고정된 실체를 부여하여 집단을 설정하거나 특정한 생계 경제 방식 및 계층적 정체성을 투영하는 것으로 판단하기도 하였다. 이러한 연구방식은 과거에 대한 편향된 해석으로 이어질 수 있다고 이미 충분히 논의하였다.

따라서 본서에서는 분석을 통해 설정된 단위들을 고정된 것이 아닌 좀 더 유연한 것으로 인식하여 과거에 대한 다채로운 해석가능성을 열어 두고자 한다. 각각 설정된 분석 단위들은 유사점과 차이점을 공유하고 있는데 기존의 연구들은 이 유사점과 차이점의 관계를 대칭적으로 인식하지 않고 연구자 자신의 해석에 유리한 부분을 부각시키는 경향이 강했다. 본서에서는 이러한 문제점들을 인식하여 각각의 물질문화를 가로지르는 요소와 같이 그동안 우리가 주목하지 않았던 요인들을 통해 기존과는 다른 해석이 전개될 수 있는지 살펴보고자 한다.

5. 무덤자료의 검토

무덤은 그것을 조성했던 당시뿐만 아니라 장기간에 걸친 시간 속에서 다양한 역할을 수행한다. 무덤은 죽은 사람을 살아있는 사람들과 분리시키고, 살아있는 사람들로 하여금 죽은 사람을 기억하게 한다. 그리고 죽은 사람에 대한 기억은 끊임없이 재생산되는 동시에 변화하고 조작되기도 한다. 이 기억은 살아있는 사람들의 사회에서 매우 중요한 부분을 차지한다.

고고학 현장에서 발견되는 선사시대의 무덤들은 분명 단순히 시체

처리의 기능만 하지는 않았을 것이다. 우리에게 발견되는 대부분의 무덤들은 시체를 특정한 공간에 밀폐시키는 것 이상의 노동력이 투입되었다. 특히 지석묘와 같은 거석무덤들은 상당한 노동력이 필요했음을 보여주는데 이러한 사실은 분명 이 지석묘가 그것의 조성행위든 조성 후의 시각적인 이미지든 당시 사회에서 중요한 상징물로 작용하고 있었음을 예상할 수 있게 한다.

제주도 선사취락과 관련하여 확인되는 무덤자료가 많은 편은 아니지만 위와 같은 사실들을 고려한다면 제주도의 선사 공동체에 대한 중요한 정보를 가지고 있을 거라 생각된다.

제주도의 무덤자료는 1950년대 이후 지상에 드러난 지석묘를 중심으로 꾸준히 연구가 지속되고 있다. 1980년대 이후 발굴조사가 본격적으로 이뤄지면서 석곽묘, 토광묘, 옹관묘 등 다양한 무덤 자료가 확인되었고 1990년대 말부터 증가한 취락유적의 조사는 취락과 분묘 사이의 상관관계를 밝히는데 많은 도움을 주고 있다.

제주도에서 확인되는 무덤자료는 지석묘가 가장 많은 비중을 차지하지만 발굴 조사된 사례가 거의 없고 확인된 부장유물도 매우 적어 편년이나 성격을 파악하기 어려운 상황이다. 지석묘보다 발견사례는 적어도 석곽묘, 토광묘, 옹관묘 등이 부장 유물이나 옹관의 형태, 무덤 내부에서 확인된 ^{14}C BP연대 등을 통해 무덤의 시간적 위치나 취락과의 관계를 파악하는 데 많은 도움을 주고 있다.

각 무덤양식의 명칭이나 분류에 대해서는 이견이 있을 수 있겠지만 일단 앞서 거론한 지석묘, 석곽묘, 토광묘, 옹관묘로 제주도의 무덤자료들을 구분하고 각각의 무덤 양식들을 논의해 보도록 하겠다.

1) 지석묘

지석묘는 시각적으로 두드러지는 특성 때문에 항상 연구자들에게 쉽게 발견되며, 또 매우 중요하게 인식되고 있다. 그리고 이러한 지석묘의 특성은 연구자들이 과거에 대한 내러티브를 구성하기 쉽게 해준다. 지석묘의 가장 중요한 속성 중 하나는 거대한 상석이다. 주지하듯이 무거운 상석을 지석 위에 올리는 작업은 분명 많은 노동력을 필요로 했을 것이다. 이와 같은 사실 때문에 지석묘의 이 특성을 근거로 과거 사회의 구조를 추론하기도 한다.

제주도에서 확인되는 지석묘는 최근 제주시 하가리와 서귀포시 강정동에서 추가로 확인된 2기를 포함해 총 159기이다. 이 중 제주도 본섬에서 확인된 것은 98기이며 나머지는 제주도 주변 부속도서에서 발견되었다. 하지만 부속도서인 가파도나 추자도에서 확인되는 지석묘들은 진위여부가 명확하지 않기 때문에 추가적인 논의가 필요하다(김진환 2018: 110-112).

그림 4-22. 제주도 탁자식지석묘(용담동 2호지석묘)

그림 4-23. 제주도 위석식지석묘(용담동 6호지석묘)

지석묘는 제주도 본섬 북동편을 제외한 거의 전 지역에서 확인되는데 대부분 취락유적이 위치한 장소에 함께 밀집되는 경향이 있다. 대표적인 지역으로는 삼양동(도련동 포함), 용담동(오라동 포함), 외도동(광령리 포함), 예래동 등이 있다. 대체로 해안과 가까운 평탄면이나 경사면에 위치하는 경우가 많고 간혹 산 정상, 산사면, 해안절벽, 해안 조간대에서 확인되는 사례도 있다(김진환 2016: 77-80).

제주도에서 확인되는 지석묘는 이청규(1995: 164)에 의해 형식 분류가 시도된 바 있다. 당시 그는 매장주체부의 위치, 지석의 형태, 상석의 형태를 기준으로 총 6개의 형식으로 구분하였다. 하지만 제주도의 지석묘는 하부구조에 대한 발굴조사가 거의 이뤄지지 않아 매장주체부에 대한 정확한 판단은 어려운 실정이다. 따라서 이청규의 분류 중 매장주체부의 위치에 대한 기준을 제외하여 개석식, 기반식, 위석식으로 재조정할 수 있을 것 같다. 실제 김진환(2016: 81)은 이 세 가지 형식에 탁자식을 추가하여 총 네 가지 형식으로 분류한 바 있다. 김진환이 탁자식지석묘로 구분한 것은 용담동 2호 지석묘로 단 한기만 확인되는데 상석 규모가 일반적인 탁자식지석묘와는 달리 매우 작아 한반도의 탁자식지석묘와 같은 무덤 형식으로 볼 수 있을지에 대해서는 논의가 필요할 것 같다.

위석식지석묘는 주로 제주도에서 확인되는 독특한 형식으로 제주도식지석묘로 불리기도 한다. 방형 내지 장방형의 판석을 상석이 놓일 자리에 돌아가며 세우고 그 위에 상석을 얹는 형태를 띤다. 이러한 축조 방식으로 상석 하부에는 석실과 같은 공간이 존재하게 되는데 이 공간을 매장주체부로 사용한 것 같다.

김진환(2016: 82)의 분석에 따르면 분석 가능한 지석묘 중 절반 이상이 개석식지석묘에 속하고 위석식이 32%, 기반식이 15%를 차지하는 것으로 나타난다.

2) 석곽묘

제주도에서 확인되는 석곽묘는 대부분 잔존상태가 좋지 않아 실제 곽(槨)으로 사용되었는지의 여부가 분명하지 않다. 현재까지 확인된 바로는 삼양동 6기, 용담동 4기로 모두 10기 정도이다.

우선 삼양동(2181-45번지) 유적에서 확인된 4기의 무덤은 장방형의 묘광이 2단으로 굴착되어 있다. 2단 묘광의 상단에는 할석이 둘러져 있고 하단은 시신을 안치했던 것으로 보인다. 이 중 1호와 4호 석곽묘는 석곽 위에 여러 매의 판석을 이용한 개석이 설치된 반면 2호와 3호는 개석이 확인되지 않았다. 이 유적의 보고자(제주문화유산연구원 2019)는 이 무덤들을 석곽묘로 표현했지만 장방형 배치로 추정되는 석곽 내부의 규모로 보아 곽보다는 관에 가깝다고 할 수 있다. 하지만 석

그림 4-24. 삼양동(2181-45) 유적 4호 석곽묘
(제주문화유산연구원 2019: 89, 도판 36-①)

곽(또는 석관) 자체가 많이 훼손되어 그 형태가 명확하지 않기 때문에 일단은 보고자를 따라 석곽묘로 분류해 두고자 한다.

또한 보고자(제주문화유산연구원 2019)는 석곽 내부에 목관이 설치되었을 가능성을 암시하였지만 뚜렷한 증거는 확인되지 않는다. 무덤의 형태가 불분명하지만 2단으로 굴착된 묘광과 석곽(또는 석관)의 존재, 그리고 여러 매의 판석을 이용한 개석의 존재로 미루어 지석묘의 하부구조일 가능성도 전혀 배제할 수 없다.

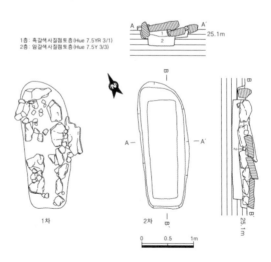

그림 4-25. 삼양동(2181-45) 유적 4호 석곽묘(제주문화유산연구원 2019: 75, 도면 21)

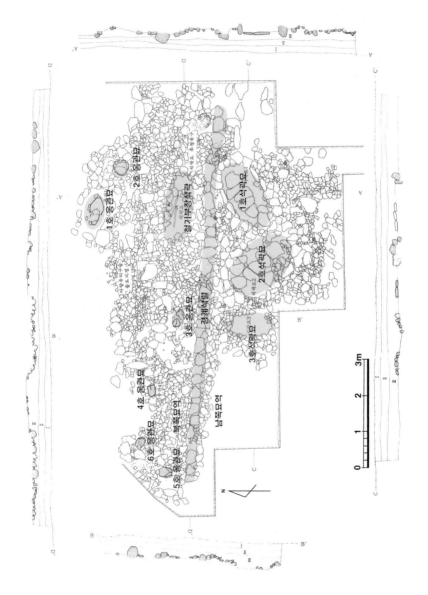

그림 4-26. 용담동 철기부장묘 묘역(제주대학교박물관 1989: 25)

출토유물은 1호 석곽묘에서 곡옥 3점, 2호 석곽묘에서 관옥 2점, 3호 석곽묘에서 환옥 2점이 확인되었다.

삼양초등학교 유적에서는 2기의 석곽묘가 확인되었다. 이 석곽묘들도 규모면에서 석관에 더 가깝고 보고자(濟州考古學研究所 2012)도 석관묘로 분류하였다. 삼양초등학교의 이 석곽묘(석관묘)는 삼양동(2181-45번지) 유적과는 달리 묘광이 1단으로 조성되었다. 1호는 3매의 판석을 이용한 개석이 확인되지만 2호는 확인되지 않는다. 2호는 내부 석재가 많이 이탈되어 잔존 상태가 양호하지 않기 때문에 개석의 존재여부가 불명확하다. 1·2호 모두 내부에서 유물은 확인되지 않는다.

용담동의 석곽묘는 '용담동 고분'(濟州大學校博物館 1989)이라는 보고서명으로 발간된 용담동 741번지에 대한 발굴조사에서 확인되었다. 소위 용담동 철기부장묘

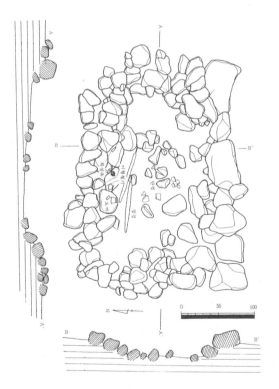

그림 4-27. 용담동 철기부장묘 북쪽 묘역 석곽묘
(제주대학교박물관 1989: 38)

로 불리기도 하는 이 유적은 동서방향에 가까운 중앙의 경계 석렬을 기준으로 남쪽묘역과 북쪽묘역으로 구분된다. 남쪽묘역에서 석곽묘 3기, 북쪽묘역에서 석곽묘 1기와 옹관묘 6기 등이 확인되었는데 두 묘역은 다른 시대의 것으로 인식되고 있다.

남쪽 묘역의 석곽묘 3기는 모두 장타원형 내지 타원형의 묘광을 깊지 않게 굴착하고 묘광 가장자리를 돌아가며 판석 형태의 석벽을 설치하거나 잡석 등으로 채워놓았다. 그리고 삼양동 석곽묘와 마찬가지로 1호와 2호 석곽묘는 여러 매의 판석을 개석으로 활용하였는데 개석의 잔존상태는 용담동이 더 양호하다. 다만 개석의 넓이가 석곽의 넓이보다 좁아 개석이 석곽을 완전하게 덮지 못했던 것으로 추정된다. 석곽이 원래의 자리를 이탈했을 가능성도 있지만 묘광의 넓이와 석곽의 넓이가 거의 일치하기 때문에 현재 석곽의 위치는 처음 축조될 당시와 크게 다르지 않을 것으로 생각된다. 도면상으로 뚜렷하지 않지만 개석을 지탱하면서 시신을 보호하는 관과 같은 다른 시설이 설치되었을 가능성과 시신을 안치한 후 흙으로 덮고 그 위에 개석을 설치했을 가능성이 있다.

용담동 철기부장묘 남쪽 묘역의 석곽묘는 삼양동에서 확인되는 석곽묘와 여러 매의 판석으로 된 개석이 존재한다는 점만 유사할 뿐 석곽의 평면형태, 묘광의 단면형태가 모두 다르다. 또한 석곽의 규모를 검토했을 때 삼양동과 달리 실제 곽(槨)을 의도해서 조성했을 가능성이 있다는 점에서도 차이를 보이고 있다.

남쪽 묘역의 석곽묘에서는 공렬문 내지 공렬·구순각목문의 무문토기편과 편인석부가 출토되었는데 석곽의 틈새나 묘역 내에서 잔편으로 확인되고 있어 부장품인지의 여부는 명확하지 않다.

북쪽 묘역의 석곽묘 1기는 후대 교란 등에 의해 원형이 훼손되었을 가능성도 있지만 보고자(濟州大學校博物館 1989: 39)의 의견처럼 축조 당시에도 정형성 있는 무덤의 구조를 의도하지는 않았을 수도 있다. 묘광의 깊이는 얕으며 가장자리를 둘러싼 석재들도 질서 있는 양상을 보이지 않는다. 남쪽 묘역이나 삼양동 석곽묘와 같은 개석은 확인되지 않는다. 이 무덤은 적석목곽묘(康昌和 2003: 31, 2009: 107)나 적석목관묘(김경주 2012: 389-390)일 가능성도 있지만 목관이나 목곽이 있었던 흔적은 명확하지 않다.

출토유물은 내부에서 철제장검 2점, 단검1점, 철모 1점, 철착 1점, 주조철부 1점, 단조철부 2점, 궐수문철기, 그리고 다량의 철촉 등 철기류가 세트로 출토되었다.

3) 토광묘

현재까지 제주도 선사취락과 관련된 토광묘는 총 19기로 그 중 18기가 삼양동 일대(도련동 포함)에서 조사되었고 나머지 한 기는 하귀리 유적에서 확인되었다. 토광묘는 내부에 목관이 존재했을 가능성이 있기 때문에 본서에서는 목관묘를 포괄하는 개념으로 사용하도록 하겠다.

제주도에서 확인되는 토광묘는 대체로 평탄면이나 완만한 경사면에 위치하며 무덤의 평면 형태는 장방형에 해당한다. 이 토광묘들은 1단

묘광이 보편적이지만
도련동(614-1번지) 유
적 3호와 4호 토광묘,
그리고 삼화지구 가
Ⅰ 유적의 2호 토광묘
와 같이 2단으로 묘광
을 굴착한 사례도 확
인된다. 하지만 이 세
차례의 사례 모두 정
형화된 뚜렷한 2단 굴
착양상을 보이지는
않는다.

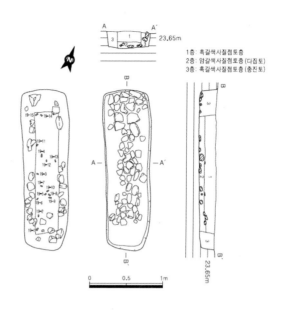

1층: 흑갈색사질점토층
2층: 암갈색사질점토층(다짐토)
3층: 흑갈색사질점토층(충진토)

그림 4-28. 삼양동(2181-36) 유적 1호 토광묘
(제주문화유산연구원 2016: 47, 도면 24)

묘광의 가장자리를 돌아가며 충진토가 확인되는 사례가 있는데 이
러한 토광묘들은 내부에 목관이 있었을 가능성이 높다. 특히 삼양동
(2181-36번지) 유적 1호, 2호 토광묘와 삼양동(2181-45번지) 1호 토광묘
등과 같은 경우에는 목관과 묘광 사이를 채웠을 것으로 추정되는 충진
토와 충진석이 함께 확인되는 양상을 보이기도 한다. 또한 이 중 삼양
동(2181-36번지) 유적 1호 토광묘는 묘광 바닥에 바닥석이 깔려 있어 다
소 독특한 축조 양상을 보여주고 있다.

하귀리 유적 Ⅱ구역에서 확인된 토광묘의 경우에는 묘광 가장자리
에 충진토가 확인되지는 않지만 묘광 바닥의 양쪽 측면 장축을 따라 목
관을 안치하기 위한 것으로 추정되는 홈이 확인되고 있어 목관이 존재

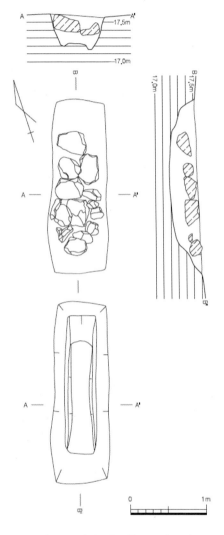

그림 4-29. 하귀1리 유적 II구역 토광묘
(호남문화재연구원 2010: 322, 도면 180)

했을 가능성을 보여주고 있다. 그리고 이 토광묘의 내부에는 크고 작은 할석들이 쌓여 있는데 이는 아마도 무덤 상부에 존재했던 분구의 적석이 목관이 삭아 무너져 내리면서 함께 무덤 안으로 들어온 것으로 생각된다. 즉, 이 무덤은 적석목관묘일 가능성이 있다.

무덤에서 확인되는 유물들은 유경식 석검, 원형점토대가 부착되거나 그렇지 않은 천발(淺鉢), 유리구슬, 관옥, 방추차 등이 확인되었다. 유경식 석검은 소위 송국리형 석검으로 불리는 목병식 석검으로 삼화지구 가 I 유적 1호 토광묘에서 출토되었다. 이 석검은 무덤의 중앙부에서 약간 동쪽으로 치우친 바닥면에서 확인되었다. 무덤의 장축방향과 나란히 놓여 있는데 봉부가 남동쪽 단벽을 향하고 있다.

원형점토대토기
가 부착된 천발은
삼화지구 가Ⅰ유
적 3호, 4호 토광
묘에서 출토되었
는데 3호 토광묘
에서는 무덤의 남
벽 근처 내부토 상
층부에서, 4호 토

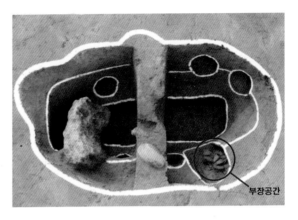

그림 4-30. 제주 도련동(614-1) 유적 4호 토광묘
(제주문화유산연구원 2011: 236, 도판 34-⑦)

광묘에서는 무덤의 북동벽 근처 내부토 상층부에서 각각 출토되었다.
즉, 이 토기들은 시신을 안치한 후 어느 정도 흙을 채운 다음 부장된 것
으로 추정된다. 원형점토대토기가 부착되지 않은 무문토기 천발은 도
련동(614-1) 유적의 4호 토광묘에서 출토되었는데 무덤의 북서벽 근처
작은 수혈 내부에서 출토되었다(그림 4-30). 아마 무덤 내 부장공간을
따로 마련하여 토기를 부장한 것으로 추정된다.

유리구슬은 삼화지구 가Ⅰ 유적 3호 토광묘에서 원형점토대토기 천
발과 함께 출토되었는데 원형점토대토기와는 달리 무덤의 북서쪽으로
치우친 바닥면에서 확인되었다. 이 유리구슬은 아마도 장례 과정 중 무
덤 바닥에 뿌려졌거나 피장자가 장신구로 착장하고 있었을 가능성도
있다.

관옥은 삼양동(2181-36) 유적 1호와 2호 토광묘, 삼양동(2181-45) 유
적 1호 토광묘에서 출토되었는데 이 토광묘들은 앞서 살펴봤듯이 모두

목관이 존재했을 것으로 추정되는 무덤들이다. 따라서 관옥의 부장은 주로 목관묘와 관련된 의례행위일 가능성이 있다. 이 중 삼양동(2181-36) 유적 1호 토광묘는 바닥석을 덮은 내부 다짐토 바로 위에 총 15점의 관옥이 무질서하게 흩어져 있는 양상을 보이고 있다. 이러한 양상으로 미루어 보아 이 관옥들은 피장자가 장신구의 형태로 착장했다기보다는 장례 과정 중 뿌려졌던 것으로 추정된다.

방추차의 출토는 도련동(614-1) 유적 3호 토광묘의 사례가 유일하다. 신라 적석목곽묘의 사례를 비춰봤을 때 방추차의 출토는 피장자가 여성임을 보여주는 것이라 할 수도 있다. 하지만 아직까지 제주도에서 이러한 사례가 많지 않고 젠더적 선입견이 반영될 수 있어 신중한 판단이 필요하다고 생각된다.

4) 옹관묘

제주도에서 옹관묘는 현재까지 총 25기가 확인되었다. 이 중 22기가 삼양동, 용담동, 하귀리 등 제주도 북부지역에 집중되고 있는데 이러한 양상은 지석묘를 제외한 석곽묘와 토광묘도 크게 다르지 않다. 옹관묘는 해안과 가까운 평탄면이나 완만한 경사면에 위치하는데 이는 취락의 입지와 유사한 양상이라고 할 수 있다.

제주도에서 확인되는 옹관묘는 단독으로 조성되는 것과 하나의 묘역 내에 함께 조성되는 것으로 구별할 수 있다. 단독으로 조성되는 옹관묘는 장방형, 타원형, 또는 원형의 묘광을 조성한 후 옹관을 안치한 것으로 묘광과 옹관 사이에 돌이 채워져 있는 것과 그렇지 않은 것으로 나뉜다. 또한 돌이 채워져 있는 경우에는 다시 묘광과 옹관사이를 전체적으로 채운 것과 합구식 옹관의 양단 끝 저부만을 돌을 이용해 고정시킨 것으로 세분하기도 한다(김경주 2011: 175).

이러한 단독 조성 옹관묘들은 지금까지 제주도에

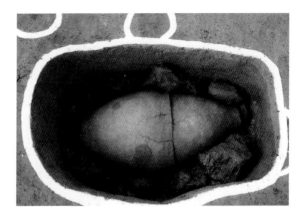

그림 4-31. 제주 삼화지구 가 I 유적 1호 옹관묘
(국립제주박물관 2010: 6, 원색사진 6)

그림 4-32. 제주 삼화지구 나 유적 9호 옹관묘
(호남문화재연구원 2010: 11, 원색사진 7)

서 총 15기가 확인되었는데 그 중 14기가 합구식이며 옹관의 안치는 횡치(橫置)의 형식을 띠고 있다. 반면 제주 삼화지구 나 유적의 9호 옹관묘(그림 4-32)는 단독으로 조성된 옹관묘 중 유일하게 단옹식이며 옹관의 안치는 도치(倒置)의 형식을 보이고 있어 주목된다.

단독 조성 옹관묘에 사용된 토기는 소위 삼양동식토기로 불리는 필자 분류 IV식 토기이다. 이 토기는 구연부가 축약되거나 외반되어 옹(甕)의 형태를 띠고 있는 토기로 주거지에서 직립구연의 심발형토기, 원형점토대토기 등과 동반되는 양상을 보인다. 필자가 분류한 원형주거지 1단계와 2단계에 주로 확인되며 드물긴 하지만 원형주거지 3단계에서 동반되는 사례도 있다. 합구식 옹관의 전체 규모는 대체로 길이 100㎝, 너비 50㎝를 넘지 않아 성인의 시신을 신전장의 형태로 관에 안치했다고 보기는 어렵다. 따라서 이 옹관묘는 유아묘이거나, 세골장 또는 화장 등의 이차장 형태였을 것으로 추정된다.

묘역 내에 여러 기의 옹관묘가 함께 조성되는 경우는 용담동과 화순리에서 확인된다. 이 형식의 옹관묘는 묘광을 굴착한 흔적이 뚜렷하게

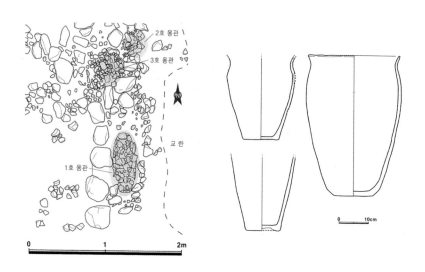

그림 4-33. 화순리 유적 옹관묘 묘역 및 옹관 토기
(제주문화예술재단 2009: 107-108, 도면 41, 42)

확인되지 않기 때문에 묘역 내에 굴착 행위 없이 그대로 옹관을 안치한 것으로 보인다. 사용된 옹관은 합구식이 4기, 단옹식이 5기로 비슷한 비율을 보이고 있다. 합구식 옹관의 안치방식은 모두 횡치의 형식이고 단옹식 옹관은 직치(直置)와 사치(斜置)의 형식이 이용되었다.

용담동에서 확인되는 옹관묘는 앞서 검토한 용담동 철기부장묘의 북쪽 묘역에서 철기가 부장된 석곽과 함께 조성되었다(그림 4-26). 모두 6기가 확인되었는데 합구식이 2기, 단옹식이 4기이다. 이 옹관묘들은 철기가 부장된 석곽의 북쪽과 서쪽으로 분포하는데 배치 양상에 뚜렷한 정형성은 보이지 않는다. 잔존상태가 양호한 1호와 6호 옹관묘의 토기 형태로 미루어 용담동 옹관묘에서 사용된 토기는 곽지리식토기로 불리는 필자 분류 X식토기로 추정된다. 이 토기는 동체 상부, 즉 토기의 어깨부분이 두드러지고 구연부가 크게 외반되는 특징을 갖는다.

화순리 유적에서는 I 구역 1호 집석유구 내에서 3기의 옹관묘가 확인되었는데 적석묘역 내의 경계 석렬과 인접한 부분에 배치되었다는 점에서 용담동 옹관묘의 양상과 유사하다. 다만 용담동의 철기부장묘 묘역은 석곽과 옹관이 함께 확인되는 혼합형인데 반해 화순리 유적의 옹관묘 묘역은 옹관묘만으로 조성되었다는 점에서 차이가 있다. 3기의 옹관묘 중 2기는 합구식이고 1기는 단옹식이다. 잔존상태가 양호한 1호 옹관묘의 토기 형태로 보아 완형(完形)으로 복원된 토기 한 점은 외도동식 토기로 불리는 필자 분류 IX식 토기에 가깝고 구연부가 일부 훼손된 다른 한 점은 동체 상부의 토기 어깨부분이 두드러지고 구연부가 크게 외반될 것으로 추정되기 때문에 X식의 곽지리식토기일 가능성이 있다.

옹관에 사용된 토기의 형태로 보아 이러한 묘역 형태의 옹관묘는 원형주거지 4단계에 속하거나 그 이후로 편년될 수 있을 것 같다. 또한 옹관의 규모가 단독으로 조성된 옹관과 크게 다르지 않아 이 묘역 형태의 옹관도 유아묘이거나 세골장·화장 등의 이차장 형태일 가능성이 높다.

5) 무덤의 편년

제주도 선사취락과 관련된 무덤 중 가장 빨리 등장한 것은 어떤 무덤이었을까? 남한지역에서는 전기무문토기시대부터 지석묘, 석관묘, 석곽묘, 토광묘 등 다양한 양식의 무덤이 사용되었던 것으로 알려져 있다 (김승옥 2015). 제주도의 선사취락 물질문화 중 전기무문토기시대에 해당하는 것은 앞서 정리한 복합문토기 중심의 유구·유물 조합단계를 대표적으로 들 수 있다. 또한 공렬·구순각목문토기 중심의 유구·유물 조합단계 일부도 포함될 수 있다.

이러한 복합문토기단계 및 공렬·구순각목문토기단계와 관련된 유물이 무덤에서 확인된 사례는 용담동 철기부장묘 남쪽 묘역의 석곽묘이다. 이 석곽묘에서는 공렬문, 구순각목문, 또는 공렬·구순각목문이 시문된 토기편과, 마연토기편, 편인석부 등이 출토되었다. 토기가 모두 크지 않은 파편이고 출토위치도 석곽의 돌 밑 부분이나 틈 사이, 그리고 적석 묘역에서 확인되고 있어 이 유물들이 부장용으로 사용되었는지는 불분명하다. 하지만 이 유물들이 석곽의 돌 밑 부분이나 틈 사이에서 확인된 것으로 보아 의도했든 의도하지 않았든 축조과정에서 석곽 안에 들어간 것이라 추정되며 따라서 이 석곽묘와 토기들은 시간적으로 연관성이 높다고 할 수 있다.

용담동 석곽묘에서 출토된 공렬·구순각목문의 토기들이 전기무문토기시대의 것인지 중기의 것인지 정확히 알 수는 없지만 제주도에서 가장 이른 시기의 것 중 하나임은 분명한 듯하다. 또한 이 석곽묘를 덮고 있는 여러 매의 판석으로 구성된 개석은 남한지역의 여러 묘제에서 채용하고 있는 무덤의 밀폐방식이다. 특히 지석묘, 석관묘, 석개토광묘에서 주로 확인되는데 이러한 방식은 중기무문토기시대에 가장 성행한다. 이 사실을 근거로 용담동의 석곽묘도 중기무문토기시대의 어느 시점에 조성되었을 가능성이 높다고 생각한다.

또한 삼양동의 석곽묘도 이와 연계하여 생각해 볼 수 있다. 앞서도 살펴봤듯이 삼양동(2181-45) 유적에서 확인되는 석곽묘는 이단 묘광이며 석곽이기보다 석관일 가능성이 있기 때문에 용담동의 석곽묘와는 조금 성격이 다르다고 볼 수 있다. 하지만 이 삼양동의 석곽묘도 여러 매의 판석으로 된 개석이 존재한다는 점에서는 용담동 석곽묘와 유사하다. 이 무덤들에서는 곡옥이나 환옥 등이 출토되었을 뿐 시기를 특정할 수 있는 유물은 확인되지 않는다. 다만 2호 석곽묘 내부에서 2480±30 ^{14}C BP에 해당하는 연대가 측정된 바 있어 대강의 편년관계를 추정해 볼 수 있다.

표 4-1을 살펴보면 삼양동(2181-45) 유적 2호 석곽묘의 연대는 우선 원형점토대토기가 등장하기 이전으로 볼 수 있으며 공렬문토기가 잔

존했을 가능성이 높은 시간대라 할 수 있다[25]. 추가적인 ^{14}C BP 자료가 보완되어야 하겠지만 이러한 사실로 미루어 일단 용담동 석곽묘와 시간적 개연성이 높은 것으로 설정해도 큰 무리는 없을 것 같다. 따라서 용담동과 삼양동에서 확인되는 석곽묘들은 중기무문토기시대에 해당하는 공렬·구순각목문토기단계나 원형주거지 1단계와 관련성이 높다고 판단된다.

사실 이 시기에는 지석묘도 존재했을 가능성이 높다. 제주도의 지석묘는 발굴조사된 사례가 거의 없어 시기를 측정할 만한 근거가 미미하다. 하지만 제주도의 지석묘가 남한지역에서 유입된 것이라면 제주도의 다른 물질문화와 마찬가지로 남한지역에서 성행했을 시기에 제주도에 전파되었을 가능성이 높다. 물론 남한의 지석묘와는 이질적인 제주도의 탁자식과 위석식지석묘에 대해서는 좀 더 고민이 필요하겠지만 개석식과 기반식지석묘는 무문토기시대의 어느 시점에 축조되기 시작했다고 보는 것이 합리적일 듯하다. 또한 앞서 살펴본 석곽묘들이 지석묘의 하부구조일 가능성도 전혀 배제할 수 없기 때문에 적어도 이른 시기의 지석묘들도 공렬·구순각목문토기단계나 원형주거지 1단계와 관련되었을 가능성이 있다.

토광묘의 출현도 원형주거지 1단계와 연관성이 있어 보인다. 삼화지

---

25 물론 제주도 선사취락에서 측정된 공렬문토기의 가장 늦은 ^{14}C BP 연대와 원형점토대토기의 가장 빠른 ^{14}C BP 연대는 오차범위 내에서 동시기일 가능성이 있다. 그리고 실제로 두 토기는 동반된 사례도 두 차례나 있다(표 4-3).

구 가 I 유적 1호 토광묘에서 유경식 석검이 출토되었는데 이 석검은 흔히 송국리 문화와 관련된 것으로 여겨지는 목병식 석검이다. 또한 삼양동(2181-36) 유적의 2호 토광묘에서 2470±30 ^{14}C BP의 연대가 측정되었기 때문에 토광묘의 출현은 원형점토대토기 출현 이전이었을 가능성이 있다. 하지만 목병식 석검이 원형점토대토기 등장 이후까지 잔존했을 가능성이 있고 앞서 살펴봤듯이 삼화지구 가 I 유적 3호와 4호 토광묘에서 원형점토대가 부착된 천발이 출토되기도 했기 때문에 토광묘의 성행 시기는 원형주거지 2단계로 판단하는 것이 합리적일 듯하다. 따라서 토광묘의 출현은 원형주거지 1단계이며, 토광묘의 성행은 원형주거지 2단계와 관련된 것으로 파악하고자 한다.

남한지역의 옹관묘는 즐문토기시대부터 확인되지만 진주 상촌리, 부산 동삼동 등 일부 지역에서만 소량으로 조사되었을 뿐이다. 옹관묘가 증가하기 시작한 것은 중기무문토기시대의 송국리 문화시기부터이다. 금강 중·하류를 중심으로 석관묘, 석개토광묘와 함께 수량이 급증한다. 이 시기의 옹관묘는 송국리식토기가 우세한 가운데 심발형토기, 호형토기가 사용되며 안치 방식은 직치나 사치가 우세하다. 고창 우평리, 아산 용두리진터, 익산 어량리 등 횡치로 추정되는 옹관묘가 일부 확인되기는 하지만(이명훈 2016: 52-53) 직치나 사치의 형태가 대다수를 차지한다. 또한 이 시기의 횡치 옹관묘는 대체로 단옹식이다.

제주도의 옹관묘와 같은 횡치의 합구식 옹관묘가 남한지역에서 증가하는 시기는 점토대토기의 등장과 관련된다(朴辰一. 2013: 166). 옹관묘에 사용된 토기는 외반구연토기나 점토대토기이며 외반구연토기의 동체부에는 조합식우각형파수나 봉상파수가 부착된 것도 확인된다. 이 중 보령 관창리에서 확인된 조합우각형파수부토기는 송국리식토기의 기형과 유사하여 송국리문화와 원형점토대토기문화가 어우러진 것으로 파악하기도 한다(이명훈 2016: 66).

반면 제주도의 옹관묘 중에 점토대토기나 파수부토기가 사용된 것은 아직까지 확인되지 않는다. 특히 조합식우각형파수나 소위 명사리식토기로 불리는 봉상파수는 무덤뿐만 아니라 생활유적에서도 확인되는 사례가 매우 드물다. 원형점토대토기가 많이 확인되기는 하지만 대부분 주거지나 수혈유구 출토품이다. 제주도에서 옹관묘에 사용된 토기들, 특히 단독으로 조성된 옹관묘의 토기들은 주로 삼양동식토기로 불리는 구연부가 축약되거나 살짝 외반되는 토기들이다. 이 토기는 필자의 토기 분류 IV식에 해당하는 것으로 성행 시기는 원형점토대토기가 함께 동반되는 원형주거지 2단계와 관련된다. 이러한 사실들을 종합해보면 제주도의 단독조성 옹관묘들은 남한지역의 횡치 합구식 옹관묘와 (사용된 토기는 다를지라도) 동시기일 가능성이 높다.

한편 묘역 내 다장묘의 형식으로 조성된 용담동 철기부장묘와 화순리 유적의 옹관묘들은 묘제나 토기의 형식이 단독 조성 옹관묘와는 또 다르다. 우선 토기의 형식은 외도동식토기(IX식)나 곽지리식토기(X식)에 가깝다. 이 토기들은 원형주거지 4단계나 그 이후로 편년될 수 있는데 역연대로는 3~5세기 정도로 추정되며 어쩌면 6세기까지 잔존했을 가능성이 있다.

또한 용담동 철기부장묘 북쪽묘역에서 옹관묘와 함께 조성된 석곽묘에서는 철제장검을 비롯한 다량의 철기류가 출토되었다. 이 철기류의 편년에 대해서는 김경주(2012)에 의해 검토된 바 있는데 당시 그는 철제장검, 이조돌대주조철부, 철모, 무경식 철촉, 판상철부 등의 부장품을 종합적으로 살펴보고 3세기 전반~중반 정도로 연대를 추정하였다.

한편 이러한 용담동과 화순리의 다장묘는 형태상 정형성을 찾기 힘들어 남한지역의 묘제들과 비교하기가 쉽지 않다. 다만 원삼국시대에서 삼국시대에 이르는 시기에 남한지역에서 다장묘의 형태를 띤 묘제들은 다양하게 확인되고 있어 주목할 만하다. 특히 임진강이나 한강 중·상류 유역의 적석분구묘나 호서·호남지역의 분구묘에서 복수의 매장시설이 확인되는데 그 중에서도 다장의 특징이 두드러지는 분구묘가 서해안을 따라 주로 발견되고 있다.

이 무덤들은 한 분구 내에 토광, 목관, 옹관 등의 매장주체부가 복수로 조성되는 특징을 보이는데 이러한 다양한 매장방식의 혼합은 제주도의 용담동 철기부장묘와 비교할 만하다. 물론 제주도의 철기부장묘는 드러난 정황상 적석이나 성토의 분구 형태는 아니며, 영남지방의 적석목관묘처럼 매장주체부의 위에 적석봉분을 만들었던 흔적도 남아 있지 않다. 따라서 용담동의 철기부장묘를 남한지역의 특정 묘제와 직접적으로 연결시키는 작업은 쉽지 않다. 다만 마한지역의 다장묘가 3세기 무렵부터 성행하기 시작한다는 사실(朴贊浩 2019: 1)은 제주도와 마한지역 다장묘 사이에 시간적 연관성이 존재할 가능성을 보여준다.

마지막으로 검토할 무덤은 위석식 지석묘이다. 이 지석묘의 편년과 관련된 직접적인 증거는 거의 없다. 지상에 설치된 위석 내부가 매장주체부로 추정되기 때문에 내부에 부장유물이 있었다 하더라도 이미 소실되었을 가능성이 높다. 최근 김진환(2018: 119)은 점토대토기가 동반하던 시기에 위석식 지석묘가 축조되기 시작했을 거라는 의견을 내놓은 바 있다. 그는 아마도 위석식 지석묘가 다수 확인되는 용담동 일대에 점토대토기가 자주 확인되기 때문에 그러한 해석을 한 것이라 생각된다.

하지만 용담동과 마찬가지로 위석식 지석묘가 많이 확인되는 외도동·광령리 일대에는 점토대토기가 매우 드물게 확인된다. 뿐만 아니라 위석식 지석묘가 확인되는 화순리, 창천리 등 다른 지역에서도 점토대토기와 관련된 물질문화는 그다지 두드러지지 않는다. 이러한 사실은 위석식 지석묘가 점토대토기와 크게 관련이 없을 가능성을 보여준다.

용담동에서는 점토대토기와 관련된 물질문화만 보이는 것은 아니다. 용담동의 선사취락은 공렬·구순각목문토기 단계부터 타날문토기와 철기류가 확인되는 원형주거지 4단계에 이르기까지 제주도 선사취락의 거의 전 시기에 걸친 물질문화가 확인된다. 따라서 위석식 지석묘는 다른 물질문화양상과 관련되어 있을 가능성도 존재한다.

과거 이청규(1995: 166)는 제주도의 지석묘를 검토하면서 위석식 지석묘인 광령리 2, 4, 13호 지석묘의 하부 상면에서 곽지1식토기와 함께 타날문토기가 확인되었다고 기술한 바 있다. 여기서 이청규가 말하는 곽지1식토기는 제주도에 토기자료가 많이 없던 1980-90년대에 경질무문토기를 표현한 것으로 굳이 지금의 용어로 전환한다면 외도동식토기와 곽지리식토기를 포함하는 용어로 바꿀 수 있을 것 같다[26]. 즉 필자의 분류 IX식, X식토기에 해당한다.

이청규는 이 토기들이 후대에 혼입되었을 가능성을 낮게 봤다. 그리고 이러한 사실을 바탕으로 위석식 지석묘를 제주도에서 가장 늦게까지 남아 있었던 지석묘 형태로 파악하였다. 이청규의 이러한 판단을 적극적으로 반영한다면 이 위석식 지석묘는 제주도에서 타날문토기가 자주 확인되는 원형주거지 4단계와 관련될 가능성이 높다. 실제 원형주거지 4단계가 주로 확인되는 용담동, 외도동, 화순리에서는 모두 위석식 지석묘가 발견되었다. 물론 원형주거지 4단계 유구·유물 조합이 확인되는 모든 지역에서 위석식 지석묘가 발견된 것은 아니지만 적어도 점토대토기보다는 자주 관련된다. 또한 원형주거지 4단계가 거의 확인되지 않는 삼양동에 위석식 지석묘가 존재하지 않는다는 사실도 원형주거지 4단계와 위석식 지석묘와의 관련성에 간접적인 증거가 될 수 있다.

---

26 이청규(1995)가 제주도 토기를 연구하던 당시에 비해 지금의 토기자료는 질적·양적으로 너무 방대해졌다. 따라서 당시 사용하던 토기용어를 정확히 지금의 토기형식들에 대응시키기는 어려울 것이다. 실제 곽지1식토기는 연구목적에 따라 외도동식토기와 곽지리식토기 외에도 더 광범위한 토기들을 포함시킬 수도 있다.

V. 제주도 선사취락의 변동과 공동체

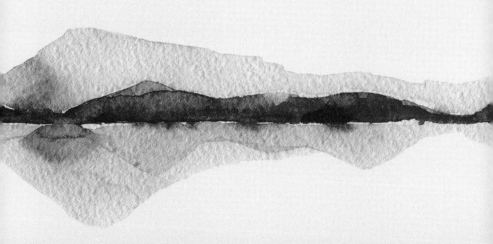

본 장에서는 II장에서 살펴봤던 기존 연구 경향에 대한 비판적 검토, III장에서 논의한 섬 공동체 연구를 위한 새로운 방향성, 그리고 IV장을 통해 분석했던 제주도 선사취락 관련 물질문화상을 토대로 제주도 섬 공동체의 변화과정을 어떻게 이해할 수 있을까에 대해 논의할 것이다.

제주도 선사취락의 시간적 범위를 크게 둘로 나누어 살펴볼 예정인데 전반부는 복합문토기 단계부터 공렬·구순각목문토기 단계와 원형주거지 1단계까지이며 후반부는 원형주거지 2단계부터 원형주거지 4단계까지이다. 전반부는 무문토기문화가 등장하여 주거지의 군집화가 형성되던 초창기에 해당하며 후반부는 선사취락이 제주도 전역에서 성장하던 시기에 해당한다.

1. 취락경관의 변화와 섬 공동체

I장의 연구 범위에서도 언급했지만 본서에서 설정한 제주도 선사

취락의 범위는 수혈 주거지의 군집화가 두드러지는 무문토기시대부터이다. 하지만 그렇다고 해서 그 이전인 즐문토기시대에 취락이 형성되지 않았다는 것을 의미하는 것은 아니다. 취락은 수혈식 주거지가 아닌다른 형태의 주거공간으로도 존재할 수 있기 때문에 수혈식 주거지의존재가 취락 구성의 필수조건은 아니다. 따라서 지속적으로 점유되었을 것으로 추정되는 즐문토기시대 유적에서는 취락의 형성을 검토해볼 수 있다고 생각한다. 다만 본서에서는 무문토기시대 이후의 물질문화를 대상으로 하기 때문에 즐문토기시대의 취락에 관한 검토는 논외로 하고 있을 뿐이다.

제주도에서 수혈 주거지의 군집화가 무문토기시대부터 본격화된다고 해도 가장 이른 시기인 복합문토기단계부터 바로 이러한 현상이 나타나는 것은 아니다[27]. 복합문토기단계의 대표 유적인 상모리 유적에서는 층위 상 물질문화의 연속적 변화와 같은 장기간 점유의 흔적은 확인되고 있지만 주거지의 존재는 명확하지 않다. 이는 상모리 유적의 입지와 생계활동 등과 밀접한 관련이 있다고 생각한다.

---

27 사실 제주도에서 주거지의 군집화는 즐문토기시대 초창기로 편년되는 고산리 유적에서도 확인된다. 하지만 고산리 유적 일대는 화산쇄설물층이 굴곡면을 형성하고 있기 때문에 유구의 굴광선을 파악하기가 쉽지 않다. 실제 고산리 유적에서 확인된 유구들은 그 진위 여부가 논란(예: 김경주 2019; 소상영 2017)이 되고 있기 때문에 즐문토기시대 초창기의 수혈 주거지 존재에 대해서는 신중한 접근이 필요하다.

1) 해양문화와 공동체

앞에서도 언급했듯이 상모리 유적은 제주도 서남부 지역 해안가에 위치하는 패총유적으로 형성 시기는 2900 ^{14}C BP 이후의 어느 시점일 거라 생각된다. 남한에서 복합문토기는 관산리 유적과 같은 구릉지나 남강 유역과 같은 하천 양안에 발달한 평탄한 충적지에서 주로 확인된다. 이러한 남한지역의 취락입지를 고려한다면 제주도의 상모리 유적은 다소 특수한 맥락에 놓여 있다고 할 수 있다. 이는 같은 물질문화를 공유하더라도 취락 입지나 생계 경제가 모두 같을 수는 없다는 것을 보여준다. 또한 반대로 유사한 생계 경제를 공유해도 문화는 상이하게 나타날 수 있다. 이는 류큐에서 잘 드러나는데 신석기시대의 류큐제도는 광범위한 생계 경제의 유사성을 보여줌에도 불구하고 지역에 따라 상이한 문화 분포를 보여준다[28].

전환기의 상황

상모리 유적의 입지를 이해하기 위해서는 전 시기인 즐문토기시대 후·말기의 유적 양상을 살펴볼 필요가 있다. 제주도 즐문토기시대 후·말기의 토기 양상을 살펴보면 남해안 지역과 유사하게 압날점

---

28 신석기시대 류큐제도는 생계 경제의 광범위한 유사성을 보이지만 북부와 중앙 류큐에는 조몬 문화가, 남부 류큐에는 오스트로네시안 문화가 주로 확인된다(Hudson 2012).

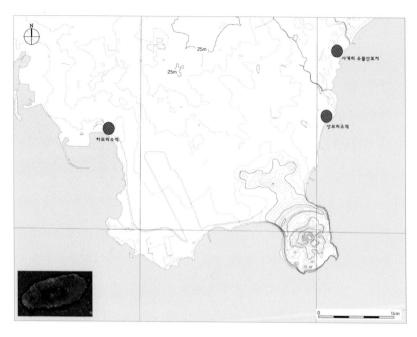

그림 5-1. 상모리 유적과 주변 즐문토기시대 유적의 취락입지
(이 유적들은 해발 5m 내외의 해안가에 위치한다.)

럴문토기와 이중구연토기가 대표적으로 출토된다. 이 토기들은 제주도 전 지역의 해안저지대와 중산간지대에 고르게 분포하고 있다(강창화 2011: 246-247). 이러한 즐문토기시대 후·말기의 유적에서 주거지가 확인되는 경우는 아직까지 보고되지 않았으며 수혈 주거지 취락유적만큼 장기간 지속적으로 반복 점유되지도 않는 듯하다.

해안저지대에 위치하는 유적들은 대부분 바다와 인접하며 패총이 형성된 지역도 적지 않다. 대표적으로 상모리와 인접한 하모리 유적의 패총에서는 점렬문토기, 이중구연토기와 함께 어패류뿐만 아니라 조류나 포유류 등의 육지 동물 뼈가 확인되고 있다. 또한 멧돼지 뼈로 제작된 결합식 낚시 바늘도 출토되고 있는데 이러한 사실들은 패류의 채집뿐만 아니라 수렵과 어로가 당시 사람들에게 중요한 생계 수단이었음을 예상할 수 있게 해준다. 그리고 하모리에서는 갈돌과 도토리 압흔 화석도 확인되고 있어(안현중 2019: 334) 식물 채집활동도 병행했던 것으로 추정된다.

공식적인 발굴조사는 없었지만 상모리 바로 북쪽으로 이어지는 사계리 해안에서도 압날점렬문토기가 분포하고 있어 무문토기시대가 시작되기 이전 상모리 유적 주변으로 즐문토기시대 후 · 말기의 문화양상이 폭넓게 분포하고 있었음을 보여준다. 그리고 사계리 해안에서는 대형 갈판과 공이도 함께 발견되었는데(남제주군 · 제주문화예술재단 2003) 이 유물들이 압날점렬문토기와 동시기의 것이라면 이 시기에 식물성 자원도 활발하게 이용되었을 것으로 추정된다.

그리고 하모리나 사계리 유적처럼 해안가 바로 앞은 아니지만 제주도 북동부의 북촌리 유적에서도 유사한 생계유형이 관찰된다. 북촌리 유적은 바위그늘에 형성된 유적으로 해안에서 500m 정도 떨어져 있기 때문에 바다와의 근접성이 양호한 편이다. 이 유적에서는 즐문토기시대부터 통일신라시대인 탐라후기까지의 유물이 확인되는데 그 중 즐문토기시대 문화층에서는 골각기 등의 도구와 함께 패류, 동물뼈, 탄화종실 등의 자연유물이 확인되었다. 이 유적은 하모리와 마찬가지로 점렬문토기, 이중구연토기 등이 확인되고 있어 즐문토기시대 후 · 말기부터 점유되었던 것으로 추정된다.

이와 같이 즐문토기시대 후 · 말기에 해안 저지대에 거주하던 사람들은 해양경관을 바탕으로 수렵, 채집, 어로 등의 생활을 주요 생계로 삼아 살아갔던 것으로 이해된다. 그리고 이러한 양상은 무문토기시대 복합문토기단계의 공동체 형성에도 적지 않은 영향을 끼쳤을 것이다. 하지만 아직까지 제주도에서 즐문토기시대와 무문토기시대의 물질문화상이 일정 기간 공존했는지 아니면 양 시대 사이에 공백기가 있었는지는 명확하지 않다.

이 전환기에 ^{14}C BP연대는 북촌리 유적 바닥층에서 출토된 조개 시료의 2920±25 ^{14}C BP가 거의 유일하다. 동시기로 편년되는 이호동 유적(1630-3번지)에서도 목탄시료의 연대를 측정한 바 있었지만 δ^{13}C 값이 지나치게 높게 나와 그대로 신뢰하기 어렵다. 물론 북촌리에서 확인된 조개 시료의 ^{14}C BP연대는 해양 리저브 효과에 따른 적절한 보정이 이뤄진 것 같지 않으며 또한 하나의 연대측정치만을 가지고 동반유물들의 편년적 위치를 가늠하기도 쉽지 않다.

하지만 한반도에서 측정된 즐문토기시대-무문토기시대 전환기의 ^{14}C BP연대를 참고하면 양 시대 연대가 어느 정도 중첩되고 있음을 알 수 있다(Kim and Bae 2010: 490; Lee 2011: 314; 이동주 2011: 223). 이 연대 측정결과를 그대로 신뢰할 수 있다면 생각했던 것보다 양 시대의 전환은 급격하게 이뤄지지 않았을 가능성이 높다. 즉, 양 시대 문화의 공존기가 일정 기간 유지되었을 수도 있다는 것이다.

그렇다면 제주도의 상황은 어떠했을까. 추가 자료가 확보되지 않아 아직 불안정하지만 북촌리 유적 조개 시료의 2920±25 ^{14}C BP는 해양 리저브 효과를 고려한다면 오히려 실제 연대보다 더 이르게 측정된 것일 수도 있다. 앞서 필자가 복합문토기단계의 시작을 2900 ^{14}C BP 이후로 추정한 것을 참고한다면 ^{14}C BP연대 상에서 양 시대가 중첩되었을 가능성을 배제할 수 없다.

유물의 양상을 살펴보면 우선 제주도 북부의 삼양3동 2438-1번지(삼양유원지 조성사업 부지 내) 내 적석유구 상면에서 즐문토기시대 조흔문 토기와 무문토기시대의 구순각목문 호형 토기들이 혼재되어 확인된 바 있다. 그리고 제주도 동부 중산간지대의 성읍리 유적에서는 점렬문 토기[29] 등이 공렬문토기와 문화층에서 동반된다. 또한 삼양동 유적 Ⅰ지구 1호주거지 내부에서 점렬문토기가 무문토기시대 구순각목문토기 및 점토대토기와 동반 출토된 사례도 있다.

여기서 두 번째 사례인 성읍리 유적의 경우 안정된 층위 내에서 동반 되었다고 보기 힘든 상황이며 마지막 사례인 삼양동 유적 주거지의 경우는 점렬문토기와 점토대토기의 시기차가 너무 커 주거지 퇴적과정 에서 즐문토기시대의 토기들이 쓸려 들어온 것으로 추정된다. 그나마 첫 번째 사례인 적석유구의 경우는 조흔문이 즐문토기시대 늦은 시기 까지 확인되고 구순각목문 호형토기는 제주도 무문토기시대 가장 이른 시기부터 확인되기 때문에 실제로 동반되었을 가능성이 가장 높다. 적석유구 내부 상황이 매우 복잡하게 혼재되어 있어 양 시대의 유물이

---

29 점렬문토기는 즐문토기시대 후기로 편년되지만 제주도에서는 말기의 이중구연토기 와 동반하는 사례가 많아 후기와 말기의 구분이 다소 모호한 상황이다(강창화 2011: 249).

동시에 존재했다고 장담할 수는 없지만 이 문화상들이 중첩되었을 가능성은 제기해 볼 만하다.

^{14}C BP연대상이든 유물의 동반양상이든 양 시대의 물질문화가 실제 공존했는지에 대해서는 어느 정도의 가능성만 논의할 수 있을 뿐확답을 내리기는 쉽지 않은 상황이다. 하지만 만약 양 시대가 중첩되지 않았다면 결과적으로 제주도에 사람이 살지 않았던 공백기가 있었다는 추론으로 나아갈 수밖에 없다. 양 시대의 전환기에 사람이 살지 않았을 가능성을 전혀 배재할 수는 없지만 이러한 가능성을 뒷받침하기 위해서는 즐문토기시대 후·말기의 사람들이 갑자기 사라졌다가 복합문토기 물질문화와 함께 다시 입도하게 된 배경을 설명할 수 있어야 한다.

해안가에서 확인되는 즐문토기시대 후·말기의 하모리 및 사계리유적과 복합문토기가 확인되는 상모리 유적이 유사한 생계 경제를 영위했을 것으로 추정된다는 점을 고려했을 때 양 시대 사이에 극단적인환경적 변화가 있었을 것으로 보이지는 않는다. 만약 환경적 요인으로즐문토기시대 사람들이 갑자기 사라졌다면 복합문토기를 사용했던 사람들은 이전과는 다른 방식으로 제주도에 적응했을 가능성이 높기 때문이다.

그렇다면 즐문토기시대 후·말기 사람들이 육지로 이주하거나 갑자기 소멸했을만한 이유로 정치적인 문제나 질병의 확산과 같은 사건들을 예상해 볼 수 있는데 이러한 이유들은 사실 근거를 찾기가 쉽지 않다. 모든 것이 명확하지 않은 상황에서 다양한 가능성을 열어 두어야겠지만 현재로써 양 시대 사이에 사람이 살지 않았던 공백기를 무리하게 설정하는 것보다 물질문화가 중첩되는 시기를 통해 시대 전환이 이뤄졌을 가능성에 무게를 두는 편이 더 합리적일 거라 생각한다.

복합문토기를 사용했던 사람들은 이전 시기의 사람들과 물질문화적 연관성은 크지 않았지만 생계 경제적인 부분에서는 매우 유사했다. 그리고 이 상모리 거주민들은 즐문토기시대 후·말기의 거주지인 하모리나 사계리와 매우 가까운 거리에 정착했다. 따라서 상모리 거주민들이 이전 시기의 사람들과 잦은 접촉은 없었을지라도 그들의 생계방식에 큰 영향을 받고 그것을 모방하면서 정착해 갔을 가능성이 높다.

전통적 생활방식 속에서 등장한 새로운 물질문화

이러한 점을 고려한다면 이전 시기와 연관된 생계 경제 및 유적경관을 바탕으로 복합문토기단계의 공동체 형성을 살펴볼 필요가 있다. 공동체는 분명 장소의 감각과 강한 연관성을 갖는다. 장소가 구성되는 과정은 사람들과 그들의 경관 사이에 관계를 형성하고 재생산한다. 사람들은 종종 그들의 생계, 생산, 소비와 관련된 양식화된 방식으로 생업적이거나 관념적인 공간을 드러낸다(Knapp 2003: 566). 그렇기 때문에 상모리 유적의 공동체 형성을 생계, 경관과 같은 비-인간적 요소들을 포함시키는 다차원적 요소들의 상호작용 과정으로 접근할 필요가 있다.

그동안 상모리 복합문토기단계의 형성을 논의할 때 흔암리 유형 집단의 이주과정과 관련하여 설명하는 경우가 많았다. 물론 사람들의 이주는 충분히 가능성 있는 이야기지만 흔암리 유형 집단이라는 실체적 주민 집단의 이주로 이 과정을 모두 설명할 수는 없다. 즉, 남한지역의 어느 특정 지역을 선정하여 그곳과 제주도 상모리를 연결하는 작업은 쉽지도 않을뿐더러 문화의 이동 과정에서 발생할 수 있는 다양한 요소들의 상호작용을 배제하게 만든다.

필자는 석사논문 작성 당시 주민의 이주를 전제로 제주도 복합문토기의 세부 속성 및 동반유물들을 면밀히 관찰하여 남한지역의 복합문토기문화와 비교를 시도한 바 있었다. 가장 유사한 지역을 선정해 제주도 복합문토기의 기원지를 설정하려고 했으나 완벽하게 유사성을 보이는 지역은 없었다. 그나마 문양속성이 유사하면 동반유물에서 차이를 보이고 동반유물이 유사하면 공렬문의 투공방향이나 단사선문의 시문형태에서 차이를 보였다(朴京敏 2013: 76-81).

상모리 유적의 복합문토기 중 일부는 육지산 태토를 보이고 있기 때문에 남한지역에서 완성된 형태의 복합문양이 제주도로 이입된 것은 분명하다. 하지만 남한지역에서 복합문토기를 사용하던 사람들이 모두 같은 맥락에 있었다고 보기 어렵고 이 복합문토기가 제주도에 정착하는 과정은 자연 환경적 측면에서든 이데올로기적 측면에서든 이미 다른 맥락으로 전환되는 과정이기 때문에 토기문양의 유사성을 근거로 경계가 명확한 특정 이주 집단을 상정할 수는 없다. 즉, 상모리의 복합문토기는 흔암리 유형이라는 고정된 정체성 안에서 논의해서는 안된다.

실제 제주도의 복합문토기단계는 복합문양이라는 흔암리 유형의 특

그림 5-2. 송악산 기슭에서 바라본 상모리 유적 일대 전경

징이 두드러지지만 세장방형주거지나 이단병식석검, 반월형 석도와 같은 또 다른 흔암리 유형의 주요요소들은 확인되지 않는다. 석기는 고석이 가장 많이 확인되며 뼈바늘을 비롯한 골각기, 조개 팔찌 등의 유물이 패총유적의 성격에 걸맞게 다수 확인되고 있다. 물론 이단경식 석촉, 합인석부와 같은 전기무문토기시대의 특성이 동반되기도 하지만 전반적으로 봤을 때 흔암리 유형의 전형(典型)과는 많이 다른 모습이다.

상모리에서 거주했던 사람들은 농경민이 아니었으며 여러 개의 노지가 설치된 세장방형 주거지를 이용하지도 않았다. 그들의 삶에서 중요했던 것은 즐문토기시대 후·말기의 사람들과 같이 조수간만의 차를 이용한 식량 획득 및 어로, 주변 야생동물의 사냥, 도토리와 같은 식물류의 채집 및 가공이었다(Ⅲ장 2절 3항 참조). 새롭게 확립된 공동체는 거주민들의 지역 자원 활용을 강화하면서 그 자원이 생산되는 경관에 자신들의 정체성을 내재화한다(McNiven 2004: 344). 따라서 실제 상모리 앞에 펼쳐진 바다와, 인접한 산지(송악산, 산방산 등)는 상모리 공동체의 정체성을 형성하는데 중요한 역할을 했을 것이다. 상모리의 지역 정체성을 형성하는데 중심이 되었던 요소들은 혼암리식 토기를 사용했던 남한지역의 사람들이 아니라 즐문토기시대 후·말기의 제주도 거주민들과 상모리 일대의 해양 경관이었을 가능성이 높다.

물론 상모리 유적에서 이전의 물질문화로부터의 연속적 계승관계가 뚜렷하지 않다는 점, 그리고 육지산 태토의 토기가 존재한다는 점 등으로 미루어 새로운 토기문화를 가진 이주민이 존재했을 가능성은 높다. 하지만 실제 그들이 이주민이건 아니건 이전의 생계방식을 이어받는 과정에서 세장방형주거지의 축조는 그들의 삶에서 크게 중요하지 않았고, 석도와 같은 수확용 석기도 존재 의미가 없었을 것이다. 또한 수확 도구가 꼭 필요했다면 주변에서 쉽게 구할 수 있는 전복 껍데기를 날카롭게 갈아 사용하는 방식이 훨씬 경제적이었을 것이다. 따라서 상모리 유적의 물질문화 형성 과정에는 제주도 서남부지역의 해양환경, 선주민들의 생계방식이 매우 중요하게 작용한 것으로 이해할 수 있다.

한편 상모리 유적에서 확인되는 공렬문은 밖에서 안으로 반투공된 형태가 대다수를 차지하는데 이는 제주도의 지역적 특징을 보여주는 것이라 할 수 있다. 공렬문의 투공방향에 대해서는 시간성을 반영한다는 의견이 제시되기도 하지만 지역마다 양상이 제각각이어서 일률적인 변화의 기준을 적용하기는 어려울 것 같다. 투공방향은 취락 내의 집단적 성향을 반영할 수도 있고 각 도공 개인의 성향을 반영할 수도 있다. 또한 같은 도공이 만들더라도 투공 방향이 다르게 나타나는 경우도 있을 거라 생각한다.

제주도에서는 약 20% 정도가 안에서 밖으로, 약 80% 정도가 밖에서 안으로의 투공방향을 보이고 있다(그림 4-6). 이와 같이 대다수가 밖에서 안으로의 방향성을 보이는 것으로 보아 이러한 투공방향을 통해 상모리만의 일반화된 경향성을 드러내고자 했던 일종의 집단적 아비투스가 형성된 것이라 추정해 볼 수 있다. 이 과정 속에서 투공방향이 처음부터 밖에서 안이라는 하나의 방향만 의도하지 않았을지라도 무의식적으로 관습적인 행위가 누적되면서 이후 공동체 내부 결속력의 강화 전략으로 활용되었을 수 있다. 즉, 투공 방향에 투영된 정체성은 초기에 특정한 방향에 대한 의도성이 없었다 할지라도 관습화되는 과정을 통해 지역 정체성 상징으로 작용했을 수 있다. 따라서 투공 방향의 관습화가 보여주는 의미는 시간의 흐름에 따라 변화할 수 있기 때문에 고정된 것으로 이해해서는 안 된다. 그리고 20%의 반대 방향은 이러한 집단적 아비투스가 형성되는 과정에서 돌출적인 특정 개인들의 성향이 어느 정도 반영되고 그것이 사회적으로 또는 전략적으로 일부 허용된 것이라 생각된다.

이러한 추론들을 종합해 본다면 상모리의 공동체 형성에는 다양한 요인들이 복합적으로 작용하고 있었다는 것을 알 수 있다. 즉, 남한지역의 특정 문화요소가 이입되는 과정에 제주도 서남부지역의 해양 환경과 즐문토기시대 후·말기의 생계방식이 큰 영향을 끼쳤고, 공렬문의 투공 방향과 같은 상모리 거주민들의 정체성 상징이 유동적으로 함께 작용하였던 것으로 추정된다. 결국 복합문토기 단계의 공동체는 이러한 요인들의 상호작용 속에서 형성되고 변화해갔던 것으로 이해할 수 있다.

2) 취락 경관의 변화

새로운 취락경관

제주도에서 복합문토기는 서남부지역의 강정동 유적과 북부지역의 삼화지구 유적에서 일부 확인되기는 하지만 매우 소량의 토기편만 출토되었을 뿐이다. 따라서 뚜렷한 복합문토기단계의 유적은 상모리 유

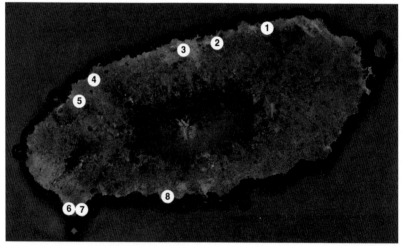

1. 북촌리 유적 2. 삼화지구 유적 3. 용담동 유적 4. 곽지 패총 5. 동명리 유적 6. 하모리 유적
7. 상모리 유적 8. 강정동 유적

그림 5-3. 공렬 · 구순각목문토기 단계 주요 유적(google earth 참조)

적이 유일하다고 볼 수 있다. 하지만 이후 토기 문양이 공렬·구순각목문 중심으로 변화하면서 당시 사람들의 생활 범위는 더 넓어진 것으로 보인다. 이러한 공렬·구순각목문 중심의 토기 문양은 제주도 북부지역의 북촌리 유적, 삼화지구 유적, 용담동 유적, 곽지 패총, 동명리 유적, 남부지역의 하모리 유적, 상모리 유적, 강정동 유적 등에서 확인되고 있어 제주도 동남부지역을 제외한 거의 전 지역에 퍼져 나갔던 것으로 추정된다.

이 시기에는 상모리 유적, 하모리 유적, 곽지 패총, 북촌리 바위그늘 유적에서처럼 해안가나 해안가 근처에서 복합문토기단계의 생계방식

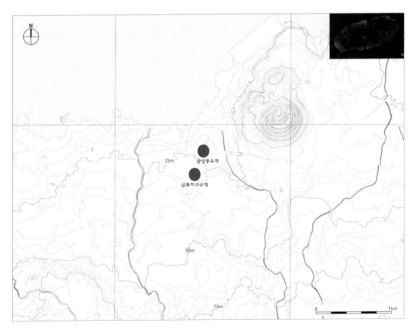

그림 5-4. 삼화지구 유적과 삼양동 유적의 취락입지
(이 유적들은 해발 20~50m 사이의 완경사면 상에 위치한다)

을 지속적으로 활용하기도 했지만 삼화지구 유적, 용담동 유적에서처럼 해안에서 한단 올라온 평탄대지상에 주거지 군집을 형성하기도 했다. 즉, 이전과는 다른 취락 경관이 일부 지역에서 새롭게 등장한 것으로 볼 수 있다.

이 시기는 2800 ^{14}C BP 이후였을 것으로 추정되는데 이 과정에서 기존 집단과는 또 다른 새로운 집단(역삼동계 토기 집단)이 이주해 왔다는 주장(吳元弘 2017: 47-59)이 제기되기도 하였다. 새로운 사람들이 육지에서 다시 이주해 왔다는 가정은 물론 충분히 가능한 이야기이다. 실제 제주도 공동체의 형성과 변화과정 중에 사람들의 이주는 지속적으로 이뤄졌을 것이다. 하지만 이 문제는 II장에서 비판했던 것처럼 물질문화의 차이를 기준으로 경계가 명확한 개별 집단의 실체적 이주를 구성할 수 있는가라는 의문이 제기될 수 있다.

이 시기에 취락이 형성된 대표적인 유적은 60동 이상의 주거지를 중심으로 수혈유구, 소성유구 및 소토유구 등이 발굴된 삼화지구 유적이다. 이 유적은 소형의 장방형주거지로 구성되며 이중구연이나 단사선문 요소가 탈락한 공렬·구순각목문이 중심이 되고 합인석부에 비해 편인석부의 출토량이 증가하는 특징을 보인다. 이러한 특징은 남한지역 무문토기시대 전-중기 전환기에 나타나는 현상(金圭正 2007: 80; 문수균 2016: 102-103; 박영구 2015: 44-71; 孫晙鎬 2006: 102)과 유사한 흐름을 보이는 것이라 할 수 있다.

이러한 삼화지구 유적의 물질문화 양상은 남한지역과의 지속적인 교류가 있었음을 보여주는 것이며 그 와중에 새롭게 이주한 사람들도 분명 있었을 거라 생각한다. 하지만 상모리 유적의 층위 상에서 나타나는 복합문 토기 중심에서 공렬·구순각목문토기 중심으로의 계기적변화(朴京敏 2013: 23-28), 공렬문 투공여부 및 투공방향에서 복합문토기단계와의 유사성(그림 4-6 참조), 곽지 패총 및 북촌리 유적 등에서 확인되는 기존 생계·경제 방식의 계승 등은 단순히 새로운 집단의 이주라는 사건으로 이 전환과정의 전부를 설명할 수 없음을 보여준다.

특히 공렬문의 투공여부나 투공방향이 남한의 어떤 지역보다 제주도 복합문토기단계의 공렬문과 유사성을 보이는 현상은 정체성 상징과 같은 관념적 요인이 공렬·구순각목문토기 단계에서 재생산된 것으로 볼 수 있다. 다시 말해 복합문토기단계에서 공렬·구순각목문토기단계로의 전환과정에 남한지역에서 새로운 문화 요소들이 이입되기도 했지만 기존 문화 요인들을 계승한 측면도 있다는 것이다. 이는 분명 양 단계의 공동체를 경계가 명확한 서로 다른 집단의 존재로 이해해서는 안 된다는 것을 보여준다.

그리고 삼화지구 유적이 해안에서 한단 올라온 평탄대지상에 자리한다는 점, 주거지 군집현상이 나타난다는 점 등에서 상모리 유적과 구별될 수 있지만 주거지 내부에 노지가 없고 석도와 같은 농경구가 확인되지 않는다는 점에서는 남한지역의 양상과도 다른 모습이라 할 수 있다. 이러한 현상은 새로운 문화가 이입되어 제주도의 물질문화가 재구성되는 과정에서 섬 환경과 같은 또 다른 무언가가 작용했음을 보여주는 것이라 할 수 있다.

이 시기에 주거지 군집 현상이 나타나는 유적은 앞에서도 밝혔듯이 삼화지구 유적, 용담동 유적이다. 이 유적들은 모두 Ⅲ장 2절 3항에서 살펴본 바와 같이 제주도에서 비화산회토가 분포하는 지역에 자리한다. 이 지역들은 화산회토가 분포한 지역에 비해 비옥한 토양을 보이고 있어 식물 생육에 유리하다는 장점을 가지고 있다. 또한 이 유적들에서는 모두 고석이나 연석과 같은 식량가공구의 비중이 매우 높게 나타난다.

이러한 현상을 바탕으로 공렬·구순각목문토기단계에 식물을 활용한 새로운 생계 방식이 출현했음을 예상해 볼 수 있다. 그것은 농경이 될 수도 있겠지만 아직까지 이 시기에 작물재배의 증거는 뚜렷하지 않다. 삼화지구 유적에서 두류와 같은 탄화 종실이 발견되기도 했지만 정식 동정이 이뤄지지 않아 재배종인지의 여부는 불확실하다.

최근 용담동 유적(2704-5)에서 보리와 기장의 탄화곡물이 출토되었는데 출토맥락상 무문토기시대의 것일 가능성이 높다. 하지만 공렬·구순각목문토기단계의 시작시점의 것이라 하기는 다소 애매한 상황이다. 이 탄화곡물들이 무문토기시대의 마연토기 내부에서 출토되기는 했지만 동반출토되는 토기의 문양은 대부분 구순각목문으로 공렬문이 거의 확인되지 않고[30] 유적 내 ^{14}C BP연대도 대체로 2400 ^{14}C BP 이후로 다소 늦은 연대를 보이고 있다. 물론 이 유적에서 호형토기와 마연토기가 상당수 출토되기 때문에 측정된 ^{14}C BP연대보다 실제

---

30 제주도에서 구순각목문은 무문토기시대 토기문양 중 가장 늦게까지 잔존하는 문양으로 공렬문토기가 사라진 후에도 확인되는 사례가 많다.

유적의 연대가 더 올라갈 가능성은 있지만 공렬·구순각목문토기단계 초창기의 것이라고 보기는 어려울 것 같다.

물론 제주도에서 공렬·구순각목문단계 초창기에 재배작물종자와 같은 직접적인 증거가 없다고 해도 경작행위의 가능성을 전혀 배제할 수는 없다. Ⅱ장 2절에서도 논의했듯이 이 문제는 부유선별이나 물 체질과 같은 적극적인 조사방법의 실시 여부와도 관련되기 때문에 발굴현장에서 발견하지 못한 것일 수도 있다. 또한 일반적인 의미의 농경활동은 아닐지라도 도토리나 야생콩과 같은 야생종의 체계적인 관리가 시작되었을 가능성도 있다. 이 시기에 식량가공구의 비중이 증가하는 현상(국립제주박물관 2010: 332-333)은 식물성 식료의 가공이 증가했다는 것을 말해준다. 이러한 사실은 그 식물이 재배종이든 야생종이든 이전과는 다른 식물에 대한 관리가 시작되었음을 예상할 수 있게 해준다.

이처럼 식물성 식료에 대한 새로운 관리방식은 제주도 공동체가 재구성되는 과정에서 중요한 역할을 했을 것이다. 이러한 변화는 토양과 지형적 조건이 고려되는 취락 입지, 그리고 그 취락에서 지속적으로 조성되는 가옥의 군집 등 새로운 경관이 형성되는 과정과 상호작용한다.

제주도에서 새로운 형태의 취락이 형성되는 이러한 과정 속에서 새로운 문화는 지속적으로 발생했다. 우선 무덤이 조성되기 시작한다. Ⅳ장에서 살펴봤던 것처럼 용담동의 석곽묘에서는 공렬문이나 구순각목문 또는 공렬·구순각목문이 시문된 토기들이 확인되었다. 이 토기들이 부장품은 아니지만 출토 맥락상 무덤의 축조과정에서 혼입되었을 가능성이 크다. 무덤의 잔존상태가 좋지 않아 정확한 양상을 파악하기는 어렵지만 묘역식으로 조성되어 있고 여러 매의 판석으로 형성된 개석이 존재한다는 특징을 보이고 있다. 삼양동에서도 용담동과는 다소 차이는 있지만 개석이 존재하는 석곽묘가 확인된다. 이 무덤들은 규모면에서 석관묘에 더 가까우며 부장품으로는 관옥, 환옥, 곡옥 등의 옥기가 출토되었다.

무덤을 여러 매의 판석을 사용하여 밀폐하는 방식은 남한지역의 지석묘, 석관묘, 석개토광묘 등의 묘제에서 주로 사용된다. 시기적으로는 중기무문토기시대에 주로 확인되기 때문에 아마 제주도의 석곽묘(또는 석관묘)도 이 시기에 남한지역의 영향을 받았을 가능성이 높다.

그리고 무덤에서 출토된 옥기류는 천하석제와 벽옥제로 추정되는데 아직까지 제주도에서 이들의 산지가 확인된 사례는 없다. 따라서 이 옥기류는 수입되었을 가능성이 높다. 하지만 옥의 산지 연구는 아직까지 상세하게 진행된 사례가 없어(박홍국 2018; 이찬희 외 2006) 산지 분석을 통해 교역관계를 탐구하는 것은 쉽지 않다. 다만 남한지역에서도 옥의 산지는 흔치 않다는 점을 고려했을 때 옥과 관련된 교역 네트워크는 특정 지역에서 생산되어 광역적으로 형성되었을 가능성이 높다. 특히 남강 유역에서 확인되는 옥 생산과 관련된 다량의 유물들은 이 지역이 옥 생산 및 분배와 관련된 광역 네트워크의 중심지 중 하나라는 것을 보여준다(고민정 2016: 3).

제주도에서 옥기류는 무덤에서뿐만 아니라 주거지나 수혈유구 등의 일상생활 맥락에서도 자주 출토된다. 이러한 양상을 고려했을 때 제주도 선사취락에서 확인되는 옥은 남한지역과의 지속적인 교류를 보여주는 근거가 되며 또한 제주도도 남강 유역과 같은 지역을 중심으로 하는 옥 관련 광역 네트워크에 일부였음을 예상할 수 있게 해준다.

원형주거지의 유입

제주도에 새로운 취락경관이 형성되고 남한지역과의 지속적이 교류 속에서 송국리형 주거지라는 평면 원형의 새로운 가옥 형태가 이입되기도 한다. 2700 ^{14}C BP 이후 등장한 것으로 보이는 이 원형주거지는 점차 증가하여 그림 5-5에서

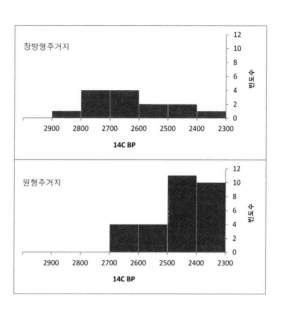

그림 5-5. 장방형주거지와 원형주거지의
^{14}C BP연대 히스토그램

보이는 바와 같이 장방형주거지를 서서히 대체했던 것으로 추정된다. 초창기의 원형주거지는 삼양동, 용담동, 한림리, 고산리, 예래동 등 제주도 북부와 서부, 그리고 남부지역에서 고르게 확인되는데 이는 소형의 장방형주거지가 제주도 북부지역인 삼양동과 용담동에 집중되는 양상과 대비되는 모습이다. 이러한 현상은 원형주거지가 등장하면서 취락의 분포범위도 확산되는 양상을 보이는 것이라 할 수 있다. 이것

은 또한 식물성 자원에 대한 새로운 관리방식이 제주도 북부지역뿐만 아니라 서부와 남부지역에서도 활용되기 시작했음을 시사하는 것이기도 하다.

원형주거지라는 송국리 문화가 수용되는 과정에도 매우 복잡한 상호관계가 존재했을 것이다. 초창기 원형주거지의 내부에서는 공렬문이나 구순각목문토기가 출토되기도 하는데 송국리식토기로 불리는 외반구연토기의 출토량은 오히려 미미한 편이다. 또한 삼각형석도, 유구석부[31], 플라스크형 마연토기나 송국리유형의 묘제로 알려져 있는 옹관묘[32], 석관묘, 석개토광묘(李宗哲 2015: 47-50)의 흔적도 뚜렷하지 않다. 이 시기 제주도의 묘제는 지석묘나 앞서 살펴봤던 개석을 사용한 석관묘 또는 석곽묘였을 것으로 추정된다.

주지하듯이 송국리 문화는 남한지역 곳곳에서 매우 다양한 양상으로 확인된다. 주거지의 형태도 세부적으로 차이가 나며 동반되는 유물조합도 모두 제각각이다. 제주도의 초창기 송국리형 주거지가 대체로 원형의 내주공식이라는 점을 고려했을 때 금강 유역과의 관련성이 높아 보이지만 그 외의 물질적 양상들은 오히려 기존 제주도의 토착적 요소들과 더 밀접하다. 이러한 현상은 단선적인 집단의 이주나 계통 설정으로 이 시기의 유구·유물 조합을 모두 설명할 수 없다는 점을 보여준다.

그나마 송국리 문화의 요소라고 할 수 있는 유물은 투공형파수부토

---

31 제주도의 유구석부는 원형주거지 2단계에서 주로 확인된다.
32 제주도에서 확인되는 옹관묘는 Ⅳ장에서 살펴본 것처럼 점토대토기문화와 관련된다.

기이다. 이 토기는 앞서 분류한 원형주거지 2단계에 주로 출토되지만 1단계에서도 존재했을 것으로 추정된다. 동체 상부 양쪽에 두 개의 파수가 부착된 낮은 단지 형태의 이 토기는 송국리 문화권에서 확인되는 양이부호와 매우 유사하다. 이 양이부호는 중서부지역과 대구·경북지역에서 주로 확인되며 남강 유역에서도 출토된 바 있다(李宗哲 2015: 269-270). 제주도에서 확인되는 투공형파수부토기가 남한지역 양이부호에서 영향을 받은 것이 맞다면 결국 제주도의 초창기 송국리 문화는 일부 요소만 선택적으로 수용되었다고 볼 수 있다.

이처럼 제주도에서 취락이 형성되던 초창기에는 매우 복잡한 문화적 형성과정이 있었을 것으로 추정된다. 장방형주거지와 관련된 물질문화든 원형주거지와 관련된 물질문화든 그것들이 제주도에 이입되던 과정에는 우리가 지금까지 분류했던 전형적 형태의 유형이나 문화가 그대로 들어오지 않고 그 중 일부 요소만 선택되거나 변형된 형태로 수용되었다. 그리고 그 수용과정에는 기존의 문화요소들이 반영되기도 하였다. 또한 장방형주거지 내부에 노지가 존재하지 않거나 석도와 같은 농경구가 확인되지 않는 현상에는 섬의 환경적 요인도 작용했을 거라 추정해 볼 수 있다.

복합문토기단계에서 공렬·구순각목문토기단계로 변화하면서 새로운 물질문화가 지속적으로 유입되었다. 원형 주거지가 등장하는 과정에서도 마찬가지였다. 이러한 현상들은 남한지역에서 새로운 사람들이 이주해 온 결과를 보여주는 것일 수도 있다. 또한 한편으로 희소재인 옥기류의 지속적인 출토는 제주도 공동체가 남한지역의 광역적 교역 네트워크의 일부임을 추정할 수 있게 해준다. 이러한 양상들은 물질문화의 총체적 변동이 이주 또는 전파라는 둘 중 하나의 단편적 현상으로 설명할 수 없음을 보여준다. 즉, 이주와 교류는 복합적으로 발생할 가능성이 더 높다. 지속적인 교류관계 속에서 이주라는 사건이 발생하기도 하며 이주민들이 다시 기원지와 교류하면서 또 다른 문화가 전파될 수도 있기 때문에 이주와 전파는 양립하는 것이 아닌 상호 밀접한 관계망 속에 있는 것으로 이해해야 한다.

또한 물질문화의 변화과정 속에서 취락이 형성되고 야생 식물의 관리나 경작행위라는 새로운 생계 활동이 등장하기도 했지만 상모리 유적, 곽지리 유적, 북촌리 유적 등 일부 지역에서는 여전히 복합문토기 단계의 생계 방식을 유지하였다. 제주도 전 지역에서 물질문화의 변화가 발생했지만 생계방식의 변화는 맥락에 따라 상이한 양상을 드러냈던 것이다. 이러한 현상은 새로운 물질문화의 등장이 새로운 생계방식의 출현과 일대일로 대응하지 않는다는 사실을 보여준다.

해양경관 속에 살아가던 섬 공동체는 수혈 주거군의 형성과 식물자원의 체계적 관리라는 새로운 경관과 생계방식을 구축하기도 한다. 하지만 이 변화는 단순히 특정한 고고학적 문화의 이주나 전파라는 틀 속에서 이뤄진 것이 아니다. 제주도 공동체는 남한지역과의 지속적인 교류나 이주민의 유입으로 인해 새로운 문화를 인식하지만 이 문화를 수용하는 과정에서 기존의 생계방식이나 관념적 요인들, 그리고 섬의 기후나 자연 환경이 복합적으로 작용하여 선택적 또는 변형적으로 새로운 문화를 재구성했다. 그리고 이렇게 구성된 문화는 섬 내에서 지역적 또는 상황적 맥락에 따라 다양한 생계 방식과 다시 관계를 맺는다. 따라서 공동체의 변화는 경계가 명확하고 고정된 문화나 유형의 총체적인 틀 속에서가 아닌 때로는 관념적이고 때로는 환경적인 맥락에 따라 개별적으로 이뤄진 것으로 이해할 필요가 있다.

2. 섬 공동체의 대외 관계와 내부적 문제들

원형주거지가 등장한 이후 원형점토대토기가 유입되는 시기와 맞물려 제주도의 선사 취락은 여러 지역에서 가파르게 성장했던 것으로 추정된다. 그 과정에서 남한지역과의 차별성이 강화되기도 하고 제주도 내부에서도 취락 내, 또는 취락 간 상이한 양상이 관찰되기도 한다. 이러한 차별성은 무의식중에 형성된 관습적 표현일 수도 있고 타자에 대한 강화된 정체성의 표현일 수도 있다. 그리고 위계적 관계가 표면적으로 드러난 것일 수도 있다. 이러한 차별적 표현들은 언제나 동일한 수준이나 종류의 정체성만을 드러내지는 않았을 것이다. 본 절에서는 이러한 물질문화의 상징들이 도서성과 어떻게 관계를 맺고 있는지 검토해 보고자 한다.

1) 취락의 성장과 물질문화의 차별적 실천

2400 ^{14}C BP대(代)의 후반에 이르면 원형점토대토기의 출토량이 증

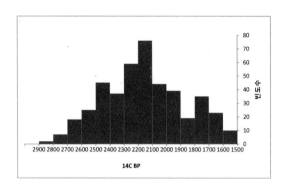

그림 5-6. 제주도 선사취락 ^{14}C BP연대 히스토그램
(2500 ^{14}C BP 이후 측정치의 급증은 원형점토대토기 등장
시기와 병행한다)

가하기 시작한다. 또한 그와 함께 선사취락에서 검출되는 ^{14}C BP연대의 측정치도 증가한다. ^{14}C BP연대 측정치의 증가는 제주도 북부지역의 삼양동, 용담동, 하귀리뿐만 아니라 남부지역의 화순리, 예래동, 강정동에서도 관찰된다. 특히 남부지역은 2300 ^{14}C BP 이후 급격하게 증가한다. 이러한 현상이 취락 성장에 직접적인 증거가 될 수는 없겠지만 인간 활동의 변화를 이해하는 데에 어느 정도 참고할 수는 있을 것 같다.[33].

이 시기에는 소형의 장방형주거지와 공렬문토기와 같은 기존의 대표적인 물질문화들이 거의 사라진다. 하지만 심발형토기나 구순각목문과 같은 요소는 여전히 지속된다. 원형주거지도 초창기의 양식인 내주공식이 그대로 사용된다. 동체점렬문이라는 새로운 문양요소가 송국리식 옹형토기에 시문되는 현상도 관찰된다.

---

33 ^{14}C BP연대의 빈도에는 유적의 발굴 시기(과거발굴에 비해 현재의 측정 빈도가 더 높을 수 있음), 예산 문제, 조사자의 연구 성향 등 다양한 변수가 작용할 수 있다. 그렇기 때문에 연대 측정 빈도의 증가가 그대로 취락의 성장이나 인구의 증가와 연결되는 것은 아니다. 따라서 필자가 본서에서 제시한 ^{14}C BP연대 히스토그램은 어디까지나 참고적 성격의 자료임을 미리 밝힌다.

원형점토대토기의 출토량이 급증하기는 하지만 가장 많은 출토량을 보이는 토기는 기존의 심발형토기와 필자 분류 Ⅳ식의 삼양동식토기이다. 삼양동식토기는 구연부를 두드려 축약시키거나 외반시킨 것으로 옹(甕)의 형태를 띤다. 새롭게 등장한 토기지만 점토판 접합의 성형방식과 산화염의 소성방식은 무문토기 제작전통에서 크게 벗어나지 않았음을 보여준다.

제주도의 원형점토대토기는 동반유물상에서 남한지역과 많은 차이를 보인다. 일반적으로 원형점토대토기는 환상 내지 조합식우각형파수부토기, 흑도장경호, 두형토기 등과 함께 출토된다. 이러한 유물들이 제주도에서 관찰되기는 하지만 원형점토대토기의 출토량에 비하면 매우 적다. 오히려 제주도에서 원형점토대토기와 잦은 동반관계를 보이는 것은 투공형파수부토기이다. 이 토기도 넓은 의미로 환상파수라고 할 수 있겠지만 그림 4-9에서 보이는 바와 같이 남한지역에서 출토되는 환상파수부토기와는 확연히 다르다. 앞에서도 밝혔듯이 투공형파수부토기는 송국리문화권에서 확인되는 양이부호와 매우 흡사하다.

물질문화와 생계 경제

이러한 사실들을 종합해 보면 결국 제주도에서 점토대토기문화라고 할 수 있는 것은 일련의 점토대토기문화 유구·유물 복합체가 아니라 원형점토대토기라는 특정 문화 요소 일부일 뿐이라는 것을 알 수 있다. Ⅲ장에서도 언급했듯이 점토대토기의 등장과 함께 취락이 증가하는 현상을 두고 기존 연구(김경주 2018c: 137; 오원홍 2018: 22)에서는 농경

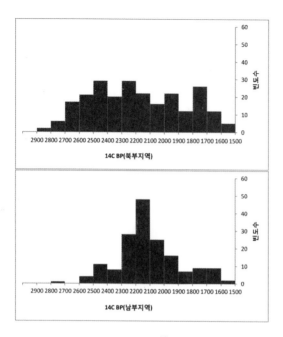

에 의존적인 송국리 문화 집단에 비해 복합적인 생계 경제방식을 활용했던 점토대토기 집단이 제주 사회에 빠르게 적응했던 것으로 이해하고 있다. 여기서 점토대토기 집단이 복합적인 생계 경제방식을 활용했다는 근거는 경남 서부지역의 점토대토기문화

그림 5-7. 북부지역과 남부지역 ^{14}C BP연대 히스토그램 (2300 ^{14}C BP 이후 남부지역에서 두드러지는 측정치의 급증현상이 확인된다.)

에 대한 고은별(2010)의 논고를 참고한 것으로 고고학적 문화나 유형이 특정 생계방식과 일대일로 대응한다는 논리를 전제로 하고 있다. 즉, 경남 서부지역의 점토대토기문화가 복합적인 생계 경제방식을 활용했으니 점토대토기를 사용하는 사람들은 모두 이러한 생계방식에 익숙했을 것이고 따라서 제주도의 점토대토기 사용 집단도 농경활동이 쉽지 않은 제주도에 잘 적응했을 거라는 논리이다.

이러한 논리는 결국 송국리문화 집단=농경, 점토대토기문화 집단=복합적 생계 경제라는 단순한 이분법적 도식을 적용한 것으로 지나친 일반화에 지나지 않는다. 이와 같은 이분법적 도식은 앞 절에서도 논의했듯이 제주도 상모리의 사례나 류큐제도의 사례에서 확인되는 것처럼 정당화될 수 없다. 몇몇 지역의 물질문화를 동일 유형으로 묶을 수 있다고 해도 그들이 영위하는 생계 경제는 지역적 맥락에 따라 상이하게 실천된다.

또한 Ⅱ장에서도 언급했듯이 무문토기시대의 여러 지역에서는 복합적인 생계 경제 방식이 관찰되는데(곽승기·김경택 2018; 박서현 2016; 윤호필 2018) 이는 심지어 수전 농경과 동일시되는 송국리 문화권의 금강 유역에서도 크게 다르지 않았다(Kwak et al 2017). 물론 지역마다 어떤 경제 활동에 더 비중을 두느냐의 차이는 있을 수 있겠지만, 이것은 어디까지나 당시 그 지역의 환경적 조건 및 식량생산 기술의 발달과 특정 문화의 관계적 문제인 것이지, 점토대토기를 사용했다고 해서 또는 송국리 문화권의 사람이라고 해서 특정한 생계방식과 고정적으로 연결되는 것은 아니다.

또한 당시 제주도의 물질문화는 기존의 전기무문토기문화나 송국리 문화가 토착화된 가운데 점토대토기문화의 일부 요소가 첨가된 것으로 볼 수 있다. 따라서 구체적인 문화양상에 대한 검토 없이 점토대토기의 존재만으로 경계가 명확한 특정한 주민 집단을 유추하는 것은 본질주의적인 문화 해석의 오류라 할 수 있다.

송국리형 주거지와 원형 점토대토기의 동반은 주지하듯이 제주도에서만 나타나는 현상은 아니다. 남한지역에서도 금강 유역과 영산강 유역을 중심으로 적지 않게 확인된다. 하지만 이 시기의 남한지역 전반적인 양상을 봤을 때 오히려 주거 유적의 수는 감소한다(李宗哲 2015:

366). 이 현상은 취락유적의 수나 규모가 증가하는 제주도와는 반대되는 양상이라 할 수 있다.

이러한 현상은 남한지역과 제주도의 관계가 이전과는 달라졌을 수 있음을 암시한다. 이전 시기에도 제주도는 남한지역과 상이한 물질문화 양상을 보이기는 했어도 전반적인 문화 변화의 흐름은 크게 다르지 않았다. 즉, 남한지역에서 특정 물질문화가 성행할 때 제주도에도 출현하였고 그 출현 순서도 크게 다르지 않았다. 하지만 원형점토대토기의 등장 이후로 제주도 문화 변화의 흐름은 남한지역에 오히려 역행하는 듯한 모습을 보인다.

이러한 현상은 환경 결정론적 입장에서 도서성이나 고립성에 기인한 것으로 이해될 수도 있다. 즉, 남한지역과 상이한 문화적 현상이 나타나는 이유는 바다를 사이에 두고 떨어져 있는 섬이라는 특수한 환경적 영향 때문이라고 생각될 여지가 있다는 것이다. 하지만 이러한 이해는 인간의 행위주체성을 간과한 것으로 왜 이전 시기에 약했던 차별성들이 이 시기에 와서 심화되는지와 같은 질문에 해답을 제시하기 어렵다. 이와 관련하여 몰타제도 신석기시대 사원에 대한 롭(Robb 2001)의 관점은 도서성에 관해 중요한 아이디어를 제공해 줄 수 있다.

몰타제도는 지중해의 시칠리아 남쪽에 위치하는데 몰타섬과 고조섬을 중심으로 부속 도서들이 포함되며 전체 면적은 약 320㎢이다. 시칠리아와는 100㎞ 정도 떨어져 있으며 상호 가시거리에 위치하고 있다는 점에서 제주도의 상황과 유사하다. 기원전 5500년 무렵 몰타 사회는 본토의 이웃들과 유사한 물질문화 및 생활 방식을 공유했지만 3500년경에는 다른 지중해 사회에서 관찰되지 않는 거석 사원을 축조하는 등 이질적인 문화를 형성해 나간다. 이 현상을 두고 기존의 설명방식에서는 기능주의적 관점에서 환경적 원인으로부터 문화적 차이를 도출해 냈지만 이러한 해석은 인간 에이전시를 간과했다는 비판에 직면하게 된다(Robb 2001: 177-181).

몰타에서 독특한 거석 사원의 등장은 원형점토대토기 등장 이후 남한지역과의 문화적 차이가 심화되는 제주도의 양상과 어느 정도 비슷하다. 롭(Robb 2001: 190-192)은 몰타에서의 이 독특한 현상을 고립성에서 기인한 것이 아닌 새로운 섬 정체성의 형성과정으로 이해했다. 즉, 롭에게 있어 기원전 3500년 무렵의 몰타라는 섬은 지리적으로 분리되어 있는 공간이 아닌 의례의 실천을 통해 주변 지역과의 문화적 차이를 인식하고 그것을 바탕으로 새롭게 정체성을 구성했던 관념적으로 차별화된 공간이었던 것이다. 이러한 롭의 아이디어는 지나치게 도서성의 관념적 특성만을 부각시켰다는 비판을 피할 수 없겠지만 원형점토대토기 등장 이후 제주도에 나타나는 문화적 현상을 또 다른 관점에서 이해해 볼 수 있게 해주었다는 점에서 참고할 만하다.

자연적 요소와 관념적 요소의 상호작용

시칠리아와 몰타의 사례에서와 같이 남한지역과 제주도는 바다를 사이에 두고 가시거리 내에서 마주하고 있다. Ⅲ장에서도 살펴봤듯이 바다는 인간이나 문화의 이동에 장애 요인이 되기도 하지만 때로는 고속도로와 같은 역할을 하기도 한다. 실제 바다를 사이에 두고 있는 두 지역이 하나의 섬 내의 양 끝 지역보다 문화적으로 더 유사성을 드러내기도 하는데 이러한 현상은 캐리비안의 섬들에서 종종 관찰된다 (Keegan et al. 2008: 637).

과거 제주도의 물질문화는 경사편년이 적용되어 남한지역보다 수 세기나 느리게 편년되는 경우도 많았지만 최근 축적된 ^{14}C BP연대를 참고하면 대체로 남한지역에서 유행할 시기에 제주도에도 유사한 물질문화가 등장하는 것으로 나타나고 있다. 일례로 제주도에서 확인되는 원형점토대토기는 2400 ^{14}C BP대(代) 후반부부터 2200 ^{14}C BP대(代) 까지에 주로 집중되는데(표 4-1) 적어도 초출연대에서는 이창희(2010) 가 검토한 방지리 유적의 연대에 크게 뒤처지지 않는다. 물론 양 지역의 ^{14}C BP연대 비교는 연대보정 등 추가적인 검토가 필요하겠지만 적어도 예전처럼 남한지역과 제주도의 물질문화가 수 세기나 차이나는 것으로 이해될 수 없다는 것을 보여준다.

이러한 사실은 원형점토대토기가 바다를 건너 제주도로 넘어오는 데 그렇게 오래 걸리지 않았다는 것을 보여준다. 즉, 원형점토대토기의 이동에 바다는 큰 장애 요인이 되지 않았던 것이다. 하지만 모든 문화 요소가 동일한 양상을 보이는 것은 아니다. 원형점토대토기와 세트관계에 있는 다른 유물들은 제주도에서 출토빈도가 매우 낮다. 그나마 두 형토기는 드물게라도 출토되고 있지만 환상파수나 조합식우각형파수와 같은 요소들은 거의 확인되지 않는다. 즉, 이러한 유물의 이동에 바다는 큰 장애 요인으로 작용한 것이다.

물질문화의 선택적 유입과정은 앞 절에서도 논의한 바 있는데 본 절에서는 도서성의 양면적(자연적이면서 관념적인) 성격과 관련하여 검토해보고자 한다. 바다라는 장애 요인이 선택적으로 작용하고 있다는 것은 자연적 실재와 인간의 관념이 상호작용하고 있음을 보여준다. 다시 말해 점토대토기문화의 어떤 요소를 선택할 것이냐의 문제는 사람들의 관념적 요인에 의한 것일 수 있지만 그 선택 과정에는 바다라는 자연적 요인이 중요하게 작용했을 수 있다는 것이다. 만약 남한지역과 제주도 사이에 바다가 없었다면 사람들의 선택할 수 있는 문화적 요소들 또한 달라졌을 것이기 때문에 바다는 단순히 관념적 장애물로만 존재하는 것은 아니다.

원형점토대토기는 남한지역과 어떠한 정체성을 공유하기 위해 선택되었을 수도 있고 그것을 선택함으로써 지역 사회 내에서 특정 정체성을 드러내거나 감추고자 했던 의도가 있었을 수도 있다. 즉, 원형점토대토기는 남한지역과 제주도를 이어주는 매개물이며 동시에 이를 바탕으로 지역 사회에서 특정한 정체성을 은폐하거나 표현하려는 상징이 될 수 있다. 반면 남한지역에서 원형점토대토기와 동반관계에 있는 환상파수부토기는 선택되지 않았다. 이는 의도적인 행위일 수 있으며 만일 그렇다면 그 원인에는 투공형파수부토기라는 기존 문화의 관습적 사용이 작용했을 가능성이 높다. 제주도에서는 원형점토대토기가 투공형파수부토기와 동반 출토되는 사례가 많다. 이는 기존의 문화요소와 새로운 문화요소가 결합되어 남한지역에는 없는 새로운 유물복합체를 재구성해 낸 것이다.

또한 남한지역에서 감소하던 송국리형 주거지의 적극적인 사용도,

제주도의 토착적 요소가 강한 삼양동식 토기의 성행도 모두 남한지역과의 차별성이 강화된 모습을 보여주는 것이다. 이러한 현상들은 기원전 3500년경 몰타의 문화가 주변지역으로부터 차별화되는 현상과 유사한 양상을 보이는 것이라 할 수 있다. 하지만 그렇다고 해서 지역 간접촉의 감소를 의미하는 것은 아니다. 몰타에서 확인되는 플린트(flint)와 같은 다양한 무역품들은 외부와의 지속적인 교류를 보여준다(Robb 2001: 187-189). 마찬가지로 제주도에서도 원형점토대토기뿐만 아니라 석검, 청동기, 옥기 등의 외지산 물품들은 남한지역과의 지속적인 교류의 흔적이라 할 수 있다.

물질문화의 차별성이 강조되는 현상은 접촉의 감소나 지리적인 고립에 영향을 받을 수도 있겠지만 지역 간 또는 지역 내의 관계 변화와 밀접하게 관련될 수 있다. 예를 들어 지역 내 정체성이 강화될만한 요인이 있거나 지역 간 경쟁의 심화 요인이 있는 경우, 또는 지역 간 이주가 제한되거나 이주의 필요성이 감소될 때가 그러한 상황이라 볼 수 있다. 이러한 경우에 지역적 양식이 강화될 수 있지만 이것이 꼭 지역 간 적대적 관계가 증가하거나 특정 지역의 고립성이 증가한 상황에서만 나타나는 것은 아니다.

어떠한 원인이 제주도와 남한지역의 문화적 차별성을 심화시켰는지 명확히 알 수는 없겠지만 이 현상은 몰타에서와 마찬가지로 인간 에이전시의 영향일 가능성이 크다. 그렇지 않고서야 양 지역 문화의 차별성 정도가 문화 요소에 따라, 그리고 시간이 흐름에 따라 달라지는 이유를 설명하기 힘들다. 즉, 차별성 정도의 변화는 다양한 관계망의 변화에 따라 유동적인 성격을 보이기 때문에 단순히 섬이라는 고립된 환경의 영향으로만 환원시킬 수는 없다.

그리고 이 지속적인 관계망의 변화는 도서성이 갖고 있는 자연적 특성을 관념적으로 재구성하기도 한다. 섬은 지리적으로 실재하며 섬의 고립성 역시 환경적 영향을 받을 수밖에 없지만 한편으로 이 고립성은 당시 사람들의 관습이나 정치적 전략에 의해, 또는 현재 연구자 사회의 해석 경향 등에 의해 관념적으로 구성될 수 있다. 이는 지금까지 몰타와 제주도의 사례에서 살펴본 바와 같이 모든 문화적 요소들이 동일하게 바다라는 장애물에 영향을 받았던 것은 아니라는 사실을 근거로 입증될 수 있다.

도서성과는 별개의 문제일 수 있지만 유사한 접근방식으로 원형점토대토기가 제주 북부지역에서만 주로 확인되는 원인에 대해서도 검토해 볼 수 있다. 이 시기에 원형주거지로 구성된 취락이 제주도 북부와 남부지역 모두에서 고르게 성장하지만 원형점토대토기는 북부지역의 삼양동 유적과 용담동 유적에서만 집중적으로 출토된다(표 4-3 참조)[34]. 물론 다른 유적에서도 일부 확인 될 수 있겠지만 출토 빈도에 있어서 비교가 되지 않는다. 즉, 원형점토대토기에 한정해서는 섬 내의 양쪽 지역보다 바다를 사이에 두고 마주한 남한지역과 제주도 북부지

---

34 표 4-3에는 도련동 유적과 오라동 유적에서도 적지 않은 원형점토대토기 출토 빈도를 보이고 있지만 도련동 유적은 삼양동 유적과, 오라동 유적은 용담동 유적과 하나의 취락 범위로 볼 수 있다.

그림 5-8. 제주시에서 본 한라산

그림 5-9. 서귀포시에서 본 한라산
(김주희(일영문화유산연구원) 제공)

역이 더 유사한 문화양상을 보이는 셈이 된다. 이는 앞서 언급했던 카리브해 섬들의 사례에서처럼 바다가 문화 이동에 고속도로와 같은 역할을 하는 모습을 보이는 것이다.

반면 원형점토대토기와 동반관계에 있는 투공형파수부토기는 제주도 북부지역과 남부지역을 가리지 않고 모두 출토된다. 즉, 원형주거지와 투공형파수부토기는 제주도 전 지역에서 확인되면서 남한 지역과의 차별성을 보여주는 물질적 실천이지만 원형점토대토기는 제주도 북부지역과 남부지역을 분리시키는 물질적 실천이 되는 셈이다.

제주도 내에서 원형점토대토기의 차별화된 사용은 한라산을 기준으로 구분된다. 그렇다면 제주도의 북부지역과 남부지역 사이를 가로막는 한라산이 양 지역의 상이한 물질문화를 유발했던 것일까. 이 문제에 대해서는 앞서 살펴봤던 도서성의 양면적 성격을 참고로 해답을 찾을 수 있을 것 같다.

제주도의 중앙에 위치하는 한라산은 분명 제주도 북부지역과 남부지역의 이동을 방해하는 요소이다. 양 지역 사이를 이동하기 위해서는 한라산을 피해 해안가 근처로 돌아가거나 산을 넘어 이동해야한다. 하지만 어디까지나 한라산은 이동에 불편을 주는 것이지 이동을 불가능하게 하는 것은 아니다. 원형주거지와 투공형파수부토기의 사례에서와 같이 다양한 문화적 요소들이 제주도 북부와 남부를 가리지 않고 확인된다. 즉, 한라산은 문화이동에 큰 장애요인이 되지는 않았다.

하지만 한편으로 한라산은 분명 원형점토대토기에 한에서는 양 지역의 차별화된 물질적 실천의 경계역할을 했다. 양 지역의 사람들은 한라산을 바라보며 저 산 너머의 사람들은 자신들과 다른 물질적 실천을 하고 있다는 사실을 인식하고 있었을 것이다. 즉, 한라산은 양 지역 사람들에게 서로의 다름을 인식하게 하는 자연 경관으로서 관념적 경계의 역할을 한 것이다. 바다와 마찬가지로 한라산은 사람들의 시야에 실재하면서 타자와 자신들의 차이를 인식하는데 중요한 상징적 자원으로 존재했던 것이다.

이렇게 양 지역을 가로지르며 나타나는 물질문화와 차별적으로 나타나는 물질문화의 공존은 원형점토대토기가 사라진 이후에도 유사하게 지속된다. 원형주거지 3단계에는 원뿔형 토기나 고배형 토기와 같은 물질적 상징들이 남부지역에서만 출토된다. 또한 원형주거지 4단계에서는 외도동식주거지(H식)나 우물과 같은 유구들이 북부지역에서만 차별적으로 확인된다. 그리고 원형주거지 3단계든 4단계든 분명 양 지역을 가로지르며 드러나는 물질적 실천들도 존재한다. 이러한 양상들도 한라산이라는 자연물이 다양한 수준에서의 정체성들과 상호작용하면서 섬 내의 지역 정체성 형성에 중요한 경관으로 작용하고 있음을 보여준다[35].

하지만 여기서 말하는 지역 정체성은 양 지역의 대립적인 관계만을 의미하는 것은 아니다. 분명 양 지역 사람들은 서로의 문화적 공통점과 차이점들을 인식하고 있었을 것이다. 여기서 서로의 차이를 드러내는 물질적 실천들은 때로는 자신들의 정체성 강화와 서로를 타자화 하는데 적극적인 물질적 상징으로 작용할 수도 있지만, 또 때로는 단순히 관습적인 행위로서 서로에 대한 인식에서 그다지 큰 의미가 부여되지 않을 수도 있다. 앞 절에서도 논의했듯이 물질문화에 반영된 정체성의 실천은 유동적이어서 시·공간적으로 고정된 의미만을 드러내지는 않는다.

또한 물질문화의 차별적 실천은 남한지역과의 차이를 드러냄과 동시에 섬 공동체 내의 지역적 차이를 드러낼 수도 있다. 그리고 이 차이들은 때로는 지위나 연령 그리고 젠더의 정체성을 드러내는 것일 수도 있다. 특정 개인이 한국인이라는 정체성과 동시에 섬사람이라는 정체

---

35 이와 유사한 현상은 비교적 최근까지도 관찰된다. 제주도에서는 북부지역과 남부지역을 각각 산북지역과 산남지역으로 부르며 서로를 타자화 하기도 한다. 즉, 한라산을 기준으로 양 지역을 구분한 것인데 이러한 명칭은 한라산이 섬 내의 지역 정체성 형성에 중요한 관념적 경관으로 작용하고 있음을 보여준다.

성을 가질 수 있으며 또 때로는 어른/아이, 남성/여성과 같은 다른 차원의 정체성이 중첩적으로 내재될 수 있듯이, 어떠한 물질적 실천이 고정된 의미의 단일한 정체성만을 드러내지는 않았을 것이다. 결국 섬 공동체를 구성하는 물질적 실천은 실재하는 자연물을 통해 구성된 관념적인 경계(바다와 한라산)와 상호작용하며 다양한 수준에서 이뤄진다.

지금까지 살펴본 바와 같이 섬 공동체의 구성에서 바다나 한라산과 같은 주변 경관은 분명 물질문화를 구성하고 사람들의 관념을 형성하는데 매우 중요한 역할을 한다. 앞 절에서 논의했던 것처럼 자연 환경에 따른 생계방식이 공동체 형성에 주요 구성요소가 되었던 것처럼 사람들의 시야에 실재하는 경관도 또한 중요하게 작용한다. 따라서 공동체의 형성을 논의하기 위해서는 인간과 비-인간의 상호작용에 대한 이해가 선결되어야 하며 단순히 이원론적으로 환경적 요인으로만 또는 관념적 요인으로만 물질문화가 변화하지 않는다는 사실을 인식해야 한다.

2) 권력관계와 대외교류

전통적인 관점에서 권력은 수장이나 왕과 같은 중심인물로부터 일방적으로 행사되는 강제력과 연결시켜 이해되는 경우가 많았다. 그들은 무덤이나 대형 주거지와 같은 특별한 맥락에서 차별적 위치에 존재할 수 있고 상품의 생산이나 대외관계에서 절대적인 영향력을 발휘하는 것으로 인식되기도 했었다.

하지만 최근 권력관계는 일방적이고 단선적인 흐름보다는 다차원적인 것으로 인식하려는 경향이 증가하고 있다. 모든 개인은 다양한 수준에서 작용할 수 있고 각 수준에서의 상호작용은 다양한 강도와 복잡성 속에서 진행되는 것으로 논의되기도 한다. 물론 이 관계들은 고정적이지 않고 지속적인 변화를 겪는다(O'Reilly 2003: 301).

이러한 관점들을 수용한다면 결국 권력관계는 개개인들의 관계와 그것에 얽힌 사물들, 그리고 때로는 생계방식이나 환경조건의 변화 등과 끊임없이 상호작용하면서 지속적으로 변화하는 과정 및 현상으로 이해할 수 있을 것이다. 이러한 이해를 바탕으로 그동안 계층 사회의 증거로 인식했던 무덤의 입지나 규모, 취락의 구조, 부장품의 양과 질, 농경의 집약도, 생산체계의 관리, 교역의 독점 등과 관련된 논의들은 새롭게 접근할 필요가 있다.

무덤, 대외관계, 탐라

제주도에서는 무덤의 발굴사례가 많지 않아 선사취락과의 관계를 논의하는 데 어려움이 많다. 특히 지석묘는 가장 많이 확인되는 묘제임에도 불구하고 발굴된 사례가 매우 적어 편년이나 부장양상, 하부구조와 같은 세부적 특징들은 여전히 해결되지 않은 채 남아있다. 하지만 지석묘는 그 구조적 특성상 지상에서 쉽게 확인될 수 있기 때문에 상부의 외형만으로도 우리에게 중요한 정보를 제공해 줄 수 있다.

이러한 거석의 구조물은 우선 그 축조과정을 예상해보는 것만으로도 많은 노동력이나 시간이 투자되었음을 알 수 있다. 그리고 이 독특한 구조물은 취락 내·외부에서 특정 공간을 차지하며 사람들의 시야에 존재하면서 지속적으로 피장자를 기억하게 하고 그 기억을 재생산하는데 중요한 경관으로 작용한다.

한편 이러한 지석묘의 특성들은 계층화와 관련된 논의에서 중요한 근거로 이용되기도 한다. 특히 노동력의 동원은 강제력이 필요하다는 전통적인 인식 때문에 수장과 같은 권력자의 존재와 쉽게 연결되었다. 그리고 이러한 강제적인 노동력의 기저에는 농경 사회라는 생계 경제적 측면의 논의가 바탕을 이루고 있다.

농경의 발달은 정착생활과 잉여생산물, 그리고 사유재산을 유발하였고 이는 곧 사회의 수직적 분화로 이어지는데 이러한 내러티브는 지석묘와 같은 특별한 맥락의 무덤 소유자들과 연결되어 수장 내지 수장층의 존재를 추정하는데 결정적인 역할을 하고 있다. 하지만 제주도 선사취락에서와 같이 다양한 생계 전략들이 복합적으로 활용된 경우에는 이러한 내러티브를 바탕으로 한 근거들은 설득력을 잃는다.

수렵·채집과 농경은 공존할 수 없는 것처럼 인식되어 왔다. 특히 양자의 관계는 비대칭적인 것으로 농경이 등장한 이후 수렵·채집 활동은 거의 보조적인 역할만 했던 것으로 이해되고 있다. 물론 농경 발달이 인간 사회에서 중요한 이슈가 되는 것은 분명하다. 하지만 한 취락 내에서 벌어지는 부차적이지만 다양한 생계 활동들이 권력 구조에서 다양한 협상 전략이나 저항의 수단을 제공할 수 있다는 점을 고려한다면 이러한 이원론적 접근은 지양해야 할 필요가 있다.

제주도 선사 취락에서 주로 사용된 묘제는 지석묘, 석곽묘(석관묘 포함), 옹관묘, 토광묘(목관묘 포함)인데 이 무덤들은 형태가 변화하면서 원삼국~삼국시대에 해당하는 탐라전기까지 사용되었던 것으로 추정된다. 무덤의 조성 시기는 수혈주거지의 군집화가 시작되던 공렬·구순각목문토기 단계부터일 가능성이 높지만 묘제가 다양해지고 빈도도 증가하는 것은 점토대토기가 등장하는 원형주거지 2단계가 시작된 이후이다. 따라서 제주도의 무덤은 선사취락의 성장과 밀접한 관계를 맺고 있는 것으로 보인다.

이러한 현상은 선사취락의 성장과 함께 시신처리방식이나 망자에 대한 관념이 변화했음을 보여주며 더 나아가 공동체의 세계관에도 변화가 있었음을 예상해 볼 수 있다. 이러한 세계관의 변화는 사회 구조의 변화와 연결될 수 있으며 차별적 위치에 있는 무덤은 지위 정체성의 상징을 의미할 수도 있다. 하지만 II장과 III장을 통해서 살펴봤듯이 권력관계는 물질문화상에서 왜곡되고 조작될 수 있으며 단순히 수평적 또는 수직적 관계이기보다 다차원적인 관계일 가능성이 높다. 즉, 계층적 관계가 발생했다 하더라도 그것은 단순히 무덤의 규모나 경제적인 측면과 일대일로 대응하는 것은 아니며 또한 계층적 관계만이 그 사회에 모든 것을 보여주는 사회성격은 아닐 수 있다는 것이다. 따라서 무덤과 정체성의 관계는 맥락에 따라 다각적으로 검토할 필요가 있다.

또한 제주도의 묘제는 북부지역과 남부지역에서 상이한 양상으로 관찰된다. 지석묘는 지역에 상관없이 비교적 고르게 확인되는 반면 옹관묘, 토광묘, 석곽묘는 주로 북부지역에 집중된다. 물론 남부지역에서 아직 무덤공간을 발견하지 못했을 가능성이 있지만 현재까지 꽤 넓은 범위를 지속적으로 발굴해 왔다는 점을 고려했을 때 의도적으로 지석묘 이외의 무덤이 사용되지 않았을 가능성도 배제할 수 없다. 만약 실제 그러했다면 양 지역의 묘제는 사후 세계에 대한 각 지역의 상이한 세계관을 표현하고 있을 수 있다.

무덤에 부장되는 유물로는 무문토기시대 중·후기의 석곽묘, 토광묘에서 옥제품과 석검, 점토대토기 등이 확인되고 있다. 우선 앞 절에서도 검토했던 것처럼 삼양동 유적(2181-45)의 석곽묘에서 출토된 옥제품은 벽옥제와 천하석제로 추정되며 외지산일 가능성이 높다. 삼양동 유적(2181-36)의 1·2호 토광묘에서 나온 벽옥제 관옥도 마찬가지다. 그리고 삼화지구 가 I 유적 1호 토광묘에 부장된 유경식석검은 변성암류인 혼펠스로 만들어졌는데 이 역시 제주도에 분포하지 않는 암석이다. 삼화지구 가 I 유적 3호와 4호 토광묘에서 출토된 점토대토기는 모두 천발형토기로 주거지나 수혈유구 등 생활유구에서는 거의 출토되지 않는 기형이다. 이 토기의 경우 무덤 매장용으로 특별히 제작되었을 가능성이 높다.

옥이나 혼펠스제 석검과 같은 타지의 물품들은 무덤뿐만 아니라 주거지나 수혈유구의 맥락에서도 자주 확인되는데 이는 남한지역과의 지속적인 교류나 이주민의 반복적인 유입이 있었음을 추정케 한다. 이러한 사실들을 고려한다면 이 무덤의 주인은 교역 담당자나 이주민 또는 이러한 물품을 소유할 수 있는 특별한 역할을 담당했던 사람이었을 것이다. 이러한 이유 때문에 무덤의 피장자는 사회적으로 높은 지위에 있는 것으로 인식되는 경향이 강했고 그것은 곧 사회 계층화의 증거가 되기도 했었다.

계층화를 찾고자 하는 노력은 결국 탐라라는 문헌속의 정치체와 고고학 자료를 연결시키려는 의도와 연결된다. 다시 말해 고고자료에서 확인되는 계층화의 증거들은 국가나 국가에 버금가는 정치체가 등장할 수 있는 기반이 되기 때문에 탐라라는 정치체의 뿌리를 찾아가는 과정이 되는 것이다. 결국 제주도 선사취락의 계층화 과정은 탐라 사회로 나아가는 성장단계로 인식된다.

한편 문헌 속에 기록된 여러 정치체들과 관련된 유물들은 탐라라는 정치체를 고고학적으로 구성하는데 중대한 역할을 한다. 이러한 유물에는 기원전 1세기 이후 유입되는 것으로 추정되는 한식유물이 대표적이다. 이 시기는 필자가 분류한 원형주거지 3단계에 해당하는데 『삼국지』나 『후한서』에 주호 또는 주호국으로 기록되어 있는 탐라 이전 정치체가 활동하던 시기로 받아들여지고 있다[36].

한국식동검, 후한경과 방제경, 철경동촉, 오수전·왕망전 등의 중국 화폐, 연옥제 옥환 등이 대표적인 출토유물인데(김경주 2016; 이양수 2016) 주로 낙랑이나 진·변한과 관련된 것으로 추정된다. 특히 화천은 금성리, 산지항, 종달리 등에서 반복 출토되고 있어 이러한 물품의 교역이 지속적으로 이뤄지고 있었던 것으로 추정해 볼 수 있다. 또한 사천 늑도와 해남 군곡리에서 이와 유사한 시기로 추정되는 제주도산 태

---

36 주호에 위치에 대해서는 다양한 설이 있지만 대체적으로 제주도를 가리키는 것으로 이해하는 경향이 강하다(김경주 2018a: 27-30).

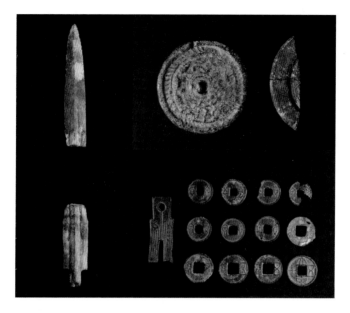

그림 5-10. 원형주거지 3단계 출토 한식 유물
(左:종달리, 右上 · 右下:산지항, 국립제주박물관 2001: 74-75, 77)

토의 토기가 출토되고 있어 남한지역과의 교역은 쌍방향적인 것으로 인식되기도 한다.

이러한 고고학적 증거들을 근거로 당시 동북아시아 일대의 광역적 교역 네트워크에 제주도 사람들도 편입했던 것으로 인식되고 있다. 그리고 이 유물들은 교역의 담당자, 즉 상위 계층의 존재를 예상할 수 있게 해주고 당시 계층화의 수준을 나타내는 것으로 이해되기도 하였다 (강창화 2014: 38).

이러한 이해방식은 그 다음 시기인 필자 분류 원형주거지 4단계에도 이어진다. 이 시기에는 계층 간 위계적인 네트워크가 형성된 체계적인 취락이 등장하고 일부 상위계층에 의해 통제되는 사회구조로 변화해

간다는 주장이 제기되기도 하였다. 그 근거로는 철제품이나 타날문토기와 같은 선진문물을 수입할 수 있었던 대외교역 담당자의 존재, 상위계층에 의해 관리되는 전문 장인에 의한 새로운 제도 기술의 도입, 마을 간 또는 마을 내에서 확인되는 위계적 수준의 취락 구조, 그리고 다량의 철제 무기류와 공구류를 부장할 수 있었던 권력자의 존재 등이 거론되고 있다(김경주 2012: 412-415).

이러한 사회구조의 변화는 문헌 속에 기록되어 있는 탐라라는 정치체의 등장과 동일시된다. 계층화의 수준을 평가하는 작업은 사회진화론적 관점에서 국가나 그에 버금가는 정치체의 존재를 고고학적으로 확인할 수 있는 방법으로 인식되고 있다.

권력관계에 대한 새로운 이해

권력관계에 대한 기존의 인식을 살펴보면 무덤, 대외관계, 정치체와 관련된 모든 논의들이 결국 계층화의 과정으로 귀결된다. 이 논의들이 사회적 지위와 관련된 문제들임은 의심의 여지가 없다. 다만 선사취락의 변화를 탐라라는 정치체를 향해 나아가는 사회진화론적 과정으로 인식하고 계층화 수준의 높고 낮음으로만 사회관계를 이해하려는 경향은 재고가 필요하다.

Ⅱ장에서도 논의했지만 사회변화에 대한 총체론적이고 목적론적인 접근방식은 다양한 권력의 협상과정들을 거대하고 단선적인 역사발전의 흐름으로 환원시키기 때문에 각각의 사회에 내재되어 있는 다양한 사회변동의 요인들을 파악할 수 없다. 예를 들어 지석묘 사회를 농경

사회의 발달과 관련된 결과로만 받아들인다면 제주도와 같이 농경에 불리한 환경 속에서 축조된 지석묘들을 이해하는 데 한계가 있을 수밖에 없다.

이는 비단 제주도만의 문제는 아닐 수 있다. 무문토기시대의 사회 연구에서 관심 받지 못하는 다양한 비-농경 요소들이 권력관계의 협상과정에서 어떠한 역할을 수행했는지에 대해서는 거의 접근조차 시도되지 않고 있다. 이러한 현상은 실제 비-농경이 중요하지 않아서라기보다 계몽주의 사상 이래로 농경의 시작과 사회적 불평등의 발생을 보편적인 인과관계로 파악하려는 서구의 오래된 선입견에 기인하며 이를 한국고고학에서는 무비판적으로 답습하고 있기 때문이라 생각한다.

Ⅲ장 2절 3항과 앞 절의 2항에서 살펴본 바와 같이 제주도 선사취락의 성장은 단순히 농경 발달의 맥락에서만 이해될 수 없다. 현재까지의 증거들은 재배식물뿐만 아니라 야생식물의 이용이나 수렵활동 등의 다양한 생계 전략들이 제주도 선사취락에서 공존했음을 보여준다. 이러한 상황 속에서 증가하는 다양한 무덤 자료들은 단순히 농경의 발달로 무덤이 표명하는 새로운 사회적 관계나 세계관이 형성된 것은 아님을 보여준다.

공렬·구순각목문 단계 이후 송국리형주거지 및 원형점토대토기 등의 새로운 물질문화가 제주도에 유입되면서 취락이 성장하게 되는데 이 과정에서 작물 재배라는 새로운 식량획득 전략은 분명 중요한 역할을 했을 것이다. 그리고 지석묘와 같은 거석기념물의 설치는 협업 활동에 대한 중요성이 증가했음을 보여주는 것이기도 하다. 하지만 이 협업

활동은 반드시 농경과 관련해서만 등장했을 거라고 볼 수는 없다.

현재까지 제주도 선사취락에서 확인되는 식물유체는 재배종보다 야생종이 더 많다. 물론 발견된 식물유체의 수가 많지 않아 섣불리 단정할 수 없지만 야생 식물의 이용이 적지 않았음을 보여주는 간접적인 근거가 될 수는 있다. 따라서 선사취락에서 가장 높은 비중을 차지하는 석기류인 식량 가공구들은 야생종에 대한 작업에도 적지 않게 이용되었을 것으로 생각된다. 그렇다면 제주도에서 협업 활동의 중요성은 비-농경활동과의 관련성을 무시할 수 없으며 이에 따라 지석묘와 같은 무덤의 축조를 통해 예상할 수 있는 공동체 내의 세계관 변화도 단순히 농경의 맥락에서만 생각할 수는 없다.

어쩌면 농경활동과 비-농경활동을 명확하게 구분하는 것 자체가 이 논의에서 무의미할 수도 있다. 야생식물이 정주성을 띠는 취락 공동체에서 중요 생계 전략 중 하나로 이용되었다면 야생식물의 관리과정은 농경활동 못지않게 적지 않은 노동력과 체계적인 관리가 필요했을 수 있다. 그리고 그 관리과정을 식물 순화의 과정으로 이해할 수 있다면 농경활동과 식물 채집활동은 그 경계를 구분하기가 쉽지 않다.

또한 취락 내에서 확인되는 수렵활동의 증거들도 무덤과 관련된 권력관계의 문제에서 제외될 수 없다. 수렵은 동적인 생물체를 포획하는 작업이기 때문에 개인의 신체적 능력이 중시될 수 있고 사냥감 몰이나 함정설치와 같은 일들은 경험과 전략이 필요하기 때문에 숙달되지 않은 사람들이 수행하기는 쉽지 않다. 따라서 경험과 지략, 그리고 신체적 능력이 뛰어난 특정 개인 또는 그 개인들의 무리가 차별적인 지위를 만들어 낼 수 있다. 수렵활동의 이러한 특징들은 공동체 내의 권력 구조에서 중요한 협상전략으로 이용될 수 있으며 포획량에 따라 권력관계가 변동할 가능성도 있기 때문에 수렵활동이라는 행위 자체가 권력 구조에서 에이전시로 작용할 수 있다.

이처럼 다양한 생계 전략들은 권력 구조 내에서 상호작용하면서 공동체를 형성하고 변화시켜 나갈 수 있다. 따라서 농경활동이 지석묘사회와 같은 취락 공동체 형성에 중요하게 작용했다고 하더라도 그동안 보조적인 활동으로 여겨져 왔던 다양한 생계 전략들 역시 권력 구조에서 중요한 에이전시의 역할을 수행했을 가능성이 높다.

한편 무문토기시대부터 시작된 옥과 석검의 수입 및 부장, 한식 유물 및 제주산 토기와 관련된 교역 네트워크, 철제무기류를 비롯한 철제품과 타날문토기의 수입 등의 문제도 분명 대외 교류와 관련된 섬 공동체의 권력관계를 반영한다. 하지만 권력관계는 단순히 교역품의 희귀성이나 양과 비례하면서 계층화의 수준을 보여주는 것이 아니라 다양한 맥락 속에서 수직적이고 수평적인 관계망들이 상호 얽혀 시·공간에 따라 유동적인 관계들을 드러낸다.

원형주거지 1단계나 2단계에 주로 부장되었던 것으로 추정되는 옥기류는 무덤 부장품 중 가장 반복적으로 확인되는 유물이다. 석곽묘(또는 석관묘)와 토광묘(또는 목관묘)에서 주로 출토되는데 이러한 옥의 부장 행위는 남한지역에서도 빈번하게 확인된다. 석검의 부장사례는 제주도 선사 취락에서 한 차례에 불과하지만 이 역시 남한지역에서는 자주 확인되는 양상이다. 중요한 점은 이 유물들이 모두 수입품이라는 사실이다.

수입품의 부장 행위는 피장자의 특별한 지위를 나타낼 수 있지만 공동체마다 가치 기준이 달라질 수 있기 때문에 반드시 높은 지위의 수준을 보여주는 증거라 말할 수는 없다(O'Reilly 2003: 305). 특히 옥의 부장과 같은 관습적 행위는 오히려 그러한 전통성의 유지라는 명목으로 차별적 지위를 정당화하고 사회 내 불평등을 감추려는 의도가 포함될 수 있다.

또한 사람들은 권력관계의 서로 다른 위치에서 서로 다른 방식으로 물질문화를 해석할 수 있다. 따라서 자신의 지위를 정당화하기 위한 물질적 실천들이 의도치 않게 다른 위치에 있는 사람들로 하여금 자신들의 사회적 열망을 표출하기 위해 그 물질적 실천을 수용하고 조작하게 할 수 있다(Babic 2005 :78).

권력관계와 물질적 실천의 이러한 복잡한 관계들은 사회 불평등이 어떠한 물질적 실천과 직접적으로 연결될 수 있거나 권력관계가 단순히 중심적 인물로부터 하향식으로 전개되는 고정적인 정체성을 드러내는 것이 아님을 보여준다. 이러한 관점을 따른다면 옥기류와 석검과 같은 수입품의 부장은 실제 특별한 위치에 있는 특정 개인의 성격을 보여주는 것으로 인식할 수도 있지만, 단순히 일방적으로 행사되는 힘의 권력관계가 아닌 공동체 내에서 대외 관계, 수입품, 그리고 그 수입품을 둘러싼 사람들 사이의 상호작용 과정으로 이해할 수도 있다.

한편 원형주거지 3단계에 확인되는 한식 유물은 남한지역에서도 흔치 않은 것들로 특히 화천은 나주 복룡동 토광묘에서 50여 점이 꾸러미로 출토된 것을 제외하면 제주도에서 가장 많이 확인되고 있다. 하지만 이러한 한식 유물들은 대부분 패총에서 출토되거나 출토맥락이 불문명한 사례들이 많아 앞선 시대의 옥이나 석검과는 다른 의미로 섬 공동체에 받아들여졌던 것 같다. 즉, 이 수입품들은 무덤의 맥락에서 피장자와의 어떤 관계를 드러내는 것이 아니라 또 다른 맥락에서 그 의미가 실천되었을 수 있다는 것이다.

이 한식 유물들은 주거지나 수혈유구와 같은 생활 유적의 맥락에서도 거의 확인되지 않는다. 이 특별한 유물들은 해안가 근처에서 주로 확인되고 있다는 것 외에는 별다른 정보를 우리에게 제공해 주지 않는다. 다만 무덤이나 생활 유구의 맥락에서 관찰되지 않는 것으로 보아 개인의 소유물이기보다 공공의 목적으로 사용되었을 가능성이 높다. 물론 이러한 가능성도 불분명하겠지만 이 수입품들이 해양 활동과 관련된 공공의례 등에 사용된 것이라면 이 유물에 대한 사적인 접근이 제한되었을 가능성이 있다. 이러한 맥락에서라면 이 특별한 유물에 대한 접근 가능 여부가 공동체 내 지위 협상에서 중요하게 작용했을 수 있다.

반면 철기부장묘의 철제 무기류와 공구류들은 개인 공간이라는 무덤에 부장됨으로써 피장자의 사회적 성격을 드러냈다. 하지만 이 무덤과 부장품은 제주도에서 반복적으로 확인되지 않기 때문에 일회적 성격이 강한 무덤 양상일 수도 있다. 이 무덤은 석곽묘로 동일 묘역 내에 수기의 옹관묘와 함께 조성되어 있다. 이와 유사한 무덤은 화순리 유적에서 확인되는데 석곽은 존재하지 않고 동일 묘역 내 옹관만 세 기가 합장되었다. 철제류의 부장품도 확인되지 않는다. 그리고 시기적으로도 용담동과 화순리의 묘역식 무덤이 동일 시기인지도 현재 명확하지 않다. 이러한 양상을 고려했을 때 이 시기의 주요 묘제는 원형주거지 4단계 취락에서 반복적으로 확인되는 제주도식지석묘로 불리는 위석식지석묘일 가능성이 있다. 따라서 철기부장묘는 일시적으로 사회적 지위를 드러냈는지는 모르겠지만 구조화된 계층구조의 지속성을 반영하는 것으로 보기에는 무리가 있다.

그리고 이 원형주거지 4단계에는 또 다른 계층화의 증거로 타날문토기(외래계토기)와 기타 철제품의 수입이 상위계층에 의해 통제되었다고 논의되기도 한다(김경주 2012, 2018b). 하지만 이 유물들의 출토 맥락에는 그러한 양상이 두드러지지 않는다. 타날문토기는 대부분 작은 편으로 출토되는데 어떤 특별한 지역이나 유구의 맥락에서 집중 출토된다고 볼 만한 정황은 관찰되지 않는다. 대체로 타날문토기는 주거지나 우물, 그리고 수혈유구 등에서 파편의 형태로 다른 유물들과 섞여 무질서하게 폐기되는 경향이 강한데 이는 토착 토기인 외도동식토기(IX)의 폐기양상과 별반 다를 게 없다. 타날문토기의 수입을 관리하는 누군가가 있었을 가능성은 높지만 적어도 소비과정에서 차별적으로 사용되었다고 보이지는 않는다.

철제품의 경우에도 용담동 철기부장묘의 사례에서처럼 특수한 맥락도 관찰되지만 그 외에는 주거지나 수혈유구의 맥락에서 다른 유물들과 섞여 출토되는 사례가 많다. 외도동 유적II의 2호주거지에서 철소재로 추정되는 봉상의 철제품들이 다량 확인되는 것으로 보아 철제품의 관리나 철 가공 전문가가 존재했을 가능성은 있다. 하지만 이것은 직업적 전문화나 분업화와 관련된 문제로 사회적 지위의 문제와 직접

적으로 연결되지는
않는다. 따라서 타날
문토기든 철제품이
든 이러한 양상들은
오히려 섬 공동체 내
에 수평적 소비 네트
워크가 형성되었을
가능성을 보여준다.

그림 5-11. 외도동식토기
(필자 분류 IX식, 국립제주박물관 2018: 104)

또 이 시기에는 토기생산체계에 대한 상위계층의 통제도 논의되고 있다. 즉, 타날문토기 제도 기술에 영향을 받아 재지계 토기에 타날기법이 수용되며 기종이 단순화되고 형태가 획일화되어 전문장인에 의해 제작되는 것처럼 일률적으로 변화하게 된다는 것이다(김경주 2012: 410).

이 논의는 앞서 I장 2절의 연구범위 및 용어해설에서 논의한 바 있지만 이 시기의 외도동식토기(IX식)에서 타날 기법이 적용되었다고 볼 만한 뚜렷한 흔적은 발견되지 않는다. 토기 기종의 단순화와 획일화 현상도 그렇게 명확히 드러나는 것도 아니다. 외도동식 토기들은 앞 시기의 토기에 비해 세부적인 성형기법이나 기형상에서 차이를 보이는 것은 맞지만 무문토기 제작전통에서 크게 벗어났다고 보기는 어렵다. 그리고 실제 전문장인이 존재했다 하더라도 앞선 철 가공 전문가의 문제에서처럼 계층화의 수준을 보여주는 직접적인 지표라고 볼 수는 없다.

물론 당시 사회관계에서 불평등적 요소가 없었을 거라고 생각하지는 않는다. 다만 이러한 요소들은 일상생활의 관습적 실천을 통해 감춰졌을 가능성이 높다. 예를 들어 수입품의 수평적 소비 네트워크가 공동체 내의 불평등적 요소를 호도하고 있었을 수 있다.

하나의 가정이지만 타날문토기나 철제품이 처음부터 수평적인 소비 패턴을 보이지는 않았을 가능성이 높다. 아마도 이 수입품들이 제주도에 유입되던 초창기에는 교류를 담당하거나 통제하던 소수의 사람들에 의해서만 소비되었을 수 있다. 하지만 사회 조직이 발달하고 교역이 체계화되면서 이 수입품에 대한 접근성이 용이해졌을 것이다. 그리고 그동안 수입품에 접근이 어려웠던 다수의 사람들이 이 수입품을 적극적으로 소비함으로써 자신들의 지위를 협상해 나갔을 수 있다.

결국 수입품의 수평적 소비는 공동체 내에서 평등의 이데올로기로 작용하여 또 다른 불평등적 요소들을 호도하는 데 중요한 역할을 했을지도 모른다. 이 과정에서 지위의 정체성이 투영되던 물질은 타날문토기나 철제품과 같은 수입품에서 다른 물질이나 장소에 대한 접근성으로 옮겨 갔을 수 있다.

그것은 외도동식 주거지(H식)와 같은 새로운 물질문화를 실천하는 과정에서 드러날 수 있다. 이 주거지는 벽구와 중앙수혈 그리고 그것들을 이어주는 연결구가 설치되어 있는 독특한 구조를 하고 있다. 외도동 유적 Ⅰ-1구역 1호 주거지의 양상을 살펴보면 이 중앙 수혈에는 토기가 배치되었는데 주거지 내부에 설치된 구들은 이 토기를 향하게 설계되어 있다. 즉, 주거지 내부에 고인 물들이 이 토기에 모이도록 되어 있다. 모든 외도동식주거지가 이와 똑같은 양상을 보이는 것은 아니지만 전체적인 구조는 비슷하게 형성되어 있다. 동 시기의 다른 주거지에 비

그림 5-12. 외도동 유적 Ⅰ-1구역 1호 주거지 외도동식(H식)주거지
(제주문화예술재단 2005: 248-253)

해 정교하게 만들어졌다는 사실을 봤을 때 주거 목적보다는 의례장소
와 같은 특별한 기능을 가지고 있었을 가능성이 높다.

　이 주거지는 용담동이나 외도동 등 제주도 북부지역에 집중분포하
며 다른 주거지에 비해 발견빈도도 낮다. 이러한 양상을 봤을 때 이 주
거지에 대한 접근은 다소 특별한 맥락에서 이뤄졌을 가능성이 높다. 따
라서 이 주거지는 당시 섬 공동체 내에서 접근성을 차별화하면서 엘리
트들의 지배 이데올로기를 공식화하는데 이용되었을 가능성이 있다.

이러한 논의들은 모두 단편적인 고고자료를 통한 추측에 불과하다. 하지만 잔존하는 고고자료를 봤을 때 이 시기에 발달된 사회조직이 구축되었을 가능성은 어느 정도 인정되지만 고정되고 지속적인 위계질서를 보여주는 뚜렷한 증거는 없다. 이러한 추측은 단지 가정에 불과해 당시 상황을 정확히 묘사했다고 할 수 없지만 어쨌든 당시의 지위 정체성은 이와 같은 형태로 유동적이고 다차원적인 모습을 보이고 있었을 가능성이 높다.

지금까지는 권력관계를 단계적이거나 서열화되는 계층구조로 파악하려는 경향이 강했다. 하지만 모든 권력관계가 상향식 또는 하향식과 같이 단순하게 하나의 방향성만 갖는 것은 아니다. 권력은 일방적인 것이 아니라 본질적으로 상호적이며 개별 사회들의 특정한 네트워크를 통해 끊임없이 규정된다(Thomas 2002: 38). 이에 따라 권력은 다양한 형태로 드러나며 다양한 관계를 구성하게 된다. 다시 말해 수장과 같은 지도자가 등장하고 사회 복합도가 증가하였다 하더라도 그 관계는 항상 계층적이지만은 않고 다양하게 표현될 수 있다.

물질문화로 살펴본 제주도의 공동체는 이처럼 매우 복잡하고 중첩적인 정체성과 권력관계로 뒤얽혀 있다. 평등 사회냐 계층 사회냐를 따지는 이원론적 구조의 접근이나 사회진화론에 입각한 이해방식으로는 이와 같은 물질문화의 양상을 제대로 이해하기 힘들다. 이러한 양상은 오히려 II장과 III장에서 살펴봤던 헤테라키(Crumley 1995)적 권력관계에 가깝다. 헤테라키라는 도구적 개념은 수직적 관계와 수평적 관계의 상호작용을 중요시하며 개별적으로 구성되는 다양한 공동체의 권력관계를 포괄할 수 있는 장점이 있다.

모든 공동체들을 같은 모델의 권력구조로 일반화시킬 수 없다. 공동체의 관계는 한편으로 대립적이기도 하지만 또 한편으로는 호혜적인 모습을 보이기도 한다. 또 때로는 지도적 위치에 있는 사람들이 더 희생적일 수 있으며 그러한 성격 때문에 자신들의 지위 정체성이 지속될 수도 있다. 그렇기 때문에 권력은 항상 관계적이며 다양하게 구성되는 것으로 이해되어야 한다.

3) 수혈 주거지의 소멸과 취락의 변화

본서에서 살펴본 취락유적들, 즉 수혈 주거지의 군집화 현상은 대체로 5세기 늦어도 6세기 이후에는 그 흔적이 줄어든다. 그 이후로 확인되는 유적들은 곽지 패총, 금성리 패총, 고내리 패총, 종달리 패총 등 해안가에 인접한 유적이며 주거 흔적이 남아 있는 삼도동과 이도동 유적도 해안 근처의 평탄면에 위치한다. 즉, 이전 유적들에 비해 해안 가까이로 이동한 것이다.

이러한 현상은 생계 경제와 관련하여 해산물 채취나 어로활동의 중요성이 증가한 것으로 접근해 볼 수 있다. 이는 생태환경이 변화 때문일 수도 있겠지만 해산물의 수출과 같은 대외관계의 문제가 관련되어 있을 수도 있다. 그렇다고 해서 경작활동의 축소를 의미한다고 생각하지는 않는다. 예래동, 삼도동, 종달리 유적에서 쌀, 밀, 보리, 콩, 팥 등의 식물유체들은 오히려 증가한다. 이러한 현상들을 봤을 때 어패류에

그림 5-13. 금성리 유적(638-1) 석벽주거지
(제주고고학연구소 2019: 137, 도판 3-①)

그림 5-14. 고내리식토기(국립제주박물관 2018: 107)

대한 이용이든 농작물의 이용이든 오히려 식량생산 활동은 증가했다고 볼 수도 있다.

생계 경제는 대외관계와 상호작용하며 새로운 경관을 만들어 낼 수 있다. 아마도 이 시기에 패총유적이 증가하는 원인 중 하나도 이와 관련되었을 것이다. 교역이 더 증가하였다면 항구에 대한 입지도 고려되었을 것이다. 따라서 대외관계의 변화에 따라 바다에 대한 관념적 인식도 변화했을 가능성이 높다. 일례로 외부 정치체와의 관계로 인해 교역이 증가하면 바다는 고속도로와 같이 인식되었을 것이고 그 반대의 상황이라면 장애물처럼 느껴졌을 수 있다. 이와 같은 경우에는 상상된 도서성의 개

넘이 적용될 수 있다.

이 시기에 주거 흔적이 감소하는 이유는 아마도 주거지의 지상화(송현수 2019: 75)에서도 그 원인을 찾을 수 있을 것 같다. 금성리와 이도동 유적에서 원형으로 돌아가는 석렬이 확인되었는데 이 중 이도동 유적의 유구는 거의 지상화되어 있는 것으로 나타났다. 이러한 원형의 석벽 주거지가 당시 전형적인 주거 형태인지는 모르겠지만 이처럼 지상으로 드러난 형태의 유구들은 후대의 인간 활동에 의해 대부분 파괴되었을 가능성이 높다.

토기제작 기술도 이전과는 많이 달라진다. 산화염 소성의 전통은 이어지지만 이전 보다 정선된 태토를 보이며 기벽의 두께도 매우 일정한 모습을 보인다. 기형은 심발형이지만 무문토기와 달리 원통모양에 가깝다. 이러한 양상을 통해 토기제작기술에 많은 변화가 있었던 것으로 추정해 볼 수 있다.

주거지의 축조방법과 토기 제작기술의 변화는 취락 경관의 변화와 동반하며 생계 경제와 자연환경과 같은 공동체의 다른 구성요소들과 상호작용한다. 이러한 상호작용은 공동체의 새로운 권력관계와 정체성들을 만들어 나간다. 그것은 자신들을 스스로 탐라라 부르든 외부로부터 그렇게 불리든 상관없이 정체성 상징에 대한 물질적 실천을 지속적으로 변화시키고 섬 공동체 내·외부의 다양한 요소들과 끊임없이 상호작용하며 섬 공동체만의 다양한 물질문화 양상들을 생산했을 것이다.

Ⅵ. 맺음말

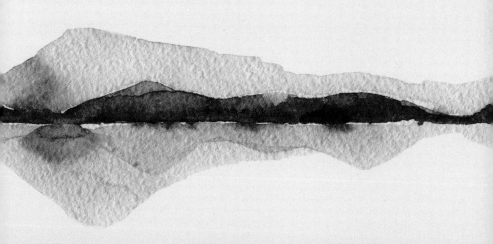

본서는 우리가 그동안 물질문화 양상을 통해 찾으려 했던 과거의 실체적 집단이나 사회성격과 관련된 논의들이 과거를 바라보는 편향된 관점이 될 수 있다는 생각을 바탕으로 제주도 선사취락의 변화와 섬 공동체 구성에 대한 새로운 이해방식을 제시하고자 작성되었다.

이 작업은 기존 연구들에서 확인되는 본질주의적인 해석 경향, 이원론적 접근, 총체론적이고 목적론적인 역사 이해에 대한 비판적 관점에서 시작되었다. 주로 Ⅱ장을 통해 이러한 논의들을 진행하였는데 크게 두 가지 주제로 기존의 해석경향들을 검토하였다. 첫 번째는 물질문화의 특정한 패턴을 고정된 실체로 파악하면서 특정 집단과 대응관계로 바라보는 사고방식이었고, 두 번째는 수렵채집 사회/농경 사회, 평등 사회/계층 사회와 같은 이원론적 사고를 전제로 해석을 진행하는 방식이었다.

전자와 관련해서 고고학적 문화와 실체적 집단에 관계를 고정적으로 바라볼 수 없다는 의견을 제시하였다. 우리가 설정하는 고고학적 문화나 유형은 연구 목적이나 연구자의 인식에 따라 달라질 수 있으며 민족이나 종족과 같이 실체적으로 인식할 수 있다고 여겨지는 인간 집단도 그것의 도구적 성격 등으로 인해 유동적일 수 있다. 따라서 고고학적 문화와 인간 집단의 연결도, 이를 바탕으로 하는 실체적 집단의 이주라는 사건도 문제가 될 수 있음을 지적하였다.

후자는 서구 사회의 뿌리 깊은 이원론과 사회진화담론에 대한 비판적 접근이다. 우리는 지금까지 수렵채집 사회/농경 사회, 평등 사회/계층 사회와 같은 이원론적 구분을 당연하게 여겨왔다. 그리고 이렇게 구분된 사회 성격들은 전자에서 후자로 발전한다는 사회진화론적 인식에 깊이 빠져 있었다. 하지만 이러한 사고방식은 서구의 근대적 가치를 바탕으로 그것에 적합하지 않은 것들은 모두 소외시켜버리는 지나친 일반화에 지나지 않는다. 따라서 농경의 의존도나 계층화의 수준을 평가하는 것과 같이 특정한 가치체계에 기댄 총체화된 서열화 작업을 하기보다 각 사회에 내재되어 있는 사회적 상호작용의 구체적인 양상을 파악하고자 노력하는 것이 과거를 이해하는 데 많은 도움을 줄 수 있다고 논의하였다.

Ⅲ장을 통해서는 제주도 선사취락과 관련된 연구현황을 검토하고 섬 공동체 연구를 위한 방향성을 제시하였다. 기존의 제주도 연구들은 남한 지역의 연구 경향을 그대로 답습해 유형론에 입각한 이주론이나 사회진화담론을 통한 사회수준평가에 주로 집중해 왔다. 때문에 섬이라는 환경적 특수성이 제주도 거주민들과 상호작용하는 과정에 대해서는 깊이 있게 논의되지 않았다. 이에 따라 섬 공동체 연구를 위한 새로운 방향성을 모색하기 위해 섬 고고학의 연구 동향 및 과제, 공동체에 대한 최근의 새로운 인식들, 그리고 제주도의 섬 경관 및 생계활동에 대해 검토하였다.

기존의 섬 고고학에 대한 인식은 생물 지리학을 기반으로 한 환경 결정론적 접근이나 도서성을 관념적인 개념으로 이해하는 탈 과정주의적 접근이 대다수였다. 하지만 섬은 환경적 요소들과 문화적 요소들이 혼재되어 있는 공간이며 이러한 섬의 특성은 어떠한 일반적 법칙에 의해 고정되지 않고 맥락에 따라 가변적일 수 있다. 따라서 섬 공동체에 대한 고고학적 연구를 위해서는 자연적이면서도 관념적일 수 있는 도서성의 양면성을 이해해야 한다고 주장하였다.

공동체와 관련해서는 지금까지 한국고고학에서 자주 거론해 왔던 실체적 '집단'에 대한 연구에서 시·공간에 따라 유동적이고 다양하고 중첩되는 정체성을 포괄할 수 있는 '공동체'에 대한 논의로 전환해야 한다고 주장하였다. 이는 인간중심주의적 사고에서 벗어나 공동체를 인간뿐만이 아닌 비-인간적 요소들도 다양한 상호작용 속에서 함께 구성되어 있는 것으로 이해해야 함을 논의한 것이다.

그리고 이러한 도서성과 공동체에 대한 새로운 이해를 섬 공동체 연구에 접목시키기 위해 제주도의 섬 경관 및 생계방식들을 검토하였다. 제주도는 남해안과 일정 거리를 두고 떨어졌지만 가시거리에 있으며 2-3일 정도면 이동이 가능했을 것이다. 섬 중앙에는 한라산이 있으며 토양은 대체로 화산회토의 성격을 띤다. 비교적 오래된 화산활동으로 형성된 토양은 풍화되어 일반토양에 가깝게 변화하는데 이 토양이 분포한 지역은 비교적 식물 생육에 유리하다. 이 토양이 분포하는 지역에 대부분의 선사취락이 위치하며 이 선사취락에서는 식물 재배 및 채집, 수렵, 어로 등의 다양한 생계전략이 활용된 것으로 보인다.

Ⅳ장에서는 제주도 선사취락에서 확인되는 물질문화를 형식 분류하고 방사성탄소연대의 순서배열과 유구·유물의 동반 관계를 검토하여 시·공간적 양상을 파악하였다. 그 결과 제주도의 선사취락은 복합문토기 단계,

공렬·구순각목문토기 단계, 원형주거지 1단계, 원형주거지 2단계, 원형주거지 3단계, 원형주거지 4단계의 총 6단계로 구분할 수 있었다.

이러한 구분은 각각의 물질문화를 시간의 흐름에 따라 배열한 것이지만 명확한 시간적 구분점을 제시한 것은 아니며 따라서 서로 공존하던 시기도 존재했을 것이다. 또한 하나의 유구·유물조합에 속해 있는 각각의 물질문화 요소들은 출현시기와 소멸시기가 서로 다를 수도 있으며 특정 유물은 여러 유구·유물조합을 가로지르며 나타날 수도 있다. 이러한 사실들을 강조하는 이유는 각 유구·유물조합을 고정되고 분리된 실체로 인식하지 않도록 하기 위해서였다.

그리고 IV장에서는 무덤자료의 검토도 병행하였다. 제주도의 묘제는 크게 지석묘, 석곽묘, 토광묘, 옹관묘로 구별할 수 있다. 이 묘제들은 무문토기시대에 등장하여 형태적 변화를 겪으며 원삼국-삼국시대에 해당하는 탐라전기까지 지속해서 사용된 것으로 추정하였다.

V장에서는 II장에서 살펴봤던 기존 연구 경향에 대한 비판적 검토, III장에서 논의한 섬 공동체 연구를 위한 새로운 방향성, 그리고 IV장을 통해 분석했던 제주도 선사취락 관련 물질문화상을 토대로 제주도 섬 공동체의 변화과정을 고찰하였다. 크게 두 개의 절로 구분하여 살펴보았는데 첫 번째 주제는 취락경관의 변화와 섬 공동체이고 두 번째 주제는 섬 공동체의 대외 관계와 내부적 문제들에 관한 것이다.

1절에서는 해양문화를 바탕으로 한 공동체의 구성과 주거지의 군집화와 같은 취락 경관의 변화과정을 검토하였다. 우선 복합문토기 단계에 해당하는 상모리 유적의 공동체 형성에는 남한지역의 특정 문화요소가 이입되는 과정에서 제주도 서남부지역의 해양 경관과 즐문토기시대 후·말기의 생계 방식이 큰 영향을 끼쳤고, 공렬문의 투공 방향과 같은 상모리 거주민들의 정체성 상징이 유동적으로 함께 작용하였던 것으로 추정하였다. 즉, 복합문토기 단계의 공동체는 흔암리 유형이라는 고정된 실체적 틀 속에서가 아닌 이러한 요인들의 상호작용 속에서 형성되고 변화해 갔던 것으로 이해하였다.

이 후 공렬·구순각목문토기 단계와 원형주거지 1단계에서는 주거지의 군집화 현상이 나타나기도 하는데 이러한 취락 경관의 변화를 바탕으로 새로운 생계 방식과의 상호작용 과정을 제안하였다. 당시 제주도 공동체는 남한지역과의 지속적인 교류나 이주민의 유입으로 인해 새로운 문화를 인식하지만 이 문화를 수용하는 과정에서 기존의 생계방식이나 관념적 요인들, 그리고 섬의 기후나 자연 환경이 복합적으로 작용하여 선택적 또는 변형적으로 새로운 문화를 재구성했다. 그리고 이렇게 구성된 문화는 섬 내에서 지역적 또는 상황적 맥락에 따라 다양한 생계 방식과 다시 관계를 맺는다.

2절에서는 취락이 성장하면서 섬 내·외부에서 나타나는 물질문화의 차별적 실천에 대해 검토하였다. 우선 원형점토대토기가 제주도의 기존 토착화된 물질문화와 혼재되어 새로운 유구·유물 복합체를 구성하는 과정과 이 원형점토대토기가 제주도 북부지역에서만 한정적으로 확인되는 현상을 살펴보았다. 이러한 물질적 실천들은 실재하는 자연물을 통해 구성된 관념적 경계(바다와 한라산)와 상호작용하며 발생한다. 이 과정 속에서 정체성은 다양한 종류와 수준으로 변화하거나 중첩될 수 있으며 사람들의 시야에 실재하는 자연 경관은 섬 공동체 형성에서 중요한 요소로 함께 구성된다. 이러한 섬 공동체 형성에 대한 논의에는 인간과 비-인간의 상호작용에 대한 이해가 선결되어야 함을 강조하였다.

그리고 무덤, 대외관계, 문헌에 등장하는 탐라에 관한 논의를 통해 권력관계에 대한 새로운 이해방식을 검토하였다. 지금까지는 권력관계를 단계적이거나 서열화되는 계층구조로 파악하려는 경향이 강했다. 하지만 제주도에서 확인되는 무덤자료와 교역의 흔적들은 맥락에 따라 상이하게 해석될수 있으며 이는 모든 권력관계가 상향식 또는 하향식과 같이 단순하게 하나의 방향성만을 나타내는 것은 아님을 보여준다. 권력은 일방적인 것이 아니라 본질적으로 상호적이며 개별 사회들의 특정한 네트워크를 통해 끊임없이 규정된다. 이에 따라 권력은 다양한 형태로 드러나며 다양한 관계를 구성하게 된다. 다시 말해 수장과 같은 지도자가 등장하고 사회 복합도가 증가하였다 하더라도 그 관계는 항상 계층적이지만은 않고 다양하게 표현될 수 있다.

모든 공동체들을 같은 모델의 권력구조로 일반화시킬 수 없다. 공동체의 관계는 한편으로 대립적이기도 하지만 또 한편으로는 호혜적인 모습을 보이기도 한다. 또 때로는 지도적 위치에 있는 사람들이 더 희생적일 수 있으며 그러한 성격 때문에 자신들의 지위 정체성이 지속될 수도 있다. 그렇기 때문에 권력은 항상 관계적이며 다양하게 구성되는 것으로 이해되어야 한다고 제안하였다.

그리고 마지막으로 수혈식 주거지가 소멸된 이후의 고고자료들을 간략하게 살펴보았고 섬 공동체가 또 어떠한 변화를 맞이했는지에 대해 짧은 고찰을 진행하였다.

결론적으로 종합해 보면 본서의 내용은 다음과 같이 요약할 수 있을 것같다. 우선 첫 번째는 섬 공동체의 형성과정에서 제주도의 자연환경이나 기존의 생계방식이 새로운 물질문화 구성에 중요하게 작용하며 인간의 시야에 실재하는 바다나 산과 같은 경관은 때로는 관념적 경계로 전환되어 문화이동에 장애물로 작용할 수 있다는 것이다. 두 번째는 권력관계는 사회진화론적 발전 과정 속에서 계층화의 수준을 보여주는 것이 아니라 개개 인들의 관계와 그것에 얽힌 사물들, 그리고 때로는 생계 방식이나 환경조건의 변화 등과 끊임없이 상호작용하며 지속적으로 변화하고 중첩될 수 있는 과정 또는 현상으로 이해해야 한다는 것이다. 결국 인간과 자연 그리고 물질문화는 모두 공동체를 구성하는 요소들이며 비대칭적 관계가 아닌 상호 대칭적 위치에 존재한다고 볼 수 있다.

본서를 통해 궁극적으로 이루고자 했던 것은 서구의 근대적 가치관에서 파생된 전통적인 편견에서 벗어나 과거에 존재하는 각각의 계열들을 온전히 이해할 수 있게 해주는 해석방식의 개발이었다. 이를 위해 총체론적이고 목적론적인 역사 인식에서 탈피하고자 했고 오랫동안 우리의 사고를 지배해 왔던 뿌리 깊은 이원론을 해체하기 위해 노력했다. 그리고 과거를 새롭게 이해하기 위한 방안으로 인간중심주의에서 벗어나 경관이나 생계 경제와 같은 비-인간과의 관계 속에서 섬 공동체를 이해하고자 했다. 본서의 분석대상은 제주도의 선사취락이었지만 이 작업들은 분명 남한지역을 대상으로 한 연구에서도 중요하게 작용할 수 있다고 생각한다.

하지만 본서의 작업들이 생각만큼 만족스러운 결과로 이어지지는 못한 것 같다. 불완전한 개념적 도구들은 말할 것도 없고 결론을 도출하는 과정에서 논리적 비약도 적지 않았던 것 같다. 이러한 부족했던 부분들은 향후 논고를 통해 지속적으로 보완해 나갈 것이다.

참고문헌

강동석, 2018, 「지석묘사회의 취락패턴과 복합화 -GIS를 활용한 영산강중류역 취락패턴의 재구성」, 『韓國考古學報』 109, 韓國考古學會.

강병학, 2013, 「서울·경기지역의 조기-전기문화 편년」, 『한국 청동기시대 편년』, 서경문화사.

康昌和, 2003, 「耽羅 以前의 社會와 耽羅國의 形成」, 『강좌 한국고대사』 10, 駕洛國史蹟開發研究員.

강창화, 2009, 「고대 탐라(耽羅)의 형성과 전개」, 『유적과 유물을 통해 본 제주의 역사와 문화』.

강창화, 2011, 「Ⅲ-5. 제주지역의 토기문화」, 『한국 신석기문화 개론』, 중앙문화재연구원 학술총서 3, 서경문화사.

강창화, 2014, 「제주도 고고학 30년, 발굴조사와 그 성과」, 『제주고고』, 창간호, 제주고고학연구소.

高旻廷, 2003, 『南江流域 無文土器文化의 變遷』, 慶北大學校大學院 碩士學位論文.

고민정, 2009, 「남강유역 각목돌대문토기문화와 북한지역과의 병행관계」, 『동북아시아적 관점에서 본 북한의 청동기시대』, 韓國靑銅器學會.

고민정, 2011, 「남강유역 각목돌대문토기문화의 지역성 연구」, 『동북아역사논총』 32, 동북아역사재단.

고민정, 2016, 「청동기시대 남강유역 옥 장신구의 생산과 소비체계」, 『경남연구』 11, 경남발전연구원.

고은별, 2010, 『경남서부지역 점토대토기문화 생계경제 연구』, 서울대학교 석사학위논문.

고일홍, 2014,「한국고고학의 고대 국가형성 연구를 위한 일 검토 - 유럽고고학이 제공하는 시각을 중심으로-」,『고고학』13-1, 중부고고학회.

고일홍, 2019,「한국 청동기시대 이주 연구-문제점 검토와 새로운 대안 모색」,『韓國靑銅器學報』25, 韓國靑銅器學會.

孔敏奎, 2005,「中部地域 無文土器文化 前期 環濠聚落의 검토 - 淸原 大栗里 環濠聚落의 性格 -」,『中央考古研究』1, 中央文化財研究員.

곽승기·김경택, 2018, 先史土器와 土壤試料分析을 통한 韓半島新石器·靑銅器時代生計經濟研究 -微量有機炭素安定同位元素分析을 中心으로-.『湖西考古學』40, 湖西考古學會.

국립제주박물관, 2001,『濟州의 歷史와 文化』, 국립제주박물관.

국립제주박물관, 2010,『제주 삼화지구 가 I 유적』, 국립제주박물관 학술총서 제7책.

국립제주박물관, 2010,「Ⅴ. 고찰」,『제주 삼화지구 가 I 유적』, 국립제주박물관 학술총서 제7책.

국립제주박물관, 2018,『탐라』, 2018년 국립제주박물관 기획특별전.

국립제주박물관·한국청동기학회, 2016,『제주도 청동기~초철기문화의 전개양상』, 국립제주박물관.

국립청주박물관·한국청동기학회, 2019,『청동기-초기철기시대 정치·사회 변동』, 국립청주박물관/한국청동기학회 공동학술 심포지엄.

김경주, 2001,「濟州島 赤葛色硬質土器 研究」,『韓國上古史學報』35, 韓國上古史學會.

金慶柱, 2005,「耽羅成立期 聚落의 形成과 變遷」,『湖南考古學報』22, 湖南考古學會.

金慶柱, 2010,「제주지역 송국리문화의 수용과 전개」,『韓國靑銅器學報』6, 韓國靑銅器學會.

김경주, 2011,「Ⅴ. 고찰」,『제주 도련동 유적(614-1)』, 제주문화유산연구원 발굴조사보고서 제16집.

김경주, 2012,「龍潭洞 鐵器副葬墓와 그 被葬者의 性格」,『嶺南大學校 文化人類學科 40周年 紀念論叢』.

김경주, 2016,「제주도의 初期鐵器文化」,『제주도 청동기~초기철기문화의 전개양상』, 2016 국립제주박물관 한국청동기학회 공동학술대회.

김경주, 2018a,「문헌과 고고자료로 본 탐라의 대외교류」,『湖南考古學報』58, 湖南考古學會.

김경주, 2018b,「耽羅 前期의 聚落構造와 社會相」,『耽羅文化』57, 제주대학교 탐라문화연구원.

김경주, 2018c,「제주지역 점토대토기문화의 정착과 변천과정」,『韓國青銅器學報』22, 韓國青銅器學會.

김경주, 2019,「신석기시대 고산리유적과 주민집단의 성격」,『탐라문화』61, 제주대학교 탐라문화연구원.

金庚澤, 2004,「韓國 複合社會 研究의 批判的 檢討와 展望」,『韓國上古史學報』44, 韓國上古史學會.

金圭正, 2007,「青銅器時代 中期設定과 問題」,『韓國青銅器學報』1, 韓國青銅器學會.

金權九, 1994,「脫過程主義(Postprocessual) 考古學의 主要内容과 課題」,『韓國考古學報』31, 韓國考古學會.

金權中, 2010,「청동기시대 중부지방의 시·공간적 정체성-주거지와 출토유물을 중심으로」,『중부지역 고고학의 시·공간적 정체성 I 』, 2010년 중부고고학회 정기학술대회 발표요지문, 중부고고학회.

김명진·이성준·박순발·홍덕균, 2005,「베이지안 통계학(Bayesian statistics)을 이용한 한국 청동기시대 전기 可樂洞 類型의 연대 고찰」, 『韓國上古史學報』47, 韓國上古史學會.

金攻澈, 2008, 「類型과 種族性(ethnicity)에 관한 비판적 검토」, 『韓國上古史學報』 47, 韓國上古史學會.

金範哲, 2005, 「錦江 중·하류역 청동기시대 중기 聚落分布類型 硏究」, 『韓國考古學報』57, 韓國考古學會.

金範哲, 2006, 「錦江 중·하류역 송국리형 취락에 대한 가구고고학적 접근 - 多次元尺度法을 이용한 家口간 貧富差/位階 분석을 중심으로-」, 『韓國上古史學報』51, 韓國上古史學會.

金炳燮, 2009, 「남한지역 조·전기무문토기 편년 및 북한지역과의 병행관계」, 『韓國靑銅器學報』4, 韓國靑銅器學會.

김승옥, 2006, 「송국리문화의 지역권 설정과 확산과정」, 『湖南考古學報』24, 湖南考古學會.

김승옥, 2007, 「분묘 자료를 통해 본 청동기시대 사회조직과 변천」, 『계층 사회와 지배자의 출현』, 한국고고학회 학술총서 3, 한국고고학회 편.

김승옥, 2015, 「묘제의 특징과 변천」, 『한국 청동기문화 개론』, 중앙문화재연구원 학술총서 26, 중앙문화재연구원.

金元龍, 1973, 『韓國考古學槪說』第二版, 一志社.

金壯錫, 2001, 「혼암리 유형 재고 : 기원과 연대」, 『嶺南考古學』28, 嶺南考古學會.

金壯錫, 2002, 「남한지역 신석기-청동기시대 전환: 자료의 재검토를 통한 가설의 제시」, 『韓國考古學報』48, 韓國考古學會.

金壯錫, 2003, 「충청지역 송국리유형 형성과정」, 『韓國考古學報』51, 韓國考古學會.

김장석, 2007, 「청동기시대 취락과 사회복합화과정 연구에 대한 검토」, 『湖西考古

學』17, 湖西考古學會.

김장석, 2008,「무문토기시대 조기설정론 재고」,『韓國考古學報』69, 韓國考古學會.

김장석, 2011,「신석기문화의 종말과 청동기문화의 성립」,『한국 신석기문화 개론』, 중앙문화재연구원 학술총서 3, 서경문화사.

김장석, 2014,「한국고고학의 편년과 형태변이에 대한 인식」,『韓國上古史學報』83, 韓國上古史學會.

김장석, 2018,「한국 신석기-청동기시대 전환과 조기청동기시대에 대하여」,『韓國考古學報』109, 韓國考古學會.

김장석, 2019,「한국청동기시대 사회연구의 방향」,『청동기-초기철기시대 정치·사회 변동』, 국립청주박물관/한국청동기학회 공동학술심포지엄.

김재윤, 2004,「韓半島 刻目突帶紋土器의 編年과 系譜」,『韓國上古史學報』46, 韓國上古史學會.

김종일, 2004a,「고고학의 철학적 토대」,『韓國考古學報』52, 韓國考古學會.

김종일, 2004b,「한국 중기 무문토기문화의 사회구조와 상징체계」,『國史館論叢』104, 國史編纂委員會.

김종일, 2007,「"계층 사회와 지배자의 출현"을 넘어서」,『韓國考古學報』63, 韓國考古學會.

김종일, 2008,「고고학 자료의 역사학적 해석에 대한 비판적 고찰」,『한국고대사연구』52, 한국고대사학회.

김종일, 2010,「고고학에서 이주의 개념과 물질문화의 변이-개념 및 서구사례를 중심으로-」,『移住의 고고학』, 제34회 한국고고학전국대회, 한국고고학회.

김종일, 2017,「민족주의적 고고학의 이론과 방법론에 대한 비판적 검토」,『韓國上古史學報』96, 韓國上古史學會.

김진환, 2016,「제주도 지석묘의 재검토」,『제주도 청동기~초기철기문화의 전개양상』, 2016 국립제주박물관 · 한국청동기학회공동학술회의.

김진환, 2018,「耽羅形成期 墓制의 諸樣相」,『湖南考古學報』59, 湖南考古學會.

김현식, 2008a,「호서지방 전기 무문토기 문양의 변천과정 연구」,『嶺南考古學』44, 嶺南考古學會.

김현식, 2008b,「남한 청동기시대 조기-전기의 文化史的 意味」,『考古廣場』2, 釜山考古學研究會.

羅建柱, 2005,「中西部地方 松菊里類型 形成過程에 대한 研究」,『錦江考古』2, 충청문화재연구원.

남제주군 · 제주문화예술재단, 2003,『남제주군문화유적분포지도』.

盧爀眞, 2001,「粘土帶土器文化의 社會性格에 대한 一考察」,『韓國考古學報』45, 韓國考古學會.

農村振興廳農業技術研究所, 1976,『土壤精密圖-濟州道』.

라투루, 브리노(홍철기 역)., 2009,『우리는 결코 근대인이었던 적이 없다』, 갈무리.

루소, 장자크(주경복 · 고복만 역)., 2003,『인간 불평등 기원론』, 책세상.

武末純一 · 譯高田貫太, 2002,「日本 北部九州에서의 國의 形成과 展開」,『嶺南考古學』30, 嶺南考古學會.

문수균, 2016,「경기서북지역 청동기시대 중 · 소형주거지 검토」,『韓國靑銅器學報』19, 韓國靑銅器學會.

朴京敏, 2013,『濟州島 無文土器文化의 流入과 展開』, 嶺南大學校 大學院 碩士學位論文.

박경민, 2016,「V. 고찰」,『제주 용담동 유적(2697번지 외)』, 제주문화유산연구원 발굴조사보고서 44.

박경민, 2017, 「제주 북서부 청동기시대 물질문화의 시간적 흐름과 성격-주거지와 토기를 중심으로」, 『湖南考古學報』 56, 湖南考古學會.

박경민, 2018a, 「탐라의 형성과 고고자료의 상관관계 연구」, 『湖南考古學報』 58, 湖南考古學會.

박경민, 2018b, 「전통과 변화의 관점에서 본 제주도 원형 주거지」, 『中央考古研究』 27, 中央文化財研究員.

朴榮九, 2010, 「嶺東地域 粘土帶土器文化의 展開樣相」, 『韓國靑銅器學報』 7, 韓國靑銅器學會.

박영구, 2015, 『동해안지역 청동기시대 취락과 사회』, 서경문화사.

박서현, 2016, 「호남지역 청동기시대 생업경제」, 『湖南考古學報』 53, 湖南考古學會.

박성희, 2009, 「청동기시대 조기론(早期論)에 대한 비판적 접근-돌대문토기를 중심으로」, 『江原考古學報』 12 · 13, 江原考古學會.

朴淳發, 1989, 『漢江流域 百濟土器의 變遷과 夢村土城의 性格에 對한 一考察』, 서울大學校大學院 碩士學位論文.

朴淳發, 1993, 「한강유역의 청동기 · 초기 철기문화」, 『한강유역사』, 민음사.

朴淳發, 1997, 「漢江流域의 基層文化와 百濟의 成長過程」, 『韓國考古學報』 36, 韓國考古學會.

朴淳發, 1999, 「欣岩里類型 形成過程 再檢討」, 『湖西考古學』 創刊號, 湖西考古學會.

朴淳發, 2003, 「渼沙里類型 形成考」, 『湖西考古學』 9, 湖西考古學會.

박순발, 2006, 「한국 고대사에서 종족성의 인식」, 『한국고대사연구』 44, 한국고대사학회.

朴辰一, 2013, 『韓半島 粘土帶土器文化 研究』, 釜山大學校 大學院 博士學位論文.

朴贊浩, 2019, 『元三國~三國時代 西海岸 圈域 多葬墳丘墓 研究』, 忠北大學校 大學

院 碩士學位論文.

박홍국, 2018, 「옥류(玉類) 원석 탐사」, 『야외고고학』33, 한국문화유산협회.

裵眞晟, 2003, 「無文土器의 成立과 系統」, 『嶺南考古學』32, 嶺南考古學會.

裵眞晟, 2007a, 『無文土器文化의 成立과 階層社會』, 서경문화사.

裵眞晟, 2007b, 「無文土器社會의 階層構造와 國」, 『계층 사회와 지배자의 출현』, 한국고고학회 학술총서 3, 한국고고학회 편.

裵眞晟, 2009, 「압록강~청천강유역 무문토기 편년과 남한」, 『韓國上古史學報』64, 韓國上古史學會.

배진성, 2010, 「무문토기의 계통과 전개」, 『한반도 청동기시대의 쟁점』, 청동기시대 마을풍경 특별전 학술심포지엄, 국립중앙박물관.

裵眞晟, 2012, 「可樂洞式土器의 初現과 系統」, 『考古廣場』, 부산고고학회.

배진성, 2015, 「美松里型土器文化의 動態와 分布圈」, 『東北亞歷史論叢』47.

성춘택, 2017, 「고고학과 물질문화의 기원과 계통:비판적 검토」, 『韓國考古學報』102, 韓國考古學會.

성춘택 · 문수균 · 양혜민, 2018, 「물질문화의 유형과 고고학 분석의 단위」, 『韓國考古學報』109, 韓國考古學會.

셰리든 보먼, 이선복 역, 2014, 『방사성탄소연대측정법』, 사회평론.

소상영, 2017, 「제주 고산리 유적의 편년과 성격-방사성탄소연대와 유적 재검토를 중심으로-」, 『韓國新石器研究』33, 韓國新石器學會.

孫晙鎬, 2006, 『靑銅器時代 磨製石器 研究』, 한국고고환경연구소 학술총서 2, 서경

孫晙鎬 · 上條信彦 2011, 『청동기시대 갈돌 · 갈판의 사용흔 및 잔존 녹말 분석』, 『中央考古研究』9, 中央文化財研究員.

宋滿榮, 1995, 『中期無文土器時代文化의 編年과 性格-西南韓地方을 中心으로-』,

崇實大學校 大學院 碩士學位論文.

宋滿榮, 2001, 「南韓地方 農耕文化形成期 聚落의 構造와 變化」, 『한국농경문화의 형성』, 제25회 한국고고학전국대회. 한국고고학회.

송만영, 2007, 「남한지방 청동기시대 취락 구조의 변화와 계층화」, 『계층 사회와 지배자의 출현』, 한국고고학회 학술총서 3, 한국고고학회 편.

송은숙, 2001, 「신석기시대 생계방식의 변천과 남부 내륙지역 농경의 개시」, 『湖南 考古學報』 14, 湖南考古學會.

송현수, 2019, 『제주도 탐라후기 문화의 성립과 전개과정』, 목포대학교 대학원 석사학위논문.

송호정, 2011, 「고고학으로 본 고조선」, 『한국사 시민강좌』 49, 일조각.

스즈키, 기미오(이준정 · 김성남 역), 『패총의 고고학』, 일조각.

申淑靜, 1993, 「우리나라 신석기문화 연구경향-1945년까지-」, 『韓國上古史學報』 12, 韓國上古史學會.

신태균 · 김승호 · 양기천 · 고재형 · 이방미 · 안상진 · 진승운 · 고은미, 1997, 「곽지패총 출토 동물 뼈의 해부학적 연구」, 『濟州郭支貝塚』, 濟州大學校博物館遺蹟調查報告 第20輯.

신태균 · 김희철 · 김정태 · 이지영 · 강민우 · 김성환 · 진영건 · 김동건 · 조성준, 2006, 「제주도 종달리유적에서 출토된 동물뼈 유물의 동물별 분류」, 『濟州 終達里遺蹟 I』, 國立濟州博物館 學術叢書 第2冊.

안덕임, 2009, 「미량원소(Ba, Sr, Zn)분석법을 이용한 연대도 유적 출토 인골에 대한 고식생활 연구」, 『韓國上古史學報』 66, 韓國上古史學會.

安承模, 1997, 「韓民族과 農耕文化의 起源에 대한 批判的 小考」, 『인간과 문화 연구』 2, 동의대학교 인문과학연구소.

安承模, 2005,「韓國 南部地方 新石器時代 農耕 研究의 現狀과 課題」,『韓國新石器研究』10, 韓國新石器學會.

安承模, 2006,「동아시아 정주취락과 농경 출현의 상관관계」,『韓國新石器研究』11, 韓國新石器學會.

安承模, 2012,「種子와 放射性炭素年代」,『韓國考古學報』83, 韓國考古學會.

안승모, 2013,「식물유체로 본 시대별 작물조성의 변천」,『농업의 고고학』, 한국고고학회 학술총서 5, 사회평론.

安在晧, 1992,「松菊里類型의 檢討」,『嶺南考古學』11, 嶺南考古學會.

安在晧, 1996,「無文土器時代 聚落의 變遷-住居址를 통한 中期의 設定」,『碩晤尹容鎭教授停年退任記念論叢』.

安在晧, 2000,「韓國 農耕社會의 成立」,『韓國考古學報』43, 韓國考古學會.

安在晧, 2004,「中西部地域 無文土器時代 中期聚落의 一樣相」,『韓國上古史學報』43, 韓國上古史學會.

安在晧, 2006,『青銅器時代 聚落研究』, 釜山大學校大學院 博士學位論文.

안재호, 2016,「청동기시대의 시기구분」,『청동기시대의 고고학 2: 편년』, 안재호·이형원 편, 서경문화사.

안재호, 2019,「松菊里文化의 起源 再考」,『嶺南考古學』83, 嶺南考古學會.

안현중, 2019,「제주 용담2동 2704-5번지 유적 발굴조사 출토 식물유체 분석」,『제주 용담2동 2704-5번지 유적』, 제주고고학연구소.

앤더슨, 베네딕트(서지원 역), 2018,『상상된 공동체-민족주의의 기원과 보급에 대한 고찰』, 길.

양용진, 2014,「제주도 선사시대 우물 연구」,『濟州考古』1, 濟州考古學研究所.

吳元弘, 2017,『濟州島 青銅器時代 前期文化의 二元的 成立과 展開』, 釜山大學校

大學院 碩士學位論文

오원홍. 2018, 「탐라 이전 송국리형 주거취락의 변화 양상: 삼양동 · 용담동 일대 유적을 중심으로」, 『湖南考古學報』58, 湖南考古學會.

禹姃延, 2002, 「중서부지역 송국리복합체 연구」, 『韓國考古學報』47, 韓國考古學會.

兪炳琭, 2010, 『日本 九州地方 松菊里文化 연구』, 釜山大學校 大學院 碩士學位論文.

尹武炳, 1987, 『韓國靑銅器文化硏究』, 藝耕產業社.

윤호필, 2018, 「울산지역 청동기시대 생계」, 『울산지역 청동기시대 연구성과와 쟁점』, 2018년 울산대곡박물관 · 한국청동기학회 공동 학술대회.

李健茂, 1994, 「韓國式 銅劍文化의 性格 -成立背景에 대하여-」 東아시아의 靑銅器 文化.

이기성, 2012, 「문화사적 시기구분으로의 무문토기시대 조기설정 재검토」, 『韓國上古史學報』76, 韓國上古史學會.

이동성, 2009, 「권력과 지식 그리고 주체-푸코의 주체사상을 중심으로」, 『정치커뮤니케이션 연구』15, 정치커뮤니케이션학회.

이동주, 2011, 「Ⅲ-4. 남부지역의 토기문화」, 『한국 신석기문화 개론』, 중앙문화재연구원 학술총서 3, 서경문화사.

이명훈, 2016, 「청동기시대 옹관묘의 전개양상」, 『韓國上古史學報』93, 韓國上古史學會.

李白圭, 1974, 「京畿道 無文土器 · 磨製石器:土器編年을 中心으로」, 『考古學』3, 韓國考古學會.

李白圭, 1986, 「漢江流域 前半期 민무늬토기의 編年에 대하여」, 『嶺南考古學』2, 嶺南考古學會.

이선복, 1991, 「신석기-청동기시대 주민교체설에 대한 비판적 검토」, 『韓國古代史

論叢』1, 韓國古代社會研究所.

李盛周, 1991, 「포스트모더니즘 고고학과 전망」『韓國上古史學報』7, 韓國上古史
　　學會.

李盛周, 2007, 『青銅器 · 鐵器時代 社會變動論』, 學研文化社.

李盛周, 2008, 「形式論과 系統論-日本 帝國主義 考古學의 物質文化 解釋에 대한
　　비판적 검토-」, 『21세기의 한국고고학 I 』, 주류성.

李盛周, 2017a, 「韓國考古學의 起源論과 系統論」, 『韓國考古學報』102, 韓國考古
　　學會.

이성주, 2017b, 「辰弁韓 '國'의 形成과 變動」, 『嶺南考古學』79, 嶺南考古學會.

이성주, 2019, 「최근 이론 고고학의 反-人間中心主義」, 『嶺南考古學』85, 嶺南考古
　　學會.

이양수, 2016, 「제주도의 청동기문화」, 『제주도 청동기~초기철기문화의 전개양
　　상』, 2016 국립제주박물관 · 한국청동기학회 공동학술대회.

李榮文, 1993, 『全南地方 支石墓 社會의 研究』, 韓國敎員大學校 大學院 博士學位
　　論文.

李榮文, 1998, 「韓國 琵琶形銅劍 文化에 대한 考察」, 『韓國考古學報』38, 韓國考古
　　學會.

李宗哲, 2015, 『松菊里型文化의 聚落體制와 發展』, 全北大學校大學院 博士學位論文.

이종철, 2017, 「제주도 송국리형 취락의 특징과 시기구분」, 『韓國青銅器學報』21,
　　韓國青銅器學會.

李俊貞, 2001, 「수렵 · 채집 경제에서 농경으로의 轉移과정에 대한 이론적 고찰」,
　　『嶺南考古學』28, 嶺南考古學會.

이준정, 2002, 「남해안 신석기 시대 생계 전략의 변화 양상」, 『韓國考古學報』48,

韓國考古學會.

이준정, 2011, 「作物 섭취량 변화를 통해 본 農耕의 전개 과정-한반도 유적 출토 人骨에 대한 안정동위원소 분석 결과를 중심으로-」, 『韓國上古史學報』73, 韓國上古史學會.

李眞旼, 2004, 「중부 지역 역삼동 유형과 송국리 유형의 관계에 대한 일고찰-역삼동 유형의 하한에 주목하여-」, 『韓國考古學報』54, 韓國考古學會.

이찬희·김재철·나건주·김명진, 2006, 「아산 시전리 유적 출토 옥기(천하석)의 재료과학적 특성과 산지해석」, 『문화재』33, 국립문화재연구소.

이창희, 2010, 「점토대토기의 실연대-세형동검문화의 성립과 철기의 출현연대-」, 『문화재』, 43, 국립문화재연구소.

李昌熙, 2011, 「放射性炭素年대測定法의 原理와 活用(Ⅱ)」, 『韓國考古學報』81, 韓國考古學會.

李淸圭, 1985, 「濟州島 先主民 文化에 대한 일고찰」, 『濟州島硏究』2, 濟州學會.

李淸圭, 1988, 「南韓地方 無文土器文化의 展開와 孔列土器文化의 位置」, 『韓國上古史學報』1, 韓國上古史學會.

李淸圭, 1995, 『濟州島 考古學 硏究』, 서울大學校 大學院 博士學位論文.

李淸圭, 1999, 「東北亞地域의 多鈕鏡과 그 副葬墓에 대하여」, 『韓國考古學報』40, 韓國考古學會.

이청규, 2007, 「계층사회와 지배자의 출현: 남한에서의 고고학적 접근」, 『계층사회와 지배자의 출현』, 한국고고학회 학술총서 3, 한국고고학회 편.

이형원, 2009, 『청동기시대 취락구조와 사회조직』, 서경문화사.

이형원, 2010, 「청동기시대 조기 설정과 송국리유형 형성 논쟁에 대한 비판적 검토-2000년대 이후 경기지역 발굴성과를 중심으로-」, 『고고학』9-2, 중부고고학회.

이형원, 2018,「토기로 본 고조선 연구의 비판적 검토-비파형동검 시기를 중심으로」,『韓國考古學報』106, 韓國考古學會.

李弘鍾, 1993,「松菊里式 土器文化의 登場과 展開」,『先史와 古代』4, 韓國古代學會.

이후석, 2017,「고고학을 통해 본 초기고조선의 성장 과정」,『崇實史學』38.

李熙濬, 1983,「形式學的 方法의 問題點과 順序配列法(seriation)의 檢討」,『韓國考古學報』14·15, 韓國考古學會.

李熙濬, 1984,「韓國考古學 編年研究의 몇 가지 問題-相對編年을 中心으로-」,『韓國考古學報』16, 韓國考古學會.

임상택, 2006,「빗살무늬토기문화 취락 구조 변동 연구-중서부 이남지역을 중심으로」,『湖南考古學報』23, 湖南考古學會.

林雪姬, 2009,『韓國 粘土帶土器의 變遷過程 研究』, 全南大學校 大學院 碩士學位論文.

庄田慎矢, 2009,『청동기시대의 생산활동과 사회』, 학연문화사.

전영원, 2016,「삼도동유적 출토 식물유체 분석」,『제주 삼도동유적(북초등길 22번지)』, (재)제주문화유산연구원 발굴조사보고서 제38집.

정대봉, 2016,「청동기시대 조기 移住와 定着의 고고학적 현상과 의미」,『考古廣場』18, 부산고고학연구회.

濟州考古學研究所, 2012,『제주 삼양초등학교 유적』, 제주고고학연구소 조사연구총서 제4집.

濟州考古學研究所, 2019,『제주 금성리 638-1번지 유적』, 제주고고학연구소 조사연구총서 제44집.

濟州大學校博物館, 1989,『龍潭洞 古墳』, 濟州大學校博物館遺蹟調查報告 第5輯.

濟州大學校博物館, 1990,『上摹里遺蹟』, 濟州道 · 濟州大學校博物館.

제주도지편찬위원회, 2006a,『濟州道誌-제1권 지리-』.

제주도지편찬위원회, 2006b,『濟州道誌-제4권 산업 · 경제-』.

제주문화예술재단, 2005,『제주시 외도동유적』, 제주문화예술재단 발굴조사보고 4책.

제주문화예술재단, 2006,『제주 하모리유적』, 제주문화예술재단 발굴조사보고 16책.

제주문화예술재단, 2009,『제주 화순리유적』, 제주문화예술재단 발굴조사보고 21책.

제주문화유산연구원, 2011,『제주 도련동유적(614-1번지)』, 제주문화유산연구원 발굴조사보고서 제16집.

제주문화유산연구원, 2016,『제주 삼양동유적(삼양2동 2181-36번지)』, 제주문화 유산연구원 발굴조사보고서 제39집.

제주문화유산연구원, 2016,『제주 용담동 유적(2697번지 외)』, 제주문화유산연구 원 발굴조사보고서 제44집.

제주문화유산연구원, 2019,『제주 삼양동 유적(삼양2동 2181-45)』, (재)제주문화 유산연구원 발굴조사보고서 제84집.

中村大介, 2010,「東北亞 靑銅器 · 初期鐵器時代 首長墓 副葬遺物의 展開」,『韓國 上古史學報』75, 韓國上古史學會.

진영민, 2015,『한반도 점토대토기 문화의 편년과 개시연대 연구』, 고려대학교 대 학원 석사학위논문.

차일드, 고든(김성태 · 이경미 역) 2013,『고든 차일드의 신석기혁명과 도시혁명』, 한국고고학연구소, 주류성.

千羨幸, 2005,「한반도 돌대문토기의 형성과 전개」,『韓國考古學報』57, 韓國考古 學會.

千羨幸, 2007,「無文土器時代 早期設定과 時間的 範圍」,『韓國靑銅器學報』1, 韓國 靑銅器學會.

천선행, 2015,「청동기시대 조기설정 재고」,『湖南考古學報』51, 湖南考古學會.

崔夢龍, 1981,「全南地方 支石墓 社會와 階級의 發生」,『韓國史研究』35, 韓國史研 究會.

崔夢龍, 2001,「제주도 철기시대전기 지석묘사회와 계급의 발생」,『탐라국의 여명 을 찾아서』, 제주사정립사업추진협의회.

崔盛洛, 1984,「韓國考古學에 있어서 形式學的 方法의 檢討」,『韓國考古學報』16, 韓國考古學會.

崔鍾澤, 1994,「渼沙里遺蹟의 住居樣相과 變遷」,『마을의 고고학』, 제18회 한국고 고학전국대회, 韓國考古學會.

쿤, 토머스(김명자 역), 2013,『과학혁명의 구조』, 까치.

트리거, 브루스(성춘택 역), 2010,『브루스 트리거의 고고학사』, 사회평론.

포퍼, 칼(이한구 · 정연교 · 이창환 역), 2016,『칼 포퍼 역사법칙주의의 빈곤』, 철 학과 현실사.

푸코, 미셸(이정우 역), 2017,『지식의 고고학』, 민음사.

河仁秀, 1989,『嶺南地方 丹塗磨硏土器에 대한 新考察』, 釜山大學校大學院 碩士 學位論文.

한국고고학회, 2006,『계층 사회와 지배자의 출현』, 韓國考古學會.

韓相仁, 1981,『粘土帶土器文化性格의 一考察』, 서울대학교 석사학위논문.

해리스, 올리버 · 시폴라, 크레이그(이성주 역),『이론 고고학 - 21세기 연구동향 과 새로운 모색-』, 한강문화재연구원 학술총서 10, 사회평론아카데미.

황재훈, 2014,『무문토기시대 전기 사회의 상호작용과 문화변동』, 경희대학교 대학원 사학과 박사학위논문.

黃炫眞, 2004, 『嶺南地域의 無文土器時代 地域性研究-東南海岸 無文土器文化를 中心으로』, 釜山大學校 碩士學位論文.

호남문화재연구원, 2010, 『제주 삼화 나지역 유적』, 호남문화재연구원 학술조사 보고 제128책.

호남문화재연구원, 2010, 『제주 하귀1리유적(Ⅱ구역)』, 호남문화재연구원 학술조 사보고 제131책.

甲元眞之, 2007, 「環境變化의 考古學的檢證」, 『砂丘形成と寒冷化現象』.

大貫靜夫, 1996, 「欣岩里類型土器の系譜論をめぐって」, 『東北アジアの考古學 第二 〔槿域〕』(東北亞細亞考古學研究會 編, 깊은샘)

藤口健二, 1986, 「朝鮮無文土器の弥生土器」, 『弥生文化の研究』3, 雄山閣, 147-161.

藤尾愼一郎, 2004, 「日本の穀物栽培・農耕の開始と農耕社會の成立」, 『第3回歷博 國際シンポジウム東アジアにおける農耕社會の形成と文明への道』, 國立 歷史民俗博物館研究報告 第119集.

西川宏, 1970, 「日本帝国主義下における朝鮮考古学の形成」, 『朝鮮史研究會論文 集』7, 朝鮮史研究會.

松本直子, 1999, 『認知考古學の理論と実践的研究』, 九州大学出版部.

松本直子・佐々田友規・光本順・大西智和, 2003, 「第3章 世界観とシンボリズ ム」, 『認知考古學とは何か』, 青木書店, 105-156.

李進熙, 1964, 「朝鮮考古学の成果と課題」, 『考古學研究』11-1, 考古學研究會.

田中良之, 2001, 『弥生時代における九州・韓半島交流史の研究』, 平成12年度韓國 國際交流財團造成事業 共同研究プロジェクト研究報告書, 九州大學大學 院 比較社會文化研究院基層構造講座.

中園聡, 2003, 「第4章 第3節 考古學的思考の再檢討」, 『認知考古學とは何か』, 靑木書店, 197-219.

千羨幸, 2008, 「西日本の孔列土器」, 『日本考古學』25, 日本考古學協会.

橫山浩一, 1986, 「形式論」, 『岩波講座日本考古學』1, 硏究の方法, 岩波書店.

後藤直, 1973, 「南朝鮮の無文土器」, 『考古學硏究』19-3.

Babic, S., 2005, Status identity and archaeology, *The Archaeology of Identity*, New York: Routledge, 67-85.

Barth, F., 1969a, *Ethnic Groups and Boundaries: The Social organization of Culture Difference*, 2nd ed., Long Grove: Waveland press.

Barth, F., 1969b, Pathan identity and its maintenance, In *Ethnic Groups and Boundaries: The Social organization of Culture Difference*, F. Barth, 2nd ed., pp. 117-134, Long Grove: Waveland press.

Binford, L. R., 1965, Archaeological systematics and the study of culture process, *American Antiquity* 31: 203-210.

Boomert, A. and Bright, A. J., 2007, Island Archaeology: In Search of a New Horizon, *Island Studies Journal*, 2(1). 3-26.

Burmeister, S., 2000, Archaeology and migration: approaches to an archaeological proof of migration. *Current Anthropology*, 41(4).

Canuto, M. A., & Yaeger, J. (Eds.)., 2000, *The archaeology of communities: a new world perspective*. London: Routledge.

Cherry, J. F., 1990, The First Colonization of the Mediterranean Islands: A Review of Recent Research, *Journal of Mediterranean Archaeology*, 3(2), 145-221.

Clarke, D., 1978[1968], *Analtical Archaeology*, London: Methuen.

Crumley, C. L., 1995, Heterarchy and the Analysis of Complex Societies, *Archeological Papers of the American Anthropological Association*.

Curet, L. A., 2004. Island archaeology and units of analysis in the study of ancient Caribbean societies. In Voyages of discovery. *The archaeology of islands*, ed. S.M. Fitzpatrick, 187-202. Westport/London: Praeger.

Dawson, H., 2019, Island Archaeology, *Encyclopedia of Global Archaeology*.

Eidgeim, H., 1969, When ethnic identity is a social stigma, In *Ethnic Groups and Boundaries: The Social organization of Culture Difference*, F. Barth, 2nd ed., pp. 39-57, Long Grove: Waveland press.

Evans, J. D., 1973, 'Islands as Laboratories for the Study of Culture Process' in C. Renfrew (ed.) *The Explanation of Culture Change: Models in Prehistory*, London, Duckworth, 517-520.

Evans, J. D., 1977, Island Archaeology in the Mediterranean: Problems and Opportunities, *World Archaeology*, 9(1), 12-26.

Harris, O.J.T., 2014, (Re)assembling Communities. *J Archaeol Method Theory* 21, 76-97.

Hodder, I., 1982, *Symbols in Action: Ethnoarchaeological Studies of Material Culture*, Cambridge: Cambridge University Press.

Hudson, Mark., 2012, Austronesian' and 'Jōmon' identities in the Neolithic of the Ryukyu Islands. *Documenta Praehistorica*, 39, 257-262

Ingold, T. 2000. *The Perception of the Environment: Essays in Livelihood, Dwelling and Skill*. London: Routledge.

Jones, S., 1997, *The Archaeology of Ethnicity: Constructing identities in the past and present*, 2nd ed., Oxon: Routledge.

Jordan, Terry G., 1989, New Sweden's role on the American frontier: A study in cultural preadaptation. *Geografiska Annaler* 71 B:71-83.

Keegan, W. F., Fitzpatrick, S. M., Sullivan Sealey, K., LeFebvre, M. J. and Sinelli, P. T., 2008, The Role of Small Islands in Marine Subsistence Strategies: Case Studies from the Caribbean, *Human Ecology*, 36, 635-654

Kim, H., Bone, C. & Lee, G., 2020, Landscapes shared by visibility: a case study on the settlement relationships of the Songgukri culture, Korea. *Archaeol Anthropol Sci* 12, 42.

Kim, J. C., and C. J. Bae. 2010. Radiocarbon dates documenting the Neolithic-Bronze Age transition in Korea. *Radiocarbon* 52(2-3).

Kirch, p. v., 1986, *Island Societies: Archaeological Approaches to Evolution and Transformation*, Cambridge, Cambridge University Press,

Knapp, A. B., 2003, The archaeology of community on Bronze Age Cyprus: Politiko Phorades in context. *American Journal of Archaeology*, 107, 559-580.

Kwak S-K, Kim G-T, Lee G-A, 2017, Beyond rice farming: evidence from central Korea reveals wide resource utilization in the Songgukri culture during the late-Holocene. *The Holocene* 27(8): 1092-1102.

Lee, G-A., 2011, The Transition from Foraging to Farming in Prehistoric Korea, *Current Anthropology* 52 S4.

Li, Z., & Nelson, R.L., 2001, Genetic diversity among soybean accessions from three countries measured by RAPDs. *Crop Science*, 41, 1337-1347.

Lucy, S., 2005, Ethnic and cultural identities, *The Archaeology of Identity*, New York: Routledge, 86-109.

McNiven, I., 2003, Saltwater People: Spiritscapes, Maritime Rituals and the Archaeology of Australian Indigenous Seascapes. *World Archaeology*, 35(3), 329-349.

Mead, M., 1957, Introduction to Polynesia as laboratory for the development of models in the study of cultural evolution. *Journal of the Polynesian Society* 66(2), 145.

Moerman, M., 1965, Who are the Lue?, *American Anthropologist* 67: 1214-1230.

Newsom, L.A. and Wing, E.S., 2004, *On Land and Sea: Native American Uses of Biological Resources in the West Indies*, Tuscaloosa AL, University of Alabama Press.

O'Reilly, Dougald., 2003, Further Evidence of Heterarchy in Bronze Age Thailand. *Current Anthropology - CURR ANTHROPOL*, 44. 300-306.

Patton, M., 1996, *Islands in Time: Island Sociogeography and Mediterranean Prehistory*, London, Routledge.

Pauketat, T., 2008, The grounds for agency in Southwest Archaeology. In M. D. Varien & J. M. Potter (Eds.), *The social construction of communities: agency, structure, and identity in the Prehispanic Southwest* (pp. 233-249). Plymouth: Altamira.

Robb, J., 2001, Island Identities: Ritual, Travel and the Creation of Difference in

Neolithic Malta, *European Journal of Archaeology*, 4(2), 175-202.

Rowlands, M. J., 1982, Processual archaeology as historical social science, In *Theory and Explanation in Archaeology*, C. Renfrew, M. J. Rowlands and B. A. seagraves, eds., 155-174, London: Academic Press.

Sackett, J. R. 1982, Approaches to style in lithic archaeology. *Journal of Anthropological Archaeology* 1.

Shanks, M. and Tilley, C, 1987, *Social Theory and Archaeology*, Cambridge: Pollity Press.

Shennan, S., 1989, Introduction: Archaeological Approaches to Cultural Identity In S. Shennan, (ed.), *Archaeological Approaches to Cultural Identity*, London: Unwin Hyman, 1-32.

Stein, gil., 1998, Heterogeneity, power, and political economy: Some current research issues in the archaeology of Old World complex societies. *Journal of Archaeological Research* 6 (I): 1-45.

Terrell, J., 1999. Comment on Paul Rainbird, 'Islands out of time: Towards a critique of island archaeology'. *Journal of Mediterranean Archaeology* 12(2), 240-245.

Thomas, J., 1996. *Time, Culture and Identity: An Interpretive Archaeology*. London: Routledge.

Thomas, J., 2002, Taking power seriously. In M. O'Donovan (Ed.), *The dynamics of power*, 35-50, Carbondale: Southern Illinois University Press.

Trigger, B. G., 1978, *Time and traditions: essays in archaeological interpretation*, Edinburgh: Edinburgh University Press.

Trigger, B. G., 2006, *A History of Archaeological Thought: Second Edition*, Cambridge: Cambridge University Press.

Wiessner, P., 1983, Style and social information in Kalahari San projectile points, *American Antiquity* 49.

Wobst, H. M. 1977, Stylistic behaviour and information exchange, in C. E. Cleland (ed.) *For the Director: Research Essays in Honor of James B. Griffin*. University of Michigan, Museum of Anthropology, Anthropological paper 61.